Alexandre Oheb Sion
Lucyléa Gonçalves França
Coordenadores

DIREITO AMBIENTAL APLICADO AO SETOR ELÉTRICO

Alexandre Oheb Sion
Lucyléa Gonçalves França
Coordenadores

DIREITO AMBIENTAL APLICADO AO SETOR ELÉTRICO

Del Rey editora
Belo Horizonte
2020

Impresso no Brasil | Printed in Brazil
EDITORA DEL REY LTDA.

www.editoradelrey.com.br

Editor: Arnaldo Oliveira

Editor Adjunto: Ricardo A. Malheiros Fiuza
In memoriam

Diagramação: Alfstudio

Capa: Sanakan Firmino

Revisão: Responsabilidade dos autores

EDITORA
Rua dos Goitacazes, 71 – Lojas 20 a 24
Centro - Belo Horizonte-MG
CEP 30190-909

Comercial:
Tel.: (31) 3284-3284 | 25163340
vendas@editoradelrey.com.br

Editorial:
editorial@editoradelrey.com.br

D598

Direito ambiental aplicado ao setor elétrico / Coordenadores: Alexandre Oheb Sion, Lucyléa Gonçalves França. – Belo Horizonte: Del Rey, 2020.
xxii, 244 p. : il. – Inclui bibliografia.

ISBN: 978-65-5533-003-8

1. Direito ambiental 2. Energia elétrica 3. Proteção ambiental I. Sion, Alexandre Oheb (coord.) II. França, Lucyléa Gonçalves (coord.) III. Título

CDU 34:577.4

Ficha catalográfica elaborada pela bibliotecária Meire Luciane Lorena Queiroz CRB 6/2233.

PREFÁCIO

A presente obra, coordenada pelos professores Alexandre Oheb Sion e Lucyléa Gonçalves França, constitui excelente oportunidade para conhecer um pouco mais o Direito Ambiental no setor elétrico, sob as mais diversas perspectivas.

Com efeito, não apenas os textos são variados e abrangentes, mas seus autores provêm de diversas origens, como a academia, a advocacia (inclusive a pública), a engenharia, a geografia e o Ministério Público. Alguns autores ocupam destaque no setor elétrico, outros trabalham em órgãos públicos ambientais, trazendo a perspectiva de quem vê a máquina estatal de dentro, e no seu assessoramento jurídico.

Os textos são atuais e instigantes.

O tema da abertura é a Declaração de Direitos de Liberdade Econômica. A Lei nº 13.874/19 trouxe questionamentos na seara ambiental, com evidentes reflexos no setor elétrico, que não podem deixar de ser tratados em nenhuma obra atualizada de Direito Ambiental. Com efeito, o tratamento isonômico por parte da administração pública ao autorizar atividades econômicas, a aprovação tácita na liberação da atividade econômica em caso de silêncio da autoridade competente e a inexigibilidade de certidão sem previsão expressa em lei, são questões imprescindíveis para quem lida com o Direito Ambiental, especialmente diante da vedação de licença ambiental ou prática de ato que dela dependa ou decorra pelo decurso de prazo (LC 140/11, art. 14, § 3º) e a previsão em ato normativo infralegal de certidão municipal de conformidade com a legislação aplicável ao uso e ocupação do solo (Res. Conama 237/97, art. 10, § 1º).

A validade da anuência para a supressão de vegetação do bioma mata atlântica, especialmente a do Ibama para a supressão ocorrida em licenciamentos ambientais conduzidos por órgãos ambientais estaduais, vem sendo questionada pela previsão na LC 140/11 da unicidade do licenciamento ambiental, antes apenas na Resolução Conama 237/97, e da sua função de distribuição das competências administrativas, em respeito a comando constitucional expresso. São interessantes as provocações dos autores sobre o alcance dos artigos 11 e 19 da LC 140, que são usualmente utilizados para dar sustentação à anuência do Ibama prevista na Lei da Mata Atlântica (Lei nº 11.428/06).

A análise das questões jurídicas e práticas da delegação do licenciamento ambiental é o cerne do terceiro texto da presente obra. Por ser tema pouco tratado pela doutrina e, em geral, pelos normativos dos órgãos ambientais, tendo sido recentemente disciplinado pelo Ibama em sua Instrução Normativa nº 08/19, a abordagem dos diversos aspectos deste tipo de delegação traz significativa segurança jurídica aos entes públicos e, em última instância, aos administrados.

O direito à cidade e o compartilhamento de infraestrutura entre os setores de energia elétrica e telecomunicações traz considerações importantes relativas à Resolução Conjunta nº 04/2014 da Aneel e Anatel.

O método alternativo de solução de controvérsias usualmente presente nos contratos de infraestrutura, construção e duração continuada, o *dispute board*, é apresentado como solução para trazer segurança e efetividade nos licenciamentos do setor elétrico no quinto texto do presente livro.

A autocomposição dos conflitos energéticos ambientais no âmbito do Ministério Público mostra o papel do *Parquet* para atingir soluções céleres, seguras e efetivas, via negocial.

Responder sobre a correta leitura da Resolução Conama nº 462/2014, em relação a necessidade ou não de se proceder ao licenciamento ambiental de parques eólicos e seus sistemas associados de forma concomitante, é o propósito desse sétimo artigo. Tema importante e cuja solução vai além da leitura literal, exigindo interpretação razoável e sistêmica com a legislação regulatória, bem como da dinâmica complexa que envolve o setor elétrico.

No trabalho sobre a conversão de multas do Ibama, importantes aspectos são destacados, como a ocorrência ou não de reincidência e o não afastamento da responsabilidade civil e penal.

No texto sobre a aplicabilidade do direito ambiental no setor elétrico, o direito ao desenvolvimento sustentável recebe especial atenção quando da produção de energia elétrica.

Em novas considerações sobre a regulação do setor elétrico do Brasil, a autora analisa a evolução da regulação do setor tecendo críticas pontuais.

Em apontamentos sobre o regime jurídico das linhas de transmissão em unidades de conservação, os autores fazem provocações nucleares sobre o tema, alternativas (locacionais e técnicas), tudo em vista a evitar proteções aparentes. Assim é que uma linha de transmissão circundando a unidade de conservação e, por conseguinte, afetando a zona de amortecimento, pode resultar em uma área de impacto muito superior àquela que seria alcançada se o sistema de transmissão cruzasse a unidade de conservação. Deve-se visualizar o impacto holístico e não uma singela fixação de intocabilidade dos limites territoriais. A alternativa técnica deve ter em conta tanto a instalação quanto a operacionalização de controle para fins de manutenção. A viabilidade ambiental deve ser analisada no caso concreto, até porque nossa Constituição veda apenas a "utilização que comprometa a integridade dos atributos que justifiquem sua proteção" (art. 225, § 1º, III), não proibindo a utilização que não comprometa a integridade dos atributos que justificaram a criação da unidade de conservação. A leitura do artigo 46 da Lei do Snuc e a sua aplicação pelo ICMBio também são dignas de destaque.

No texto sobre a aplicabilidade do cadastro ambiental rural (CAR) aos imóveis destinados aos empreendimentos do setor elétrico, perquire-se sobre questão basilar cuja apreciação está em análise na Consultoria Jurídica do Mapa: seria possível e, consequentemente, exigível o CAR de concessionários de energia elétrica que somente detém a servidão de parte do imóvel?

Em avaliação ambiental estratégica (AAE) nas energias renováveis, defende-se que, embora não obrigatório ou previsto em nosso ordenamento, a sua exigência traria benefícios nas análises de impacto ambiental.

O tema desequilíbrio econômico-financeiro do contrato de concessão de transmissoras de energia elétrica decorrentes de morosidade do licenciamento ambiental notoriamente está em voga, não apenas pelas cifras envolvidas na judicialização do tema, mas porque ele pressupõe saber quem deu origem a mora no licenciamento ambiental e por qual prazo seria admissível o atraso sem que se pudesse falar em reequilíbrio econômico-financeiro, direito garantido na Constituição Federal.

A análise jurídica dos requisitos do licenciamento ambiental simplificado de linhas de transmissão no âmbito federal e do conceito de afetação previsto nos artigos 5º e 19 da Portaria MMA 421/2011 compõem o último, mas não menos importante, trabalho da obra.

Tratando de diversos temas ambientais afetos ao setor elétrico, a presente obra se torna imprescindível para aqueles que desejam se aprofundar nas questões ambientais relativas a este setor.

Eduardo Fortunato Bim.

Presidente do Ibama, ex-Procurador Federal da Procuradoria Federal Especializada (PFE) do Ibama/Sede, Doutor em direito do Estado pela USP e Mestre em Direito e Especialista em direito ambiental pela Unimep.

APRESENTAÇÃO

O meio ambiente está na ordem do dia, seja no cenário brasileiro, seja no global. Essa temática tem merecido, nas últimas décadas, de forma progressiva e justa, grande atenção dos governos nacionais e da sociedade. É nesse contexto que se insere a importância do Direito Ambiental como instrumento essencial para regular o acesso aos recursos naturais, numa perspectiva de que sejam usados tanto como instrumento transformador de realidades locais, por meio do desenvolvimento econômico, como garantidor de que o manejo de tais recursos se dê de forma sustentável para as presentes e futuras gerações.

O desafio não é simples. Muito ao contrário. O conflito diário e aparente de direitos constitucionais que encontram, no direito ambiental, um campo fértil de questões complexas, exige do operador desse ramo multifacetado do direito uma busca constante por aperfeiçoamento.

É na perspectiva da necessária harmonização entre a atividade econômica e a proteção ambiental, conforme disposto no art. 170, VI da Constituição da República Federativa do Brasil de 1988, que essa obra coletiva buscou inspiração.

De um lado (não numa perspectiva dicotômica, mas aglutinadora) a questão ambiental, de outro, um setor de grande importância para a concretização dos inúmeros direitos e garantias constitucionais que, a despeito de demonstrarem a enorme sensibilidade do constituinte originário, ainda estão longe de serem efetivamente experimentados por parcela considerável da sociedade brasileira.

O setor elétrico demanda grandes investimentos para a geração, transmissão e distribuição de energia elétrica. Quem se aventura a empreender e investir em setores que demandam investimento de capital intensivo procura estabilidade jurídica e política. Quanto mais claras as "regras do jogo", mais segurança jurídica experimentará o setor e mais investidores serão para ele atraídos.

Se por um lado o setor espera estabilidade, por outro, as constantes mudanças normativas representam um desafio a ser conhecido, debatido e aperfeiçoado.

Junto dos desafios normativos, estão aqueles experimentados por todos os inúmeros agentes que participam dos processos de licenciamento ambiental de grandes empreendimentos de capital intensivo.

Acreditamos, assim, que essa obra coletiva, que contemplou temas atuais atinentes ao Direito Ambiental aplicado ao setor elétrico, e contou com autores renomados, com ampla experiência profissional e acadêmica, é medida essencial para o avanço das discussões jurídicas que envolvem o tema e essa atividade econômica tão importante para o país.

Por isso, agradecemos carinhosamente ao Eduardo Bim, atual presidente do Ibama, pelo gentil prefácio, e aos autores que aceitaram o nosso desafio de discutir temas tão atuais e relevantes, ora retratados nessa obra publicada pela editora Del Rey.

Os trabalhos abordam, com excelência, diversos assuntos de relevância e destaque no cenário nacional, e com grande protagonismo no cenário do Direito Ambiental aplicado ao setor elétrico, os quais envolvem as mudanças legislativas e hermenêuticas provocadas pela Declaração de Direitos de Liberdade Econômica, a chamada "anuência" para as Intervenções no Bioma Mata Atlântica, a Delegação de Competência para o Licenciamento Ambiental, o Compartilhamento de Infraestrutura entre os Setores de Energia Elétrica e Telecomunicações e o Direito à Cidade, o Dispute Board no Setor Elétrico, a

Autocomposição dos Conflitos Energéticos Ambientais no âmbito do Ministério Público, o Licenciamento Ambiental de Empreendimentos Eólicos, o Programa de Conversão de Multas aplicado ao Setor Elétrico, a Análise Crítica do Direito Ambiental aplicado ao Setor, a Regulação do Setor Elétrico, o Regime Jurídico das Linhas de Transmissão em Unidades de Conservação, a Aplicabilidade do Cadastro Ambiental Rural aos Imóveis Destinados aos Empreendimentos do Setor Elétrico, a Avaliação Ambiental Estratégica e a Produção de Energia Renovável, a Morosidade do Licenciamento Ambiental e o Desequilíbrio Econômico-Financeiro dos Contratos de Concessão e o Licenciamento Ambiental Simplificado de Linhas de Transmissão.

Acreditamos que esse esforço acadêmico, também com ênfase nas questões técnicas das matérias abordadas, faça da presente obra coletiva um importante objeto de consulta para aqueles que atuam no setor e para os interessados em conhecer os desafios e os tratamentos jurídico-ambientais do setor elétrico.

Assim, o livro Direito Ambiental Aplicado ao Setor Elétrico visa contribuir para o avanço e para a atualização da temática no Brasil.

Alexandre Oheb Sion

Lucyléa Gonçalves França

Coordenadores

AUTORES

Alexandre Ohcb Sion

Advogado. Pós-doutorando em Direito pela Universidad de Salamanca na Espanha. Doutorando em Ciências Jurídicas pela Universidade Autónoma de Lisboa em Portugal (créditos concluídos). Mestre em Direito Internacional Comercial - L.L.M. pela Universidade da Califórnia nos Estados Unidos. Especialista em Direito Constitucional. Pós-Graduação em Direito Civil e Processual Civil - FGV. Advogado com formação em Direito e Administração de Empresas. Sócio-Fundador da Sion Advogados. Presidente da ABDEM - Associação Brasileira de Direito da Energia e Meio Ambiente. Presidente da Comissão de Direito de Infraestrutura da OAB/MG. Professor da PUC/MG e professor convidado da PUC/RS, IDP/SP, UFG, da Escola da Magistratura do Maranhão - ESMAN, da Escola Judicial do Amapá - ESAJ, do CAD/MG e do Instituto Minere.

Anderson Ramiro de Siqueira

Analista Ambiental do Instituto Estadual de Florestas - IEF, atualmente ocupando o cargo de Supervisor Regional da URFBio Sul de Minas. Bacharel em Direito pela Faculdade de Direito do Sul de Minas – FDSM. Pós-graduação em Gestão e Manejo Ambiental em Sistemas Florestais pela Universidade Federal de -Lavras – UFLA. Pós-graduação em Direito Ambiental pela Universidade Cruzeiro do Sul.

Antônio Augusto Malard

Engenheiro Civil - UFMG. Doutor em Engenharia Química - UNICAMP. Mestre em Sustentabilidade Sócio-Econômica e Ambiental - UFOP. Pós-graduação em Tecnologia Ambiental – UFMG. Atuou na Fundação Estadual do Meio Ambiente (FEAM) e na Secretaria de Meio Ambiente e Desenvolvimento Sustentável (SEMAD), onde ocupou os cargos de Superintendente de Apoio a Regularização Ambiental e de Subsecretário de Regularização Ambiental. Atualmente é Diretor Geral do Instituto Estadual de Florestas (IEF).

Daniela Garcia Giacobbo

Bacharela em Direito pela Universidade Federal do Rio Grande do Sul - UFRGS. Mestra em Direito da Regulação pela FGV-Direito Rio. Foi servidora do Tribunal Regional Federal da 4ª Região - TRF4. Atualmente, é assessora da Presidência do Instituto Brasileiro do Meio Ambiente e dos Recursos Naturais Renováveis - Ibama. Estuda e escreve sobre Direito Ambiental, Direito de Energia e Direito da Regulação, em especial sobre o licenciamento ambiental, bem como sobre sistemas de incentivo para o desenvolvimento de energias renováveis e de promoção da eficiência energética e da inovação tecnológica.

Douglas de Melo Martins

Doutor em Sociologia Jurídica e Instituições Políticas, Universidade de Zaragoza/ES. Estudos Avançados em Sociologia Jurídica e Instituições Políticas, Universidade de Zaragoza/ES. Professor da Escola da Magistratura do Maranhão/ESMAM e Escola Nacional de Formação e Aperfeiçoamento de Magistrados/ENFAM. Membro do Conselho Técnico-científico e do Conselho de Ética em Pesquisa da ESMAM. Juiz de Direito Titular da Vara de Interesses Difusos e Coletivos de São Luís (TJMA).

Fernanda Luiza Fontoura de Medeiros

Pós-Doutora em Direito Ambiental (UFSC) | Doutora em Direito (UFSC) | Mestre em Direito Público (PUCRS) | Professora Adjunta na Escola de Direito (PUCRS) | Professora na Faculdade de Direito (FEEVALE) | Coordenadora do Curso de Especialização em Direito Ambiental e

Sustentabilidade (PUCRS) | Diretora de Publicações da União Brasileira da Advocacia Ambiental (UBAA)| Diretora de Eventos Científicos da Associação Gaúcha da Advocacia Ambiental Empresarial (AGAAE) | Membro da Diretoria da Associação Brasileira do Direito da Energia e do Meio Ambiente (ABDEM) | Diretora da Regional Sul da Associação dos Professores de Direito Ambiental do Brasil (APRODAB) | Sócia da Roveda Medeiros Advocacia Sustentável - Direito Ambiental e da Construção | Sócia do Instituto Empatia Jurídica (IEJ) | Diretora Científica da Escola de Prevenção e Resoluções Alternativas de Conflito (EPRAC)

Herberth Alessandro da Cunha Machado

Bacharel em Direito pela Universidade Federal do Maranhão - UFMA. Assessor de Juiz da Vara de Interesses Difusos e Coletivos de São Luís (TJMA). Servidor efetivo do Tribunal de Justiça do Estado do Maranhão.

Igor Rodrigues Oselieri

Advogado. Pós-graduação em Direito Ambiental e Minerário pela PUC-MG. Graduação em Direito pela PUC-MG. Advogado nas áreas de contencioso estratégico, ambiental e contratos na Sion Advogados.

Jarbas Soares Júnior

Foi Procurador-Geral de Justiça do Estado de Minas Gerais (2004-2008). Presidente emérito da ABRAMPA, Associação Brasileira do Ministério Público de Meio Ambiente. Primeiro Coordenador do CAOMA do Ministério Público do Estado de Minas Gerais. Conselho Nacional do Ministério Público (CNMP) de 2011 a 2015. Proponente e primeiro Presidente da Comissão de Defesa dos Direitos Fundamentais do CNMP. Ex-Professor de Direito Ambiental da Fundação Escola do Ministério Público e da Escola de Advocacia da OAB, ambos de Minas Gerais, e da UNIFENAS, Doutor Honoris Causa pela UNICOR.

Jerônimo Pinotti Roveda

LLM em Direito dos Negócios pela Escola de Direito da Universidade do Vale do Rio dos Sinos (UNISNOS) | Especialista em Direito Constitucional pela Fundação Escola Superior do Ministério Público do Rio Grande do Sul (FMP) | Bacharel em Ciências Jurídicas e Sociais pela Pontifícia Universidade Católica do Rio Grande do Sul (PUCRS) | Professor da Especialização em Direito Ambiental e Sustentabilidade da PUCRS |Professor Convidado da Especialização em Direito da Empresa da PUCMinas | Superintendente Regional do Instituto Brasileiro de Direito da Construção - IBDiC para a Região Sul | Membro da Dispute Resolution Board Foundation - DRBF - com certificação para atuação em Comitês de Prevenção e Solução de Disputas | Presidente do Comitê de Dispute Boards da Comissão de Arbitragem da OAB/RS | Sócio da Roveda Medeiros Advocacia Sustentável - Direito Ambiental e da Construção | Sócio do Instituto Empatia Jurídica | Diretor Executivo da Escola de Prevenção e Resoluções Alternativas de Conflitos - EPRAC | Membro do Comitê de Arbitragem e Resoluções de Disputas da Associação Brasileira de Direito da Energia e Meio Ambiente.

João Vidal da Cunha

Advogado. Bacharel em Direito pela Universidade Católica de Salvador (UCSAL). Pós-Graduado em Direito Ambiental pela PUC-SP. Aluno do Executive MBA do IESE Business School - University of Navarra. Gerente de Meio Ambiente e Sustentabilidade na área de energias renováveis.

Juliana Bruschi Martins

Advogada. MBA em Direito Empresarial pela FGV. MBA em Gestão Empresarial pela FGV. Graduação em Direito pela UNESP. Advogada na Interligação Elétrica do Madeira S.A.

Lucyléa Gonçalves França

Doutora em Direito pela Universidade de Salamanca (Espanha), Mestre em Direito pela Universidade Federal de Pernambuco (Brasil). Professora do curso de Direito da Universidade Federal do Maranhão (Brasil). Email:lucyfranca03@hotmail.com

Lucíola Maria de Aquino Cabral

Procuradora do Município de Fortaleza. Doutora e Mestre em Direito Constitucional pela Universidade de Fortaleza. Doutora em Ciências Juridicas y Sociales – Universidad Del Museo Social Argentino – UMSA. Pós-Graduação em Direito Público pela Universidade Federal do Ceará - UFC. Graduação em Direito pela Universidade de Fortaleza.

Marcelo Kokke

Procurador Federal na Advocacia Geral da União - AGU. Pós-doutorado em Direito Público Ambiental pela Universidad Santiago de Compostela na Espanha. Doutor e Mestre em Direito Constitucional pela PUC-Rio. Professor de Pós-graduação da PUC-MG. Professor Colaborador da Escola da Advocacia Geral da União.

Marcos Abreu Torres

Advogado da Confederação Nacional da Indústria - CNI. Mestre em Constituição e Sociedade pelo IDP. Presidente do Comitê de Acompanhamento Legislativo da ABDEM - Associação Brasileira de Direito da Energia e Meio Ambiente.

Maria Gravina Ogata

Advogada e Geógrafa. Doutora em Administração Pública pela Universidade Complutense de Madrid na Espanha. Mestre em Geografia Física pela Universidade de São Paulo – USP.

Ney Maron de Freitas

Advogado e Engenheiro Civil. Formação em Direito pela Universidade Católica de Salvador e Engenharia Civil pela Universidade Federal da Bahia. Conselheiro Fiscal da ABDEM - Associação Brasileira de Direito da Energia e Meio Ambiente.

Rafael Lima Daudt D'Oliveira

Procurador do Estado do Rio de Janeiro. Procurador-chefe do INEA. Doutorando em Direito Público e Mestre em Direito Ambiental e Urbanístico pela Universidade de Coimbra, Portugal. Especialista em Direito Ambiental pela PUC-Rio. Sócio do escritório Daudt Advogados. Professor de Direito Ambiental da PUC-Rio. Professor de Direito Administrativo e Ambiental da ESAP - Escola Superior da Advocacia Pública. Conselheiro do CONAMA. Conselheiro do CONEMA-RJ. Membro da CECA - Comissão Estadual de Controle Ambiental.

Renata Giro Najar Requena

Advogada. Pós-Graduação em Contratos Empresariais pela FGV. Pós-Graduação em Direito Empresarial pelo Insper. Especialização em Direito da Energia pelo Instituto Brasileiro de Estudos de Direito da Energia. Graduação em Direito pela Universidade Presbiteriana Mackenzie. Advogada Especialista da Siemens Ltda, Unidade de Negócios Power Generation.

Virgínia Araújo de Oliveira

Procuradora-chefe da Procuradoria Federal Especializada junto ao ICMBio. Pós-Graduação em Processo Civil pela Universidade Anhanguera Uniderp. Pós-Graduação em Direito Público pela Universidade de Brasília - Unb.

Walney Christian de Medeiros Silva

Advogado. Mestre em Energia e Ambiente na Universidade Federal do maranhão. Pós-Graduado em Direito Civil e Direito Processual Civil pelo CEUMA. Pós-Graduado em Direito Público pela LFG. Pós-Graduando em Direito Corporativo pela Escola Paulista de Direito. Graduação em Direito pela CEUMA. Advogado da Equatorial Energia.

SUMÁRIO

OS IMPACTOS DA DECLARAÇÃO DE DIREITOS DE LIBERDADE ECONÔMICA NO LICENCIAMENTO AMBIENTAL DE EMPREENDIMENTOS DO SETOR ELÉTRICO

Alexandre Oheb Sion[1]

Igor Rodrigues Oselieri[2]

1. Introdução

O presente artigo visa trazer à baila algumas reflexões acerca dos possíveis impactos da Lei Federal n° 13.784/2019, também conhecida como Declaração de Direitos de Liberdade Econômica, no processo de licenciamento ambiental de empreendimentos do setor de energia elétrica.

Como sabido, grande parte dos empreendimentos do setor elétrico é de interesse público e visa o fornecimento de energia aos consumidores em geral, sendo de enorme relevância para o desenvolvimento nacional e para a redução das desigualdades regionais (art. 3º, II e III da Constituição da República Fe-

---

1 Advogado. Pós-doutorando em Direito pela *Universidad de Salamanca* na Espanha. Doutorando em Ciências Jurídicas pela Universidade Autónoma de Lisboa em Portugal (créditos concluídos). Mestre em Direito Internacional Comercial - L.L.M. pela Universidade da Califórnia nos Estados Unidos. Especialista em Direito Constitucional. Pós-Graduação em Direito Civil e Processual Civil - FGV. Advogado com formação em Direito e Administração de Empresas. Sócio-Fundador da Sion Advogados. Presidente da ABDEM - Associação Brasileira de Direito da Energia e Meio Ambiente. Presidente da Comissão de Direito de Infraestrutura da OAB/MG. Professor da PUC/MG e professor convidado da PUC/RS, IDP/SP, UFG, da Escola da Magistratura do Maranhão - ESMAN, da Escola Judicial do Amapá - ESAJ, do CAD/MG e do Instituto Minere.

2 Advogado. Pós-graduação em Direito Ambiental e Minerário pela PUC-MG. Graduação em Direito pela PUC-MG. Advogado nas áreas de contencioso estratégico, ambiental e contratos na Sion Advogados.

derativa do Brasil (CRFB/1988)). No que tange às concessionárias do serviço público de fornecimento de energia elétrica, Rodrigo Bernardes Braga traz à discussão importantes considerações sobre a natureza jurídica do serviço em questão:

> Vale lembrar que o concessionário investido dessa qualidade se coloca como *public servants*, obrigando-se a servir ao público tal como se fosse a própria Administração a fazê-lo, eis porque o poder concedente tem o dever de regulamentar, fiscalizar e intervir no serviço, pois é o interesse público que assim o proclama. É o caso da energia elétrica produzida para atendimento de milhares de consumidores, que encaram a energia como bem essencial e necessário ao seu bem estar, estando a serviço de uma existência digna. Quando o serviço é prestado sob o regime de concessão para atendimento ao público, então não há dúvida de que se trata de bem de toda a coletividade sem qualquer discriminação, sob pena de violação aos princípios da isonomia e da impessoalidade. Esse serviço deve ser prestado em caráter contínuo, conforme previsto no art. 6º, parágrafo 3º, II da Lei nº. 8.987/95. Nesse sentido, também é a redação do art. 22 do Código de Defesa do Consumidor: Os órgãos públicos, por si ou por suas empresas, concessionárias ou permissionárias ou sob qualquer outra forma de empreendimento, são obrigadas a fornecer serviços adequados, eficientes e seguros e, quanto aos essenciais, contínuos[3].

No entanto, os desafios do processo de licenciamento ambiental de tais empreendimentos são de grande magnitude, o que muitas vezes traz consequências negativas a todos os envolvidos e, principalmente, ao consumidor final, sujeito à escassez, tarifas elevadas e interrupções.

À guisa de exemplo, alguns empreendimentos de linhas de transmissão, não raras vezes, interceptam dezenas de municípios, chegando a centenas de quilômetros de extensão, o que pode dificultar sobremaneira o licenciamento ambiental.

Neste cenário, surgem inúmeras dificuldades que são enfrentadas no dia a dia daqueles que atuam no setor elétrico, tais como a necessidade de obtenção de autorizações para supressão de vegetação e os impasses enfrentados na obtenção da certidão de uso e ocupação do solo perante as municipalidades entrecortadas pelo empreendimento.

---

[3] BRAGA, Rodrigo Bernardes. **Setor Elétrico Brasileiro:** visão crítica da geração de energia. Aspectos jurídicos, ambientais e econômico-financeiros. Belo Horizonte: D' Plácido Editora, 2016.

Referidas situações de ordem prática nos levam a incessantes meditações em busca de caminhos que garantam o desenvolvimento nacional e a efetivação dos valores sociais do trabalho e da livre iniciativa, sem malferir o direito ao meio ambiente ecologicamente equilibrado, alçado à categoria de bem de uso comum do povo e essencial à sadia qualidade de vida das presentes e futuras gerações (arts. 1º, IV, 3º, II e 225 *caput*, todos da CRFB/1988).

É nesse intrincado contexto do licenciamento ambiental dos empreendimentos do setor elétrico que a recém-publicada Declaração de Direitos de Liberdade Econômica (Lei Federal nº. 13.874, de 20 de setembro de 2019[4]) traz à tona auspiciosas novidades, que, certamente, ainda serão objeto de muitos debates.

Referida Lei prestigia a livre iniciativa e o livre exercício da atividade econômica e tem como norte os princípios da liberdade, da boa-fé do particular ante o Poder Público, da subsidiariedade da interferência do Estado na atividade econômica e do reconhecimento da vulnerabilidade do particular perante o Estado (art. 2º da Lei Federal nº 13.874/2019).

No que concerne ao caso, o presente artigo limitar-se-á à modesta finalidade de lançar uma luz, ainda que propedêutica, às prováveis reflexões que advirão dos impactos da Declaração de Direitos de Liberdade Econômica no processo de licenciamento ambiental de empreendimentos do setor elétrico.

2. A Declaração de Direitos de Liberdade Econômica

Preambularmente, é fundamental termos em mente o quadro geral em que se insere a Declaração de Direitos de Liberdade Econômica, que, como se infere já em seu artigo primeiro, é uma norma que visa a dar efetividade aos valores sociais do trabalho e da livre iniciativa (fundamentos da República Federativa do Brasil - art. 1º, IV da CRFB/1988).

Por esse enfoque, é possível vislumbrar que o objetivo primordial da referida Lei é traçar diretrizes normativas que possam balizar a constante tensão existente entre a atuação do Estado, enquanto agente normativo e regulador da atividade econômica, e a liberdade dos indivíduos que atuam no mercado (arts. 170 e 174 da CRFB/1988).

---

4 Sobre o tema, ver o vídeo: **ALTERAÇÕES Normativas Recentes em Matéria Ambiental (Parte 01)**. Belo Horizonte: Direito Ambiental a Conta Gotas, 28 out. 2019. 1 vídeo (5:40 min.). Publicado por: Direito Ambiental a conta gotas.

Dito de outra forma, o escopo da referida Lei nada mais é senão a louvável busca por segurança jurídica e desburocratização nas relações entre o particular e o Poder Público em geral, o que também cumpre o mandamento da eficiência da Administração Pública, insculpido no *caput* do art. 37 da CRFB/1988.

Nesse ínterim, relevante termos em foco que o âmbito normativo de incidência da Declaração de Direitos de Liberdade Econômica é demasiado amplo, eis que tem por finalidade fomentar e desburocratizar a atividade econômica nas mais variadas esferas, indo desde os pequenos empreendedores (tais como os donos de estabelecimentos comerciais, bares, restaurantes, oficinas mecânicas, etc.), até os empreendimentos de médio e grande portes, como supermercados, aeródromos, linhas de transmissão, obras de infraestrutura, usinas eólicas, siderúrgicas, entre outros.

Aliás, não é por outro motivo que o texto do § 1° do art. 1° da referida Lei é expresso ao dizer que o ali disposto será observado na aplicação e na interpretação do direito civil, empresarial, econômico, urbanístico e do trabalho nas relações jurídicas que se encontrem no seu âmbito de aplicação e na ordenação pública, inclusive sobre exercício das profissões, comércio, juntas comerciais, registros públicos, trânsito, transporte e proteção ao meio ambiente.

Como se vê, estamos diante de uma norma de caráter geral, que visa abarcar toda a ordem econômica[5] no país, razão pela qual, não raras vezes, estaremos diante de antinomias, que deverão ser solucionadas caso a caso. Nessa linha de raciocínio, pertinente esclarecer a sua indubitável incidência (da lei) nas relações jurídicas de natureza ambiental, eis que o mencionado §1°, do art. 1° foi expresso em determinar a sua aplicação às situações que versam sobre proteção ao meio ambiente.

Logo, é sempre importante interpretarmos a aplicação das normas previstas na Declaração de Direitos de Liberdade Econômica levando-se em consideração as dimensões do caso concreto, bem como a legislação específica referente ao setor (*vg.* mineração, óleo e gás, elétrico, alimentício, resíduos, etc.).

Como nosso objetivo não é esmiuçar as razões políticas, econômicas e históricas que motivaram a criação da Declaração de Direitos de Liberdade Econômica, tampouco esgotar as relações jurídicas que poderão emergir do

---

5 GRAU, Eros Roberto. **A ordem econômica na Constituição de 1988:** (interpretação e crítica). 19. ed., rev. e atual. São Paulo, Malheiros, 2018.

novel diploma, limitar-nos-emos a analisar alguns de seus possíveis impactos no licenciamento ambiental de empreendimentos do setor elétrico.

Em particular, vamos ater a nossa análise às repercussões dos incisos IV, IX e XII do art. 3º da apontada Lei no licenciamento ambiental do setor elétrico, que trazem três institutos de grande relevância, a saber: *(i)* o tratamento isonômico quanto ao exercício de atos de liberação da atividade econômica em decisões administrativas análogas anteriores; *(ii)* a aprovação tácita nas solicitações de atos públicos de liberação da atividade econômica em caso de silêncio da autoridade competente após o transcurso do prazo legal ou fixado quando da formalização do requerimento e *(iii)* a inexigibilidade, pela administração pública direta ou indireta, de certidões sem expressa previsão em lei.

Sem mais prolegômenos, seguiremos com a análise dos possíveis impactos das referidas regras no processo de licenciamento ambiental.

3. Do Tratamento Isonômico quanto ao Exercício de Atos de Liberação da Atividade Econômica

A isonomia é um dos princípios basilares da República Federativa do Brasil, sendo alçada à categoria de direito e garantia fundamental do indivíduo no art. 5º, *caput,* I da CRFB/1988, trazendo reflexos, inclusive, na atividade da Administração Pública, enquanto princípio da impessoalidade, que pode ser considerado como um corolário da garantia de igualdade e neutralidade que se irradia na ordem jurídica vigente (art. 37, *caput* da CRFB/1988).

De proêmio, sempre útil lembrarmos a clássica lição de Hely Lopes Meirelles, que, ao comentar sobre o princípio da impessoalidade na Administração Pública, tece a sua expressa relação com a isonomia, enquanto garantia de que os indivíduos insertos em uma mesma situação fática e jurídica receberão tratamento equânime, senão vejamos:

> Do Exposto constata-se que o princípio em foco está entrelaçado com o princípio da igualdade (arts. 5º, I e 19, III, da CF), o qual impõe à Administração tratar igualmente a todos os que estejam na mesma situação fática e jurídica. Isso significa que os desiguais em termos genéricos e impessoais devem ser tratados desigualmente em relação àqueles que não se enquadram nessa distinção[6].

---

[6] LOPES MEIRELLES, Hely. **Direito Administrativo Brasileiro.** 35. ed. São Paulo: Malheiros, 2009. p. 94.

Já no que se refere à Declaração de Direitos de Liberdade Econômica, o inciso IV do seu art. 3° confere aos agentes econômicos o direito de receber tratamento isonômico dos órgãos e de entidades da Administração Pública, *in verbis*:

> Art. 3°. São direitos de toda pessoa, natural ou jurídica, essenciais para o desenvolvimento e o crescimento econômicos do País, observado o disposto no parágrafo único do art. 170 da Constituição Federal:
>
> (...)
>
> IV - receber tratamento isonômico de órgãos e de entidades da administração pública quanto ao exercício de atos de liberação da atividade econômica, hipótese em que o ato de liberação estará vinculado aos mesmos critérios de interpretação adotados em decisões administrativas análogas anteriores, observado o disposto em regulamento; (...)[7].

Noutro giro, o processo de licenciamento ambiental, enquanto instrumento da Política Nacional de Meio Ambiente[8], objetiva a avaliação dos impactos positivos e negativos de determinado empreendimento, que, ao final, culminará na concessão, ou não, de um ato de liberação para o exercício de determinada atividade econômica (licença ambiental), na medida em que se mostra necessário à construção, instalação, ampliação e funcionamento de estabelecimentos e atividades utilizadores de recursos ambientais, efetiva ou potencialmente poluidores ou capazes, sob qualquer forma, de causar degradação ambiental (art. 2°, I da Lei Complementar n° 140/2011 e art. 10 da Lei Federal n° 6.938/1981).

No mesmo sentido, a autorização para supressão de vegetação (art. 26 da Lei Federal n° 12.657/2012 – Código Florestal), enquanto ato que permite a utilização de recursos naturais, também se enquadra na categoria de ato de liberação para o exercício de determinada atividade econômica.

---

7 BRASIL. Lei n° 13.784, de 20 de setembro de 2019. Institui a Declaração de Direitos de Liberdade Econômica; estabelece garantias de livre mercado; altera as Leis nos 10.406, de 10 de janeiro de 2002 (Código Civil), 6.404, de 15 de dezembro de 1976, 11.598, de 3 de dezembro de 2007, 12.682, de 9 de julho de 2012, 6.015, de 31 de dezembro de 1973, 10.522, de 19 de julho de 2002, 8.934, de 18 de novembro 1994, o Decreto-Lei n° 9.760, de 5 de setembro de 1946 e a Consolidação das Leis do Trabalho, aprovada pelo Decreto-Lei n° 5.452, de 1° de maio de 1943; revoga a Lei Delegada n° 4, de 26 de setembro de 1962, a Lei n° 11.887, de 24 de dezembro de 2008, e dispositivos do Decreto-Lei n° 73, de 21 de novembro de 1966; e dá outras providências. **Diário Oficial da União**, Brasília, 20 set. 2019.

8 FARIAS. Talden. **Licenciamento Ambiental**. 5. ed. Rio de Janeiro: Fótum, 2015.

Antes de prosseguirmos nossa análise, mostra-se imprescindível lembrarmos que a regra de vinculação isonômica em relação a casos análogos anteriormente já decididos, depende de prévia regulamentação, como se infere ao final do texto do inciso IV, do art. 3º da referida Lei. Desta feita, a princípio, não há como defender plenamente a aplicação imediata do referido dispositivo, sem que haja uma prévia regulamentação.

Em suma, à luz do princípio constitucional da isonomia e, diante da Declaração de Direitos de Liberdade Econômica, especialmente seu art. 3º, IV, temos que: *(i)* cabe à Administração tratar igualmente a todos os que estejam na mesma situação fática e jurídica; *(ii)* nesse sentido, a Declaração de Direitos de Liberdade Econômica confere tratamento isonômico perante a Administração Pública quanto ao exercício de atos de liberação da atividade econômica, com a vinculação da autoridade aos mesmos critérios de interpretação das decisões análogas anteriores e *(iii)* a concessão da licença ambiental e a autorização para supressão vegetal são atos de liberação para o exercício de atividade econômica à luz da Declaração de Direitos de Liberdade Econômica.

Com efeito, referida norma poderá minimizar a ocorrência de tratamento desigual em situações concretas que sejam análogas dos pontos de vista fático e jurídico. Por exemplo, no âmbito da análise de determinado requerimento para autorização de supressão vegetal, a autoridade não poderá impor compensação ambiental mais severa do que as que já foram impostas em outros casos análogos já julgados pelo mesmo órgão ambiental. Tal proteção à isonomia provavelmente incrementará a previsibilidade e a segurança jurídica nas relações com os órgãos ambientais nos licenciamentos do setor elétrico.

Nesse ponto, a Declaração de Direitos de Liberdade Econômica tem potencial para trazer um perceptível ganho em matéria de previsibilidade, celeridade e economicidade processual, principalmente para os empreendimentos lineares (como é o caso das linhas de transmissão), pois garantirá que o órgão ambiental licenciador vincular-se-á às decisões paradigma anteriormente proferidas acerca de determinada temática, desde que a situação fática analisada seja análoga à situação pretérita já enfrentada.

No entanto, cabe advertirmos que a aplicação do novel dispositivo legal ficará limitada às situações já decididas por um mesmo órgão ambiental, não sendo possível, por exemplo, pretender que uma determinada decisão paradigma proferida em um processo de licenciamento ambiental de competência do Instituto Brasileiro do Meio Ambiente e dos Recursos Naturais Renováveis (IBAMA) (competência federal) tenha força vinculante em um processo de licenciamento ambiental de competência estadual.

Admitir tal "aplicação emprestada do precedente administrativo", a nosso ver, violaria a regra da autonomia dos entes da federação no âmbito das suas respectivas competências para o licenciamento ambiental, conforme definido nos artigos 7º, 8º, 9º e 13 *caput* da Lei Complementar nº 140/2011, segundo a qual os empreendimentos e atividades serão licenciados ou autorizados, ambientalmente, por um único ente federativo (Monismo do Licenciamento Ambiental[9]).

Por este prisma, é importante consignarmos que, sob a ótica dos grandes *players* do setor energético, que comumente são responsáveis por vários empreendimentos, cujos processos de licenciamento ambiental podem tramitar perante vários órgãos ambientais, o novo diploma legal não elimina o risco de decisões divergentes, proferidas por órgãos ambientais distintos, ainda que relacionadas a situações fáticas análogas (*vg.* mesmo bioma e fitofisionomia da vegetação, mesma bacia hidrográfica, mesmo relevo, mesmo clima, fauna, etc.).

Assim, entendemos que a regra do art. 3º, IV da Declaração de Direitos de Liberdade Econômica aplica-se somente às situações análogas já decididas pelo mesmo órgão ambiental. Nada impede, todavia, que o referido dispositivo seja invocado como elemento de argumentação, embora sem força vinculante, perante determinado órgão ambiental que insista em dar interpretação diversa da que já foi proferida por outro órgão ambiental em caso análogo.

Em suma, muitas são as possibilidades de aplicação da regra de vinculação aos mesmos critérios de interpretação das decisões análogas anteriores. Seja como for, trata-se de norma que poderá trazer maior segurança jurídica aos empreendimentos do setor elétrico, eis que as decisões *standard* proferidas para determinada situação fática e jurídica terão de ser respeitadas por força do art. 3º, IV da Declaração de Direitos de Liberdade Econômica.

Para fechar esse tópico, cabe sempre lembrarmos que a Declaração de Direitos de Liberdade Econômica ainda é uma lei muito recente, e, provavelmente, muita discussão ainda será travada sobre a aplicação do seu art. 3º, IV.

---

9 Nesse sentido: BIM, Eduardo Fortunato. **Licenciamento Ambiental**. 4. ed. Rio de Janeiro: Fórum, 2018. p. 152. Pedimos vênia para transcrever trecho elucidativo: "(...) a LC nº 140/11 almejou o monismo decisório, evitando assim que outros entes federativos obstacularizem seu processo ou interfiram de modo a tirar ou reduzir o poder decisório do órgão licenciador. A interveniência não pode significar intervenção no processo decisório do licenciamento ambiental, seja a qual título for (...)".

4. Da Aprovação Tácita nas Solicitações de Atos Públicos de Liberação da Atividade Econômica em Caso de Silêncio da Autoridade Competente

Outra novidade criada pela Declaração de Direitos de Liberdade Econômica é o instituto da aprovação tácita das solicitações de atos públicos de liberação da atividade econômica em casos de silêncio da autoridade competente, desde que tenha transcorrido *in albis* o prazo legal ou o prazo fixado, a contar da data de formalização da solicitação, veja-se:

> Art. 3º. (...)
>
> IX - ter a garantia de que, nas solicitações de atos públicos de liberação da atividade econômica que se sujeitam ao disposto nesta Lei, apresentados todos os elementos necessários à instrução do processo, o particular será cientificado expressa e imediatamente do prazo máximo estipulado para a análise de seu pedido e de que, transcorrido o prazo fixado, o silêncio da autoridade competente importará aprovação tácita para todos os efeitos, ressalvadas as hipóteses expressamente vedadas em lei
>
> (...)
>
> § 8º. O prazo a que se refere o inciso IX do caput deste artigo será definido pelo órgão ou pela entidade da administração pública solicitada, observados os princípios da impessoalidade e da eficiência e os limites máximos estabelecidos em regulamento. (...)[10]

Como se depreende da redação do texto legal, a referida regra visa dar efetividade não apenas ao princípio da eficiência da Administração Pública[11] (art. 37, *caput*, da CRFB/1988), mas, também, ao próprio direito fundamental à razoável duração do processo (art. 5º, LXXVIII da CRFB/1988).

Não obstante, vale destacar que a sobredita norma também depende de complementação em relação aos limites máximos de espera para o desenca-

[10] BRASIL. Lei nº 13.784, de 20 de setembro de 2019. Institui a Declaração de Direitos de Liberdade Econômica; estabelece garantias de livre mercado; altera as Leis nos 10.406, de 10 de janeiro de 2002 (Código Civil), 6.404, de 15 de dezembro de 1976, 11.598, de 3 de dezembro de 2007, 12.682, de 9 de julho de 2012, 6.015, de 31 de dezembro de 1973, 10.522, de 19 de julho de 2002, 8.934, de 18 de novembro 1994, o Decreto-Lei nº 9.760, de 5 de setembro de 1946 e a Consolidação das Leis do Trabalho, aprovada pelo Decreto-Lei nº 5.452, de 1º de maio de 1943; revoga a Lei Delegada nº 4, de 26 de setembro de 1962, a Lei nº 11.887, de 24 de dezembro de 2008, e dispositivos do Decreto-Lei nº 73, de 21 de novembro de 1966; e dá outras providências. **Diário Oficial da União**, Brasília, 20 set. 2019.

[11] CARVALHO FILHO, José dos Santos. **Manual de Direito Administrativo**. 31. ed. Rio de Janeiro: Atlas, 2018.

deamento da aprovação tácita, limites estes que deverão ser estabelecidos em regulamento, conforme previsão do supracitado § 8º do art. 3º.

Lado outro, a própria Lei cuidou de excluir a aplicação do referido instituto das hipóteses em que haja vedação expressa, como é o caso da licença ambiental, que, a despeito de ser um ato de liberação de atividade econômica, tem a sua aprovação tácita expressamente defesa no art. 14, § 3º da Lei Complementar nº 140/2011, *in verbis*:

> Art. 14. Os órgãos licenciadores devem observar os prazos estabelecidos para tramitação dos processos de licenciamento.
>
> (...)
>
> § 3º. O decurso dos prazos de licenciamento, sem a emissão da licença ambiental, não implica emissão tácita nem autoriza a prática de ato que dela dependa ou decorra, mas instaura a competência supletiva referida no art. 15.
>
> (...)[12].

Portanto, a aprovação tácita prevista no art. 3º, IX da Declaração de Direitos de Liberdade Econômica é inaplicável à licença ambiental.

No entanto, apesar de ser clara a vedação da aplicação do referido dispositivo para o caso da licença ambiental, a norma não cuidou de esclarecer se a aprovação tácita se aplicaria aos requerimentos de autorização para o exercício de atividade econômica envolvendo autorizações ambientais[13], tais como a supressão de vegetação, a outorga para uso de recursos hídricos, as autorizações para coleta de fauna, dentre outros casos em que não haja expressa proibição do ordenamento jurídico pátrio.

---

[12] BRASIL. Lei Complementar nº 140, de 08 de dezembro de 2011. Fixa normas, nos termos dos incisos III, VI e VII do caput e do parágrafo único do art. 23 da Constituição Federal, para a cooperação entre a União, os Estados, o Distrito Federal e os Municípios nas ações administrativas decorrentes do exercício da competência comum relativas à proteção das paisagens naturais notáveis, à proteção do meio ambiente, ao combate à poluição em qualquer de suas formas e à preservação das florestas, da fauna e da flora; e altera a Lei no 6.938, de 31 de agosto de 1981. **Diário Oficial da União**, Brasília, 09 dez. 2011.

[13] Sobre a diferenciação do conceito de licença ambiental em relação à simples autorização, vide BESSA ANTUNES: "(...) Ao longo dos anos temos sustentado a tese de que haja uma diferença clara entre as licenças de direito ambiental e as licenças administrativas, havendo uma natureza especial para a licença ambiental. Da mesma forma, temos afirmado que a licença ambiental não é uma mera autorização, como muitas vezes, equivocadamente, tem sido asseverado, até mesmo por decisões judiciais. Aparentemente, o passar dos anos tem

De plano, cabe ressaltarmos que uma interpretação literal do dispositivo permitiria defender que a aprovação tácita se aplica aos requerimentos de supressão de vegetação, outorga para uso de recursos hídricos, etc., uma vez que o próprio § 1º do art. 1º da Declaração de Direitos de Liberdade Econômica é expresso em determinar que "(...) o disposto nesta Lei será observado na aplicação e na interpretação do direito (...) inclusive (...) nas relações jurídicas sobre (...) proteção ao meio ambiente", conforme mencionamos adrede.

Nessa mesma ordem de ideias, lançando mão de uma interpretação mais favorável à liberdade econômica, o instituto da aprovação tácita também se aplicaria aos atos de intervenção ambiental de menor complexidade por força do § 2º do art. 1º da Declaração de Direitos de Liberdade Econômica[14], uma vez que não há uma expressa vedação legal à sua incidência nessas hipóteses, como se passa no caso da licença ambiental (art. 14, § 3º da Lei Complementar nº 140/2011).

Em sentido contrário, a aplicação da aprovação tácita às autorizações ambientais poderia ser rechaçada com base na própria natureza jurídica do meio ambiente enquanto direito fundamental e difuso[15] essencial à qualidade de vida das presentes e futuras gerações (art. 225, *caput* da CRFB/1988).

Nessa pegada, embora sejam caracterizadas como atos de liberação para o exercício da atividade econômica, as autorizações para intervenção ambiental também estariam sujeitas à vedação do art. 14, § 3º da Lei Complementar nº 140/2011, na medida em que, apesar de não se confundirem com a licença ambiental, o uso que delas é feito é capaz, em tese, de causar degradação ao meio ambiente.

---

dado razão ao nosso ponto de vista. Muito embora o licenciamento ambiental federal não defina claramente a diferença entre as licenças e as autorizações ambientais, ao nível dos Estados é cada vez maior o número daqueles que, expressamente, reconhecem as diferenças entre os conceitos normativos de licença ambiental e autorização ambiental. Assim, parece que é chegada a hora de que se reconheça que o licenciamento ambiental não é atividade discricionária e que a licença ambiental não é, de forma nenhuma, uma autorização concedida em caráter precário. (...)" BESSA ANTUNES, Paulo de. **Direito Ambiental**. 18. ed. São Paulo: Atlas, 2016. p. 208.

[14] Art. 1º (...) interpretam-se em favor da liberdade econômica, da boa-fé e do respeito aos contratos, aos investimentos e à propriedade todas as normas de ordenação pública sobre atividades econômicas privadas.

[15] Sobre a natureza do meio ambiente como direito indivisível e transindividual vide: FIORILO, Celso Antonio Pacheco. **Curso de Direito Ambiental Brasileiro**. 6. ed. São Paulo: Saraiva, 2005. p. 06.

Nesse cenário, observa-se que pairam dúvidas razoáveis acerca da aplicabilidade do instituto da aprovação tácita aos atos públicos de liberação econômica que tenha interface com questões ambientais, quando não se tratar de licença ambiental.

Foi devido a essa irresolução quanto ao âmbito de incidência do instituto da aprovação tácita que, no dia 30.12.2019, o governo federal promulgou a Medida Provisória n° 915 ("MP n° 915/2019"), que, além de tratar de outras questões, cuidou de incluir o § 12 ao art. 3º da Declaração de Direitos de Liberdade Econômica, no intuito de tentar solucionar a ambiguidade da norma, vejamos:

> Art. 3º. (...)
>
> § 12. O disposto no inciso IX do caput não se aplica às atividades com impacto significativo no meio ambiente, conforme estabelecido pelo órgão ambiental competente. (Redação dada pela Medida Provisória nº 915, de 2019)[16].

Antes, porém, de analisarmos a redação do sobredito § 12 do art. 3º da Declaração de Direitos de Liberdade Econômica, permitimo-nos trazer à baila algumas reflexões sobre a Exposição de Motivos da MP n° 915/2019, sendo essencial, para tanto, transcrevermos o seguinte trecho:

> (...) Promove-se aperfeiçoamento na Lei nº 13.874, de 20 de setembro de 2019, para que reste clara a impossibilidade de aprovação tácita nos atos públicos de liberação de atividades econômicas em questões ambientais, incluídas as outorgas para uso de recursos hídricos e de processos de licenciamento ambiental.
>
> Isso porque referida lei é ambígua quando à aplicabilidade ou não da figura da "aprovação tácita" prevista no inciso IX do art. 3º da supracitada lei para pedidos referentes a atos públicos de liberação de atividade econômica em questões ambientais, a exemplo das outorgas para uso de recursos hídricos e de processos de licenciamento ambiental.

---

[16] BRASIL. Lei n° 13.784, de 20 de setembro de 2019. Institui a Declaração de Direitos de Liberdade Econômica; estabelece garantias de livre mercado; altera as Leis nos 10.406, de 10 de janeiro de 2002 (Código Civil), 6.404, de 15 de dezembro de 1976, 11.598, de 3 de dezembro de 2007, 12.682, de 9 de julho de 2012, 6.015, de 31 de dezembro de 1973, 10.522, de 19 de julho de 2002, 8.934, de 18 de novembro 1994, o Decreto-Lei nº 9.760, de 5 de setembro de 1946 e a Consolidação das Leis do Trabalho, aprovada pelo Decreto-Lei nº 5.452, de 1º de maio de 1943; revoga a Lei Delegada nº 4, de 26 de setembro de 1962, a Lei nº 11.887, de 24 de dezembro de 2008, e dispositivos do Decreto-Lei nº 73, de 21 de novembro de 1966; e dá outras providências. **Diário Oficial da União**, Brasília, 20 set. 2019.

> É fundamental deixar claro que essa figura não se aplica quando se tratar de pedidos referentes a atos públicos de liberação de atividade econômica em questões ambientais, inclusive de licenciamento ambiental, em respeito ao próprio texto do art. 14 da Lei Complementar nº 140, de 8 de dezembro de 2011. Do contrário, a título de exemplo, um grande usuário de água que solicitasse ao poder público outorga para uso de recursos hídricos poderia, decorrido o prazo de análise previsto na Lei, por meio da "aprovação tácita" prevista no art. 3º, inciso XI da Lei da Liberdade Econômica, passar a utilizar milhões de metros cúbicos de água sem que houvesse a devida emissão da outorga, em prejuízo do abastecimento de água para consumo humano e para outros usos, como na agricultura. (...)[17].

Como se denota da leitura da Exposição de Motivos da MP nº 915/2019, a "intenção", aparentemente, foi espancar a dúvida quanto à aplicação da aprovação tácita em matéria ambiental, vedando a sua incidência em todas as relações jurídicas que envolvam o meio ambiente.

Entretanto, quando analisamos o texto do § 12 do art. 3º acrescido pela MP nº 915/2019, verificamos que a sua redação não refletiu o que consta da Exposição de Motivos, pois apenas diz que a aprovação tácita "(...) não se aplica às atividades com impacto significativo no meio ambiente, conforme estabelecido pelo órgão ambiental competente (...)"[18].

Ora, se a Exposição de Motivos objetivou excluir a aplicação da aprovação tácita em matéria ambiental, o que o § 12 da MP nº 915/2019 fez, além de não resolver a dúvida que motivou a sua criação, foi criar um novo critério de aplicabilidade do instituto[19].

---

[17] BRASIL. Medida Provisória nº 915, de 27 de dezembro de 2019. Aprimora os procedimentos de gestão e alienação dos imóveis da União. **Diário Oficial da União**, Brasília, 30 dez. 2019.

[18] BRASIL. Lei nº 13.784, de 20 de setembro de 2019. Institui a Declaração de Direitos de Liberdade Econômica; estabelece garantias de livre mercado; altera as Leis nos 10.406, de 10 de janeiro de 2002 (Código Civil), 6.404, de 15 de dezembro de 1976, 11.598, de 3 de dezembro de 2007, 12.682, de 9 de julho de 2012, 6.015, de 31 de dezembro de 1973, 10.522, de 19 de julho de 2002, 8.934, de 18 de novembro 1994, o Decreto-Lei nº 9.760, de 5 de setembro de 1946 e a Consolidação das Leis do Trabalho, aprovada pelo Decreto-Lei nº 5.452, de 1º de maio de 1943; revoga a Lei Delegada nº 4, de 26 de setembro de 1962, a Lei nº 11.887, de 24 de dezembro de 2008, e dispositivos do Decreto-Lei nº 73, de 21 de novembro de 1966; e dá outras providências. **Diário Oficial da União**, Brasília, 20 set. 2019.

[19] A respeito, *vide*: **DECLARAÇÃO de direitos de liberdade econômica e os impactos no direito ambiental**. Belo Horizonte: Direito Ambiental a Conta Gotas, 16 jan. 2020. 1 vídeo (8:45 min). Publicado por: Direito Ambiental a Conta Gotas.

Apesar de a Exposição de Motivos não ter força normativa, como se passa com o texto da norma propriamente dita, normalmente serve como importante critério hermenêutico de interpretação e aplicação da lei, não sendo desejável que exista uma discrepância entre essas duas partes do diploma legal (Exposição de Motivos x Texto da Norma[20]).

Ocorre que, além de a redação do § 12 do art. 3º não ter refletido a Exposição de Motivos da MP nº 915/2019, a dúvida quanto à aplicação do instituto da aprovação tácita em matéria ambiental, a nosso ver, continuará persistindo[21].

---

[20] Sobre a relevância da exposição de motivos de um determinado diploma normativo na sua interpretação e aplicação, Maximiliano elucida que a investigação sobre a trajetória histórica de uma lei ou disposição normativa tem significativa utilidade para se entender a função que é designada a cumprir no efetivo momento de sua incidência. Desta forma, destaca a importância de se buscar esclarecimentos em projetos de lei e nas respectivas exposições de motivo. MAXIMILIANO, Carlos. **Hermenêutica e Aplicação do Direito**. 20. ed. Rio de Janeiro: Forense, 2011. p. 112-115.

[21] O IBAMA expediu a Portaria nº. 229, de 24 de janeiro de 2020, por meio da qual dispôs, em seu art. 1º. "(...) que não se aplica aos atos de liberação no âmbito desta autarquia a aprovação tácita prevista no art. 3º, IX da Lei nº 13.874 de 20 de setembro de 2019 e no art. 10 do Decreto nº 10.178, de 18 de dezembro de 2019 em virtude do entendimento quanto ao disposto no art. 3º, § 12º, da Lei nº 13.874, de 20 de setembro de 2019 com a redação dada pela Medida Provisória nº. 915, de 27 de dezembro de 2019 (...)". Nessa mesma pegada, o ICMBio editou a Portaria nº 69, de 28 de janeiro de 2020, com conteúdo idêntico ao da referida Portaria do IBAMA. A nosso ver, com o devido respeito, ocorreu um excesso por parte dessas Portarias (IBAMA e ICMBio), pois a redação do § 12 do art. 3º da mencionada lei, apenas diz que a aprovação tácita: "(...) não se aplica às atividades com impacto significativo no meio ambiente, conforme estabelecido pelo órgão ambiental competente (...)". Com efeito, entendemos que ao rechaçar a aplicação de toda e qualquer aprovação tácita no âmbito de suas respectivas competências, o IBAMA e o ICMBio excederam a competência regulamentar e invadiram a competência legislativa da União Federal, pois, a rigor, negaram vigência à aludida Lei Federal, especialmente por força do § 1º, do seu art. 1º, que é expresso ao dizer que: (...) O disposto nesta Lei será observado (...) nas relações jurídicas (...) sobre (...) proteção ao meio ambiente (...). Ora, se o legislador federal pretendeu dar efetividade aos princípios da ordem econômica previstos no inciso IV do caput do art. 1º, do parágrafo único do art. 170 e do caput do art. 174 da CRFB/1988, inclusive no que se refere às relações jurídicas que versam sobre proteção ao meio ambiente, não caberia à Administração Pública Federal Indireta dizer qual é o âmbito de incidência da norma, mas, tão somente, regulamentar os casos em que ela se aplicaria ou não, segundo a redação do § 12 do art. 3º da indicada lei. Não é razoável se supor que todo e qualquer ato de liberação da atividade econômica emitido pelo IBAMA e pelo ICMBio é relativo às atividades de significativo impacto ambiental. Obviamente que não, A título de comparação, veja-se que a Agência Nacional de Mineração ("ANM"), a nosso ver, agiu de forma acertada ao editar a Resolução nº. 22, de 30 de Janeiro de 2020, por meio da qual regulamentou os prazos

Como se pode verificar, a questão que envolve a aplicabilidade do art. 3º, IX da Declaração de Direitos de Liberdade Econômica às autorizações para intervenção ambiental, está longe de ser pacífica, pois envolve conflito de princípios e valores da CRFB/1988, tais como a propriedade privada, a razoável duração do processo, a segurança jurídica, a liberdade econômica e o meio ambiente.

De toda forma, caso a aplicação do art. 3º, IX da Declaração de Direitos de Liberdade Econômica venha a se tornar efetiva no dia a dia dos empreendimentos do setor elétrico, provavelmente haverá um notável ganho em relação à celeridade e à desburocratização na obtenção de autorizações ambientais, como é o caso, por exemplo, das autorizações para supressão de vegetação autônoma e dos requerimentos de coleta de fauna.

5. Da Inexigibilidade de Certidão sem previsão expressa em Lei

O último dispositivo da Declaração de Direitos de Liberdade Econômica que gostaríamos de analisar é o insculpido no artigo 3°, XII do novel diploma normativo, vejamos:

> Art. 3º. (...)
>
> (...)
>
> XII - não ser exigida pela administração pública direta ou indireta certidão sem previsão expressa em lei.
>
> (...)
>
> § 11. Para os fins do inciso XII do caput deste artigo, é ilegal delimitar prazo de validade de certidão emitida sobre fato imutável, inclusive sobre óbito[22].

---

para aprovação tácita e discorreu acerca de quais atos de liberação de atividade econômica estariam sujeitos a tal aprovação.

[22] BRASIL. Lei nº 13.784, de 20 de setembro de 2019. Institui a Declaração de Direitos de Liberdade Econômica; estabelece garantias de livre mercado; altera as Leis nos 10.406, de 10 de janeiro de 2002 (Código Civil), 6.404, de 15 de dezembro de 1976, 11.598, de 3 de dezembro de 2007, 12.682, de 9 de julho de 2012, 6.015, de 31 de dezembro de 1973, 10.522, de 19 de julho de 2002, 8.934, de 18 de novembro 1994, o Decreto-Lei nº 9.760, de 5 de setembro de 1946 e a Consolidação das Leis do Trabalho, aprovada pelo Decreto-Lei nº 5.452, de 1º de maio de 1943; revoga a Lei Delegada nº 4, de 26 de setembro de 1962, a Lei nº 11.887, de 24 de dezembro de 2008, e dispositivos do Decreto-Lei nº 73, de 21 de novembro de 1966; e dá outras providências. **Diário Oficial da União**, Brasília, 20 set. 2019.

Como se depreende do texto normativo trata-se de uma sentença de morte para muitas exigências de apresentação de certidões que são previstas em decretos, resoluções, deliberações normativas, bem como diversos outros atos normativos de natureza infralegal que hodiernamente são criados pela Administração Pública em geral.

Referida norma é merecedora de aplausos, pois atua como um corolário do princípio constitucional da legalidade, alçado à categoria de direito fundamental do indivíduo como garantia de que "ninguém será obrigado a fazer ou deixar de fazer algo senão em virtude de lei"[23] (art. 5º, II da CRFB/1988). De maneira simétrica, o princípio da legalidade atua como limitador do Poder do Estado perante o indivíduo, eis que toda a ação da Administração Pública deve estar pautada na lei (art. 37, *caput* da CRFB/1988[24]).

Também é digna de se registrar a vedação à imposição de prazo de validade de certidão emitida sobre fato imutável, que provavelmente trará maior desburocratização para a atividade econômica de um modo geral.

No que tange ao objeto da nossa análise, que são os impactos da nova lei no licenciamento ambiental de empreendimentos do setor elétrico, entendemos que a principal repercussão diz respeito à certidão de uso e ocupação do solo de que trata o art. 10, § 1º da Resolução do Conselho Nacional de Meio Ambiente (CONAMA) nº 237/1997[25], *verbis:*

> Art. 10 - O procedimento de licenciamento ambiental obedecerá às seguintes etapas:
>
> (...)
>
> § 1º - No procedimento de licenciamento ambiental deverá constar, obrigatoriamente, a certidão da Prefeitura Municipal, declarando que o local e o tipo de empreendimento ou atividade estão em conformidade com a legislação aplicável ao uso e ocupação do solo e, quando for o caso, a autorização para supressão de vegetação e a outorga para o uso da água, emitidas pelos órgãos competentes.

---

[23] BRASIL. [Constituição (1988)]. Constituição da República Federativa do Brasil de 1988. **Diário Oficial da União**, Brasília, 05 out. 1988.

[24] Sobre as dimensões do princípio da legalidade: LOPES MEIRELLES, Hely. **Direito Administrativo Brasileiro**. 28. ed. São Paulo: Malheiros, 2004. p. 86-87.

[25] Sobre a certidão de uso e ocupação do solo, ver também: **CERTIDÃO Municipal de uso e ocupação do solo**. Belo Horizonte: Direito Ambiental a Conta Gotas, 11 jun. 2019. 1 vídeo (3:48 min). Publicado por: Direito Ambiental a Conta Gotas.

A supracitada exigência, como se verifica, provém de uma resolução, que, como sabido, não é lei em sentido formal e material, isto é, não é uma lei ordinária ou complementar, do ponto de vista formal, embora tenha conteúdo normativo[26].

Portanto, a exigência da referida certidão com base na Resolução CONAMA nº 237/1997, como pré-requisito para análise e concessão do requerimento de licença prévia, à luz do art. 3º, XII da Declaração de Direitos de Liberdade Econômica torna-se ilegal, eis que a exigência foi instituída sem previsão expressa em lei.

Sem dúvida, trata-se de um impacto de grande repercussão para o licenciamento ambiental dos empreendimentos do setor elétrico, que, sob a ótica estritamente jurídica, estarão desvencilhados da obrigatoriedade de apresentação da certidão municipal de conformidade do empreendimento com as normas de uso e ocupação do solo de que trata o art. 10, § 1º da Resolução CONAMA nº 237/1997.

Nesse momento, tomamos a liberdade de relembrar que, antes da entrada em vigor da Declaraçao de Direitos de Liberdade Econômica, a doutrina especializada já vinha defendendo que a certidão de uso e ocupação do solo tem a natureza jurídica de ato declaratório vinculado[27], isto é, aquele que implica em mero reconhecimento de situações jurídicas sem que se faça um juízo valorativo específico acerca de seu mérito[28].

Além disso, nos termos do art. 13, § 1º da Lei Complementar nº 140/2011, a participação do município, enquanto órgão interveniente no processo de licenciamento ambiental, não lhe confere a prerrogativa de fazer exigências de estudos, documentos, compensações e condicionantes para fins de expedição

---

[26] Os defensores da necessidade de se continuar exigindo a certidão de uso e ocupação do solo, com amparo no art. 10, § 1º da Resolução CONAMA nº. 237/1997, provavelmente argumentarão que a exigência da mencionada certidão advém de delegação feita diretamente pela própria Lei da Política Nacional do Meio Ambiental (art. 8º da Lei nº. 6.938/81), sendo a Resolução apenas uma regulamentação da vontade do legislador. Apesar de reconhecermos a delegação normativa ao CONAMA não entendemos que tal delegação resolveria a limitação imposta pelo artigo 3º, XII da Declaração de Direitos de Liberdade Econômica. .

[27] SION. Alexandre Oheb e JACCOUD, Cristiane. **Direito Ambiental e Os 30 Anos da Constituição de 1988.** Organizadores. Organizadores: Albenir Querubini. Alexandre Burmann e Paulo de Bessa Antunes. Editora Thoth. UBAA.

[28] LOPES MEIRELLES, Hely. **Direito Administrativo Brasileiro**. ed. 28. São Paulo: Malheiros 2004. p. 168.

da certidão de uso e ocupação do solo, que não ostenta o caráter de anuência, mas de mera declaração de conformidade.

Tais premissas, quando lançadas sob o prisma da Declaração de Direitos de Liberdade Econômica, revelam que o art. 3º, XII do novel diploma colocou uma pá de cal sobre a questão, eis que, doravante, a participação do município em relação à instalação e operação de empreendimentos em sua circunscrição territorial, quando a competência licenciatória ambiental for estadual ou federal[29], passou a ser matéria afeta exclusivamente à questão urbanística, o que dá mais autonomia ao processo de licenciamento ambiental, e, simultaneamente, valoriza o Município enquanto ente federativo responsável pelas questões de natureza urbanística local.

Aliás, vale pontuar que a noção segundo a qual a certidão de uso e ocupação do solo inserta no art. 10, § 1º da Resolução CONAMA nº 237/1997 seria um pré-requisito ou etapa indispensável para a análise do requerimento de licença prévia, a nosso ver, decorre de uma visão hipertrofiada do processo de licenciamento ambiental abordado como uma panaceia para a solução de todos os males da modernidade, o que, do ponto de vista prático, tem se mostrado inviável e até contrário ao objetivo primordial do art. 225, *caput* da CRFB/1988, que é a proteção ao meio ambiente.

Por derradeiro, cabe pontuarmos que, embora com o advento da Declaração de Direitos de Liberdade Econômica a certidão tenha se tornado inexigível do ponto de vista jurídico, não há como menosprezar a sua relevância sob o ponto de vista político e social para os municípios em relação ao licenciamento ambiental.

Por essa perspectiva, a certidão é uma questão relevante especialmente para os empreendimentos lineares e para os licenciamentos que não são de competência do município, pois a certidão de uso e ocupação do solo acaba sendo o "momento" no processo de licenciamento ambiental em que o município tem maior "força" para exigir contrapartidas do empreendimento.

Portanto, não há como fazermos uma análise exclusivamente jurídica e dissociada do fato político de que o administrador municipal precisa prestar

[29] Obviamente, quando o Município for o ente federativo competente para licenciar determinado empreendimento (art. 9º da Lei Complementar 140/2011) terá todo o direito e obrigação de exigir informações, estudos, planos e programas necessários à avaliação da viabilidade ambiental do empreendimento sujeito ao licenciamento.

contas aos seus munícipes em relação aos impactos locais na vida e no dia a dia das pessoas derivados dos empreendimentos que lá pretendem se instalar. E, por vezes, a atuação não vinculante de que trata o parágrafo 1º do art. 13 da Lei Complementar 140/2011 não se mostra suficiente.

6. Conclusão

Diante do exposto, concluímos que a Declaração de Direitos de Liberdade Econômica é uma norma que prestigia a livre iniciativa e o livre exercício da atividade econômica, tendo como princípios a liberdade e a boa-fé do particular perante o Poder Público e que, possivelmente, trará diversos impactos positivos para o licenciamento ambiental de empreendimentos do setor elétrico, que podem ser assim resumidos:

a) Cabe à Administração tratar igualmente a todos os que estejam na mesma situação fática e jurídica, sendo o art. 3º, IV da Declaração de Direitos de Liberdade Econômica um meio de efetivação deste direito fundamental, porquanto no licenciamento de empreendimentos do setor elétrico, por exemplo, a referida regra impede que sejam fixadas compensações ambientais e medidas de controle que nunca tenham sido anteriormente aplicadas em situações que sejam fática e juridicamente análogas, vinculando a decisão do órgão ao caso paradigma;

b) O inciso IX do art. 3° da Declaração de Direitos de Liberdade Econômica, que prevê a autorização tácita de atos de liberação da atividade econômica, uma vez que tenha decorrido o prazo legal ou fixado, a contar da formalização da solicitação, não se aplica à concessão da licença ambiental, por força da vedação inserta no art. 14, § 3º da Lei Complementar n° 140/2011. No entanto, para os empreendimentos do setor elétrico, a referida norma poderá ter aplicação aos casos de autorização de intervenção ambiental de menor complexidade (*vg.* supressão de vegetação, outorga pra recursos hídricos, autorizações para coleta de fauna, etc.). Contudo, ainda é prematuro chegarmos a uma conclusão definitiva, em relação à aplicabilidade do dispositivo na seara ambiental, mesmo com a alteração promovida pela MP n° 915/2019, cabendo à doutrina e à jurisprudência discutir a viabilidade da sua aplicação para esses atos de liberação para o exercício de atividade econômica à luz dos princípios e valores da CRFB/1988, tais como a propriedade privada, a razoável duração do processo, a segurança jurídica, a liberdade econômica e o meio ambiente. De toda sorte, a norma causará impacto significativo para o setor elétrico de um modo geral;

c) Por derradeiro, também analisamos os impactos do art. 3º, XII da Declaração de Direitos de Liberdade Econômica, que impõe à Administração Pública a obrigação de não exigir certidão sem que haja a expressa previsão em lei. Esta regra torna ilegal a exigência da certidão de uso e ocupação do solo prevista na Resolução CONAMA nº 237/1997, em seu art. 10, § 1º. Nesse sentido, do ponto de vista jurídico, o art. 3º, XII da Declaração de Direitos de Liberdade Econômica trará significativos impactos para o licenciamento ambiental no setor elétrico, com a desburocratização e celeridade do processo.

Ante todo o exposto, concluímos que a Declaração de Direitos de Liberdade Econômica traz em seu texto diversas regras que poderão implicar em inúmeros impactos positivos no licenciamento ambiental dos empreendimentos do setor elétrico. Entretanto, ainda é demasiado cedo para tirarmos conclusões definitivas acerca da referida Lei, que terá de ser submetida aos debates do dia a dia para ter a sua efetividade consolidada.

7. Referências Bibliográficas

ALTERAÇÕES Normativas Recentes em Matéria Ambiental (Parte 01). Belo Horizonte: Direito Ambiental a conta gotas, 28 out. 2019. 1 vídeo (5:40 min.). Publicado por: Direito Ambiental a conta gotas. Disponível em: https://www.youtube.com/watch?v=f5'lzyldpeOs. Acesso em: 03 jan. 2020.

BESSA ANTUNES, Paulo de. **Direito Ambiental**. 18. ed. São Paulo: Atlas, 2016.

BIM, Eduardo Fortunato. **Licenciamento Ambiental**. 4. ed. Rio de Janeiro: Fórum, 2018.

BRASIL. Conselho Nacional do Meio Ambiente. Resolução CONAMA nº 237, de 19 de dezembro de 1997. **Diário Oficial da União**, Brasília, 19 dez. 1997. Disponível em: https://www.mma.gov.br/port/conama/res/res97/res23797.html. Acesso em: 29 out. 2019.

BRASIL. [Constituição (1988)]. Constituição da República Federativa do Brasil de 1988. **Diário Oficial da União**, Brasília, 05 out. 1988. Disponível em: http://www.planalto.gov.br/ccivil_03/constituicao/constituicao.htm. Acesso em: 29 out. 2019.

BRASIL. Lei Complementar n° 140, de 08 de dezembro de 2011. Fixa normas, nos termos dos incisos III, VI e VII do caput e do parágrafo único do art. 23 da Constituição Federal, para a cooperação entre a União, os Estados, o Distrito Federal e os Municípios nas ações administrativas decorrentes do exercício da competência comum relativas à proteção das paisagens naturais notáveis, à proteção do meio ambiente, ao combate à poluição em qualquer de suas formas e à preservação das florestas, da fauna e da flora; e altera a Lei no 6.938, de 31 de agosto de 1981. **Diário Oficial da União**, Brasília, 09 dez. 2011. Disponível em: http://www.planalto.gov.br/ccivil_03/LEIS/LCP/Lcp140.htm. Acesso em: 13 out. 2019.

BRASIL. Lei n° 6.938, de 31 de agosto de 1981. Dispõe sobre a Política Nacional do Meio Ambiente, seus fins e mecanismos de formulação e aplicação, e dá outras providências. **Diário Oficial da União**, Brasília, 02 set. 1981. Disponível em: http://www.planalto.gov.br/ccivil_03/LEIS/L6938.htm. Acesso em: 15 nov. 2019.

BRASIL. Lei n° 13.784, de 20 de setembro de 2019. Institui a Declaração de Direitos de Liberdade Econômica; estabelece garantias de livre mercado; altera as Leis nos 10.406, de 10 de janeiro de 2002 (Código Civil), 6.404, de 15 de dezembro de 1976, 11.598, de 3 de dezembro de 2007, 12.682, de 9 de julho de 2012, 6.015, de 31 de dezembro de 1973, 10.522, de 19 de julho de 2002, 8.934, de 18 de novembro 1994, o Decreto-Lei nº 9.760, de 5 de setembro de 1946 e a Consolidação das Leis do Trabalho, aprovada pelo Decreto-Lei nº 5.452, de 1º de maio de 1943; revoga a Lei Delegada nº 4, de 26 de setembro de 1962, a Lei nº 11.887, de 24 de dezembro de 2008, e dispositivos do Decreto-Lei nº 73, de 21 de novembro de 1966; e dá outras providências. **Diário Oficial da União**, Brasília, 20 set. 2019. Disponível em: http://www.planalto.gov.br/ccivil_03/_ato2019-2022/2019/lei/L13874.htm. Acesso em: 12 dez. 2019

BRASIL. Medida Provisória n° 915, de 27 de dezembro de 2019. Aprimora os procedimentos de gestão e alienação dos imóveis da União. **Diário Oficial da União**, Brasília, 30 dez. 2019. Disponível em: http://www.planalto.gov.br/ccivil_03/_ato2019-2022/2019/Mpv/mpv915.htm. Acesso em: 10 nov. 2019.

BRASIL. Portaria Interministerial n° 60, de 24 de março de 2015. Estabelece procedimentos administrativos que disciplinam a atuação dos órgãos e entidades da administração pública federal em processos de licenciamento ambiental de competência do Instituto Brasileiro do Meio Ambiente e dos Recursos Naturais Renováveis - Ibama. **Diário Oficial da União**, Brasília, 25 mar. 2015. Disponível em: http://www.lex.com.br/legis_26632223_portaria_interministerial_n_60_de_24_de_marco_de_2015.aspx. Acesso em: 20 nov. 2019.

BRAGA, Rodrigo Bernardes. Setor **Elétrico Brasileiro:** visão crítica da geração de energia. Aspectos jurídicos, ambientais e econômico-financeiros. Belo Horizonte: D' Plácido Editora, 2016.

CERTIDÃO Municipal de uso e ocupação do solo. Belo Horizonte: Direito Ambiental a Conta Gotas, 11 jun. 2019. 1 vídeo (3:48 min). Publicado por: Direito Ambiental a Conta Gotas. Disponível em: https://youtu.be/jKZ9k-IrBSE. Acesso em: 03 jan. 2020.

CARVALHO FILHO, José dos Santos. **Manual de Direito Administrativo.** 31. ed. Rio de Janeiro: Atlas, 2018.

DECLARAÇÃO de direitos de liberdade econômica e os impactos no direito ambiental. Belo Horizonte: Direito Ambiental a Conta Gotas, 16 jan. 2020. 1 vídeo (8:45 min). Publicado por: Direito Ambiental a Conta Gotas. Disponível em: https://www.youtube.com/watch?v=xdDd0okhOCQ. Acesso em: 20 jan. 2020.

FARIAS. Talden. **Licenciamento Ambiental.** 5. ed. Rio de Janeiro: Fórum, 2015.

FIORILO, Celso Antônio Pacheco. **Curso de Direito Ambiental Brasileiro.** 6. ed. São Paulo: Saraiva, 2005.

GRAU, Eros Roberto. **A ordem econômica na Constituição de 1988:** (interpretação e crítica). 19. ed. rev. e atual. São Paulo: Malheiros, 2018.

LOPES MEIRELLES, Hely. **Direito Administrativo Brasileiro.** 35. ed. São Paulo: Malheiros, 2009.

MACHADO, Paulo Affonso Leme. **Direito Ambiental Brasileiro.** 12. ed. São Paulo: Malheiros, 2004.

MILARÉ, Édis. **Direito do ambiente:** a gestão ambiental em foco: doutrina, jurisprudência, glossário. 7. ed. rev. atual. e reform. São Paulo: Revista dos Tribunais, 2011.

SION, Alexandre Oheb. Conflito Aparente de Princípios Constitucionais Ambientais e Indigenistas. *In:* BRAGA FILHO, Edson de Oliveira (coord) *et al.* **Advocacia Ambiental:** Segurança Jurídica para Empreender. Rio de Janeiro: Lumen Juris, 2009.

SION, Alexandre Oheb; JACCOUD, Cristiane. **Direito Ambiental e Os 30 Anos da Constituição de 1988.** Organizadores: Albenir Querubini. Alexandre Burmann e Paulo de Bessa Antunes. Editora Thoth. UBAA, 2018.

SOUZA, Paulo Roberto Pereira de. O Direito Ambiental e a Construção da Sociedade Sustentável. *In:* PAULA, Jônatas Luiz Moreira de (coord.). **Direito Ambiental e Cidadania.** Lemme: JH Mizuno, 2007.

TOSHIO Mukai. **Direito Ambiental Sistematizado.** 10. ed. Rio de Janeiro: Forense, 2017.

TRENNEPOHL, Curt; TRENNEPOHL, Terence. **Licenciamento Ambiental.** 7. ed. São Paulo: Revista dos Tribunais, 2018.

AVALIAÇÃO DA ANUÊNCIA ENTRE ENTES FEDERATIVOS EM PROCESSOS DE INTERVENÇÃO AMBIENTAL NO BIOMA MATA ATLÂNTICA

Antônio Augusto Melo Malard[1]

Anderson Ramiro Siqueira[2]

1. Introdução

A energia elétrica é um insumo essencial à sociedade, indispensável ao desenvolvimento socioeconômico das nações. No Brasil, a principal fonte de geração é a hidrelétrica (água corrente dos rios), que responde por 62% da capacidade instalada em operação no país, seguida das termelétricas (gás natural, carvão mineral, combustíveis fósseis, biomassa e nuclear), com 28%. O restante é proveniente de usinas eólicas (energia dos ventos) e importação da energia de outros países (ANEEL, 2019).

Para se empreender no setor elétrico é necessário passar pela obtenção de diversas autorizações estatais, onde o licenciamento ambiental está dentre as adjetivações públicas de maior importância e morosidade.

---

[1] Engenheiro Civil - UFMG. Doutor em Engenharia Química - UNICAMP. Mestre em Sustentabilidade Sócio-Econômica e Ambiental - UFOP. Pós-graduação em Tecnologia Ambiental – UFMG. Atuou na Fundação Estadual do Meio Ambiente (FEAM) e na Secretaria de Meio Ambiente e Desenvolvimento Sustentável (SEMAD), onde ocupou os cargos de Superintendente de Apoio a Regularização Ambiental e de Subsecretário de Regularização Ambiental. Atualmente é Diretor Geral do Instituto Estadual de Florestas (IEF).

[2] Analista Ambiental do Instituto Estadual de Florestas - IEF, atualmente ocupando o cargo de Supervisor Regional da URFBio Sul de Minas. Bacharel em Direito pela Faculdade de Direito do Sul de Minas – FDSM. Pós-graduação em Gestão e Manejo Ambiental em Sistemas Florestais pela Universidade Federal de -Lavras – UFLA. Pós-graduação em Direito Ambiental pela Universidade Cruzeiro do Sul.

A natureza dos empreendimentos hidrelétricos está intrinsecamente ligada a fatores geográficos, incluindo, assim, diversos elementos ambientais que trazem complexidade ao fluxo processual dos licenciamentos ambientais.

Nesse contexto, quando ainda envolver a intervenção no Bioma Mata Atlântica, o cumprimento do rito estabelecido pela Lei Federal nº 11.428/2006, também denominada Lei da Mata Atlântica, traz outros obstáculos a serem ultrapassados para o licenciamento. Dentre eles, está a obtenção pelo próprio órgão licenciador de anuência junto ao órgão federal de meio ambiente.

Registra-se que o bioma da Mata Atlântica é o único do país que possui uma lei própria, criada para combater o desmatamento que reduziu muito a ocorrência de áreas verdes neste bioma. Atualmente o Brasil possui um remanescente de cerca de dezesseis milhões de hectares, que representam 12,4% da área original coberta por vegetação (SOS Mata Atlântica, 2019).

O Bioma da Mata Atlântica abrange dezessete Estados da União, sete das nove bacias hidrográficas mais importantes do País, 72% da população brasileira e possui grande diversidade de espécies, o que configurou a ele o reconhecimento de patrimônio nacional pela Constituição Federal e de reserva da biosfera pela Organização das Nações Unidas para a Educação – UNESCO.

Tal legislação possibilitou grandes avanços em termos da conservação e recuperação do bioma, entretanto alguns pontos da lei apresentam incoerências na sua aplicabilidade, além de conflitos com outras normas, como com a Lei Complementar nº 140/2011 e a Constituição Federal.

2. Discussão

A Lei Federal nº 11.428/2006 (Lei da Mata Atlântica) trouxe regime jurídico específico para a supressão da vegetação primária e secundária nos estágios avançado e médio de regeneração, de modo que, além da autorização do órgão ambiental competente, as atividades de utilidade pública e de interesse social se sujeitam, quando couber, à anuência do órgão federal, Instituto Brasileiro do Meio Ambiente e dos Recursos Naturais Renováveis - IBAMA ou do órgão municipal de meio ambiente[3]:

[3] BRASIL. Lei nº 11.428, de 22 de dezembro de 2006. Dispõe sobre a utilização e proteção da vegetação nativa do Bioma Mata Atlântica, e dá outras providências. **Diário Oficial da União**, Brasília, 26 dez. 2006.

> Art. 14. A supressão de vegetação primária e secundária no estágio avançado de regeneração somente poderá ser autorizada em caso de utilidade pública, sendo que a vegetação secundária em estágio médio de regeneração poderá ser suprimida nos casos de utilidade pública e interesse social, em todos os casos devidamente caracterizados e motivados em procedimento administrativo próprio, quando inexistir alternativa técnica e locacional ao empreendimento proposto, ressalvado o disposto no inciso I do art. 30 e nos §§ 1º e 2º do art. 31 desta Lei.
>
> § 1º A supressão de que trata o caput deste artigo dependerá de autorização do órgão ambiental estadual competente, com anuência prévia, quando couber, do órgão federal ou municipal de meio ambiente, ressalvado o disposto no § 2º deste artigo.

O regramento para a anuência do IBAMA está disposto no Decreto Federal nº 6.660/2008, estabelecendo sua necessidade quando a supressão resultar em cinquenta hectares por empreendimento, isolada ou cumulativamente, ou três hectares por empreendimento, quando localizada em área urbana ou região metropolitana[4]:

> Art. 19. Além da autorização do órgão ambiental competente, prevista no art. 14 da Lei no 11.428, de 2006, será necessária a anuência prévia do Instituto Brasileiro do Meio Ambiente e dos Recursos Naturais Renováveis - IBAMA, de que trata o § 1o do referido artigo, somente quando a supressão de vegetação primária ou secundária em estágio médio ou avançado de regeneração ultrapassar os limites a seguir estabelecidos:
>
> I - cinqüenta hectares por empreendimento, isolada ou cumulativamen te; ou
>
> II - três hectares por empreendimento, isolada ou cumulativamente, quando localizada em área urbana ou região metropolitana.

Em 27/02/2019, a Instrução Normativa do IBAMA nº 09/2019 foi publicada, revogando as Instruções Normativas IBAMA nº 22/2014 e nº 4/2015, estabelecendo novos critérios e procedimentos para anuência do Instituto.

Em suma, cabe ao órgão ambiental competente solicitar a manifestação do IBAMA, apresentando ao órgão federal o respectivo processo administrativo, demonstrando a caracterização e a motivação, bem como a inexistência de outras alternativas técnica e locacional ao empreendimento proposto.

---

4 BRASIL. Decreto nº 6.660, de 21 de novembro de 2008. Regulamenta dispositivos da Lei nº 11.428, de 22 de dezembro de 2006, que dispõe sobre a utilização e proteção da vegetação nativa do Bioma Mata Atlântica. **Diário Oficial da União**, Brasília, 24 nov. 2008.

Em que pese essa regulamentação, assim como as instruções normativas anteriores, a anuência trazida pela Lei nº 11.428/2006 é bastante questionada há muitos anos, sendo que após a edição da Lei Complementar nº 140/2011, sua aplicação passou a ser ainda mais alvo de discussões.

Para o entendimento da matéria é necessária uma análise sistêmica de todo o ordenamento jurídico afeto ao tema, levando-se em consideração a competência material trazida pelo artigo 23 da Constituição Federal e sua recente regulamentação.

A Constituição de 1988 optou por um modelo peculiar em relação à repartição de competências entre os entes federativos, pois são explicitadas competências materiais e legislativas para a União, os Estados, Distrito Federal e para os Municípios.

Em relação à competência material, também chamada de administrativa, a qual é o dever-poder de pôr em prática os comandos e as prerrogativas previstos nas normas constitucionais e infraconstitucionais por meio de um conjunto de ações concretas destinadas à satisfação do interesse público, é possível desmembrá-la em exclusiva e comum.

A competência exclusiva fica a cargo da União e refere-se às matérias de relevante valor ao estado-nação, as quais são indelegáveis, sendo vedada sua disponibilização para qualquer outro membro da federação. Já a competência comum fica a cargo de todos os entes federativos, sendo uma modalidade de competência traduzida de um modelo de federalismo por cooperação.

O significado do adjetivo "comum" na Constituição Federal é inconfundível com as conotações que se reconhecem aos vocábulos "concorrente" e "simultâneo". O fato de ser comum não significa necessariamente que todos os entes federativos devam agir no mesmo processo, mas, sim, que devam exercer suas ações de forma cooperada, respeitando a competência de cada um.

Cabe ressaltar que inexiste hierarquia entre os entes federativos. Neste sentido, Paulo & Alexandrino (2011) relatam que:

> Os entes federados são todos autônomos (nunca soberanos), nos termos estabelecidos na Constituição Federal, inexistindo subordinação entre eles. Todos os entes federados retiram sua autonomia do texto da Constituição, isto é, das competências que lhes são por ela outorgadas. Não há precedência de um ente federado sobre outro, mas sim distribuição de competências, em caráter privativo ou concorrente. No exercício de suas atribuições fixadas constitucionalmente, o Município é tão autô-

> nomo quanto a União, quando esta atua no desempenho de suas competências próprias. A questão central do federalismo, dentro da ótica apresentada pela Constituição de 1988 está assentada na repartição de competências, sendo para Bonavides a medida dos poderes políticos do Estado que assegura a cada um de seus integrantes a sua autonomia[5].

Ciente de que no exercício da competência material poderiam haver atuações dos entes federativos responsáveis de forma sobreposta e até conflitante, sendo certo a inexistência de hierarquia entre eles, o constituinte nacional determinou que leis complementares fixariam normas para a cooperação entre a União e os Estados, o Distrito Federal e os Municípios, tendo em vista o equilíbrio do desenvolvimento e do bem-estar em âmbito nacional:

> Art. 23. É competência comum da União, dos Estados, do Distrito Federal e dos Municípios:
>
> Parágrafo único. Leis complementares fixarão normas para a cooperação entre a União e os Estados, o Distrito Federal e os Municípios, tendo em vista o equilíbrio do desenvolvimento e do bem-estar em âmbito nacional.[6]

Desta forma, todas as leis que atribuem competência material aos entes federativos devem ser criadas ou interpretadas, caso já existam, levando-se em consideração as normas fixadas por leis complementares.

Com objetivo de promover uma descentralização democrática, harmônica das políticas e ações administrativas ambientais, com vistas a evitar a sobreposição de atuação entre os entes federativos, eliminando conflitos de atribuições e garantindo uma atuação administrativa eficiente, foi cumprido o dever constitucional do artigo 23, parágrafo único, com a edição da Lei Complementar nº 140/2011.

A referida lei preencheu uma lacuna, há muito existente, no que tange à regulamentação por norma complementar da competência comum para o licenciamento e a autorização ambientais, bem como da cooperação entre União, Estados, Distrito Federal e Municípios para a proteção do meio ambiente.

---

5 PAULO, Vicente; ALEXANDRINO, Marcelo. **Direito Constitucional Descomplicado.** 6. ed. São Paulo: Método, 2011.

6 BRASIL. [Constituição (1988)]. Constituição da República Federativa do Brasil de 1988. **Diário Oficial da União**, Brasília, 05 out. 1988.

A lei trouxe princípios basilares que devem ser observados quando da interpretação da competência material estabelecida na legislação ordinária, em especial as editadas antes de sua vigência, tais como:

- Da cooperação entre os entes federativos nas ações administrativas decorrentes do exercício da competência comum;

- Da unicidade do Licenciamento ambiental e;

- Da eficiência.

Todos esses princípios estão intimamente ligados, já que buscam evitar que dois órgãos ambientais realizem a regularização ambiental em uma mesma atividade, deixando de fazê-lo ou retardando em tantos outros processos de licenciamento que se arrastam nos órgãos ambientais.

O primeiro princípio, da cooperação entre os entes federativos, pretende obter resultados mais expressivos do que se trabalhando em separado, buscando a sinergia como forma de ação no federalismo ambiental. Lado outro, a cooperação não significa os entes federativos agirem no mesmo processo de forma simultânea, mas sim, articulando-se entre si para a execução de uma política ambiental uníssona.

Ainda, a Lei Complementar nº 140/2011 estabeleceu uma série de institutos capazes de assegurar a permanente cooperação entre os órgãos ambientais, apesar do licenciamento único, dentre os quais se destaca a conceituação de atuação supletiva e subsidiária:

> Art. 2º Para os fins desta Lei Complementar, consideram-se:
>
> (...)
>
> II – atuação supletiva: ação do ente da Federação que se substitui ao ente federativo originariamente detentor das atribuições, nas hipóteses definidas nesta Lei Complementar;
>
> III – atuação subsidiária: ação do ente da Federação que visa a auxiliar no desempenho das atribuições decorrentes das competências comuns, quando solicitado pelo ente federativo originariamente detentor das atribuições definidas nesta Lei Complementar[7].

---

[7] BRASIL. Lei Complementar nº 140, de 08 de dezembro de 2011. Fixa normas, nos termos dos incisos III, VI e VII do caput e do parágrafo único do art. 23 da Constituição Federal, para a cooperação entre a União, os Estados, o Distrito Federal e os Municípios nas ações administrativas decorrentes do exercício da competência comum relativas à proteção das paisagens naturais notáveis, à proteção do meio ambiente, ao combate à poluição em

O princípio da eficiência, quando tomado em relação ao modo de organizar e de estruturar a Administração Pública, exprime o objetivo de que sejam alcançados os melhores resultados na prestação do serviço público[8], sem atuações inúteis, sem desperdícios financeiros ou humanos de recursos públicos, garantindo-se celeridade e qualidade e sempre em harmonia com os demais princípios que regem as atividades estatais.

A Advocacia Geral da União, por meio de sua Procuradoria Especializada, já se manifestou quanto ao princípio da eficiência em matéria de fiscalização, de acordo com o expresso na Orientação Jurídica Normativa Nº 49/2013/PFE/IBAMA nos seguintes termos:

> Assim, em atenção ao caput do art. 17, conclui-se que se, o órgão licenciador já realizou fiscalização ambiental em determinado empreendimento por ele licenciado, não caberá mais a outros órgãos do SISNAMA instaurar processo administrativo com o mesmo fim. Tal dispositivo garante, em boa medida, a concretização da competência constitucional comum em matéria ambiental, segundo a qual todos os órgãos componentes do SISNAMA devem concentrar esforços em suas respectivas áreas de atribuição, desejando-se a inocorrência de atuação conjunta, por todos os entes, ao mesmo tempo. Vislumbra-se aí o melhor caminho para a realização da cooperação e da eficiência administrativa - constitucionalmente imposta e legalmente estabelecida evitando-se que dois órgãos ambientais realizem fiscalização em uma mesma atividade, deixando de fazê-la em tantas outras práticas delituosas constatadas no imenso território brasileiro.

A unicidade do licenciamento foi tratada no artigo 13 da Lei Complementar nº 140/2011, determinando que os empreendimentos e atividades sejam licenciados ou autorizados ambientalmente por um único ente federativo, sendo que a supressão de vegetação decorrente de licenciamentos ambientais é autorizada pelo ente federativo licenciador, podendo, os demais entes federativos interessados, manifestar-se junto ao órgão responsável pela licença ou autorização de maneira não vinculante:

---

qualquer de suas formas e à preservação das florestas, da fauna e da flora; e altera a Lei no 6.938, de 31 de agosto de 1981. **Diário Oficial da União**, Brasília, 09 dez. 2011.

8 DI PIETRO, Maria Sylvia Zanella. **Direito administrativo**. 24. ed. São Paulo: Atlas, 2011.

> Art. 13. Os empreendimentos e atividades são licenciados ou autorizados, ambientalmente, por um único ente federativo, em conformidade com as atribuições estabelecidas nos termos desta Lei Complementar.
>
> § 1o Os demais entes federativos interessados podem manifestar-se ao órgão responsável pela licença ou autorização, de maneira não vinculante, respeitados os prazos e procedimentos do licenciamento ambiental.
>
> § 2o A supressão de vegetação decorrente de licenciamentos ambientais é autorizada pelo ente federativo licenciador.

Percebe-se, portanto, que a matéria da anuência foi a que sofreu grande mudança pela Lei Complementar nº 140/2011, já que a ordem estabelecida nesta legislação é da cooperação entre os entes federativos, da unicidade do Licenciamento ambiental e da eficiência.

A desburocratização, a racionalidade, a agilidade no atendimento ao cidadão, dentre outros, são objetivos da atual gestão pública, que foram expressamente concebidos quando da distribuição de competências pela Lei Complementar nº 140/2011.

Além disso, a Lei Complementar nº 140/2011 também constitui como objetivo fundamental no exercício da competência comum a harmonização das políticas e ações administrativas para evitar a sobreposição de atuação entre os entes federativos, de forma a evitar conflitos de atribuições e garantir uma atuação administrativa eficiente.

A leitura de todas as leis que tratam da competência material, editadas anterior a Lei Complementar nº 140/2011, devem ser interpretadas com subsídios nos princípios trazidos por ela.

Nesse diapasão, o melhor raciocínio, advindo do cumprimento aos princípios trazidos, é de que a anuência entre os entes federativos tenha sido tacitamente revogada pela Lei Complementar nº 140/2011.

Em que pese esse raciocínio natural, importante serem trazidos os artigos 11 e 17 da Lei Complementar nº 140/2011, os quais possibilitam à lei ordinária estabelecer regras próprias para atribuições relativas à autorização de manejo e supressão de vegetação, considerada a sua caracterização como vegetação primária ou secundária em diferentes estágios de regeneração:

> Art. 11. A lei poderá estabelecer regras próprias para atribuições relativas à autorização de manejo e supressão de vegetação, considerada a sua caracterização como vegetação primária ou secundária em diferentes estágios de regeneração, assim como a existência de espécies da flora ou da fauna ameaçadas de extinção.
>
> Art. 19. O manejo e a supressão de vegetação em situações ou áreas não previstas nesta Lei Complementar dar-se-ão nos termos da legislação em vigor[9].

Conforme alhures, o constituinte estabeleceu que somente lei complementar poderia fixar normas para a distribuição de competências materiais e a presença de delegação de competências à lei ordinária seria, portanto, inconstitucional. Não poderia, então, uma lei fixar regras de competência executiva em matéria ambiental.

Nesse sentido foi o entendimento do Procurador do Estado do Rio de Janeiro, Dr. Rodrigo Tostes de Alencar Mascarenhas, de acordo com o Parecer nº 56/18-RTAM-PG-2:

> (...) Ora, ao fazer isso, a Lei ordinária em questão violou o parágrafo único do art. 23 da Constituição Federal que estabelece que a repartição de competência executiva em matéria ambiental é tema privativo de lei complementar. E, o que é pior, ainda efetuou uma "deslegalização" da matéria pois a inserção da expressão "no que couber" no § 1º do dispositivo fez com que a matéria fosse regulada por Decreto Federal. Ou seja, a Constituição Federal, a nosso ver de forma bem clara, estabelece que a matéria só pode ser tratada por lei complementar. No entanto, a matéria foi tratada por lei ordinária que, não satisfeita com a usurpação, ainda delegou a parte da matéria para regulamento! O resultado é que aquilo que o constituinte reservou ao legislador complementar foi tratado pelo legislador ordinário que delegou parte da matéria ao Chefe do Executivo Federal.

---

9 BRASIL. Lei Complementar nº 140, de 08 de dezembro de 2011. Fixa normas, nos termos dos incisos III, VI e VII do caput e do parágrafo único do art. 23 da Constituição Federal, para a cooperação entre a União, os Estados, o Distrito Federal e os Municípios nas ações administrativas decorrentes do exercício da competência comum relativas à proteção das paisagens naturais notáveis, à proteção do meio ambiente, ao combate à poluição em qualquer de suas formas e à preservação das florestas, da fauna e da flora; e altera a Lei no 6.938, de 31 de agosto de 1981. **Diário Oficial da União**, Brasília, 09 dez. 2011.

Há argumentos de que a distribuição de competências feita pela Lei da Mata Atlântica teria sido convalidada pelos artigos 11 e 19 da própria Lei Complementar nº 140/2011, que têm a seguinte redação:

> Art. 11. A lei poderá estabelecer regras próprias para atribuições relativas à autorização de manejo e supressão de vegetação, considerada a sua caracterização como vegetação primária ou secundária em diferentes estágios de regeneração, assim como a existência de espécies da flora ou da fauna ameaçadas de extinção.
>
> Art. 19. O manejo e a supressão de vegetação em situações ou áreas não previstas nesta Lei Complementar dar-se-ão nos termos da legislação em vigor.

No entanto, conforme defendido pelo mesmo Procurador do Estado do Rio de Janeiro, parecer alhures, não é possível uma repartição de competências vindas de leis ordinárias, quiçá subdelegadas a decretos:

> (...) Ocorre que estas regras próprias para atribuições ou a referência aos "termos da legislação em vigor" se referem à forma de exercício de atribuição e não ao destinatário ou titular da atribuição. Isso pela simples razão de que, se admitirmos que tais dispositivos da LC 140 autorizam uma repartição de atribuições distintas daquela feita pela própria LC 140, basta a União editar uma lei própria com distinta repartição de competência para cada um dos grandes biomas nacionais (Amazônia, Cerrado, Caatinga, Pampas) e a LC 140 terá sido completamente esvaziada por lei ordinária, possivelmente com subdelegação a decretos, o que, a nosso ver, configura hipótese manifestamente inconstitucional, neste caso não "apenas" por violação da reserva de lei complementar, mas também por violação do princípio federativo e da autonomia de estados e municípios.

Além da inconstitucionalidade dos artigos 11 e 19, o que afastaria sua incidência por questões legais, sua não aplicabilidade também se daria por duas razões:

- Haja vista clara opção da Lei Complementa nº 140/2011 por privilegiar a unicidade dos processos de licenciamento ou autorização, adotando apenas um ente precipuamente competente para cada atividade e;

- Pelo fato de que, se a necessidade de dupla autorização é juridicamente questionável, a aplicação da autorização para intervenção de um ente combinada com o licenciamento de outro é ainda mais, pois, como sabido, os estudos técnicos feitos por ocasião de um licenciamento são mais abrangentes do que aqueles conduzidos em um processo de supressão.

Ademais, mesmo que admitida a constitucionalidade dos artigos 11 e 19, deve-se observar que ambos os dispositivos possuem como objetivo alterar as regras de competência material distribuída para cada ente federativo nos artigos 7º a 10 da lei complementar, possibilitando ao legislador ordinário estabelecer de forma diferente o ente federativo competente para a análise e emissão de autorização para a supressão de vegetação.

Nessa ordem, possível admissão de deslocamento de competência de ente federativo por lei ordinária não poderia ser estendida também para incluir um fluxo de anuência no processo de intervenção.

Se não fosse o acima articulado, admitido que o licenciamento ambiental pudesse ser tratado de forma fragmentada, em um exemplo esdrúxulo, poderia-se encontrar os três entes federativos atuando em mesmo processo, senão vejamos: processo de licenciamento de competência do órgão ambiental municipal (artigo 9º da Lei Complementar nº 140/2011), com a necessidade de autorização para a supressão de vegetação nativa do Bioma Mata Atlântica em estágio médio, onde a Lei nº 11.428/2006 determina a competência do Estado, inclusive com anuência do órgão federal.

Por fim, se não bastasse a inconstitucionalidade da lei complementar ao delegar à lei ordinária novas distribuições de competência, a Lei nº. 11.428/2006 subdelegou a decreto a forma de solicitar as anuências, o que torna ainda mais evidente sua inconstitucionalidade.

Do ponto de vista prático a anuência é bastante desproporcional, configurando em uma espécie de questionamento à atuação de um ente federativo. Ou seja, um ente federativo fiscalizando as ações de outro. Ora, se a própria Lei Complementar nº 140/2011 traz explicitamente as competências de cada um dos entes federativos, entende-se que todos são capazes de exercer suas funções e, portanto, não seria necessária uma chancela de outro ente. Cabe aos órgãos de controle, tal qual o Ministério Público, averiguar irregularidades que possam ocorrer em processos de intervenção no bioma Mata Atlântica.

Sob o aspecto da eficiência, a anuência também se apresenta desproporcional, onerando o poder público, que exerce o mesmo papel em duas oportunidades, já que dois entes federativos analisam sob a mesma ótica um determinado processo de intervenção ambiental. Nesse sentido, os recursos financeiros e humanos utilizados pelo ente responsável pela emissão da anuência poderiam ser aplicados para outros fins.

Além disso, tal configuração enseja um aumento no prazo de tramitação dos processos de licenciamento, que já é longo em praticamente todos os Estados da União, principalmente para hidrelétricas. É sabido que processos que se arrastam por anos até sua conclusão fomentam os impetrantes das solicitações de autorização de intervenção ambiental a desistirem da busca pela regularização, levando-os à ilegalidade.

3. Conclusão

A Lei Federal nº 11.428/2006 trouxe grandes avanços em termos da conservação e recuperação do bioma Mata Atlântica. No entanto, regras de distribuição de competências nela previstas devem ser verificadas em simetria com a Constituição Federal e a Lei Complementar nº 140/2011.

A lei complementar objetivou promover as políticas e ações administrativas ambientais de forma descentralizada, democrática e harmônica, com vistas a evitar a sobreposição de atuação entre os entes federativos, eliminando conflitos de atribuições e garantindo uma atuação administrativa eficiente. Toda e qualquer interpretação quanto à verificação das competências dos entes federativos para o licenciamento ambiental deve ser feita com esse objetivo, sob pena de não atender aos princípios envolvidos nessa lei.

Assim, considerando a especialidade da Lei Complementar nº 140/2011 em matéria de repartição de competências materiais, entende-se que a exigência de anuência de um ente federativo para autorizar a supressão de vegetação primária e secundária nos estágios avançado e médio de regeneração, prevista em decreto está superada por violar os princípios e regras trazidos por esta lei, assim como também pela Constituição Federal.

4. Referências Bibliográficas

ADVOCACIA GERAL DA UNIÃO (Brasil). OJN nº 49, de 13 de maio de 2013. Competência Fiscalizatória Ambiental após a vigência da Lei Complementar nº 140 de 2011. **Diário Oficial da União**, Brasília, 22 maio 2013. Disponível em: http://www.agu.gov.br/page/content/detail/id_conteudo/96663. Acesso em: 15 set. 2019.

AGÊNCIA NACIONAL DE ENERGIA ELÉTRICA (Brasil). Saiba mais sobre o setor elétrico. **ANEEL**, Brasília, 2019. Disponível em: http://www.aneel.gov.br/home?p_p_id=101&p_p_lifecycle=0&p_p_state=maximized&p_p_mode=view&_101_struts_action=%2Fasset_publisher%2Fview_content&_101_returnTo-

FullPageURL=%2F&_101_assetEntryId=14476909&_101_type=content&_101_groupId=654800&_101_urlTitle=faq&inheritRedirect=true. Acesso em: 15 set. 2019.

BRASIL. [Constituição (1988)]. Constituição da República Federativa do Brasil de 1988. **Diário Oficial da União**, Brasília, 05 out. 1988. Disponível em: http://www.planalto.gov.br/ccivil_03/constituicao/constituicao.htm. Acesso em: 29 out. 2019.

BRASIL. Decreto nº 6.660, de 21 de novembro de 2008. Regulamenta dispositivos da Lei nº 11.428, de 22 de dezembro de 2006, que dispõe sobre a utilização e proteção da vegetação nativa do Bioma Mata Atlântica. **Diário Oficial da União**, Brasília, 24 nov. 2008. Disponível em: http://www.planalto.gov.br/ccivil_03/_Ato2007-2010/2008/Decreto/D6660.htm. Acesso em: 10 nov. 2019.

BRASIL. Lei nº 11.428, de 22 de dezembro de 2006. Dispõe sobre a utilização e proteção da vegetação nativa do Bioma Mata Atlântica, e dá outras providências. **Diário Oficial da União**, Brasília, 26 dez. 2006. Disponível em: http://www.planalto.gov.br/ccivil_03/_Ato2004-2006/2006/Lei/L11428.htm. Acesso em: 10 nov. 2019.

BRASIL. Lei Complementar n° 140, de 08 de dezembro de 2011. Fixa normas, nos termos dos incisos III, VI e VII do caput e do parágrafo único do art. 23 da Constituição Federal, para a cooperação entre a União, os Estados, o Distrito Federal e os Municípios nas ações administrativas decorrentes do exercício da competência comum relativas à proteção das paisagens naturais notáveis, à proteção do meio ambiente, ao combate à poluição em qualquer de suas formas e à preservação das florestas, da fauna e da flora; e altera a Lei no 6.938, de 31 de agosto de 1981. **Diário Oficial da União**, Brasília, 09 dez. 2011. Disponível em: http://www.planalto.gov.br/ccivil_03/LEIS/LCP/Lcp140.htm. Acesso em: 12 out. 2019.

BRASIL. Ministério do Meio Ambiente. Instrução Normativa nº 9, de 25 de fevereiro de 2019. **Diário Oficial da União**, Brasília, 27 fev. 2019. Disponível em: Acesso em: 20 set. 2019.

DI PIETRO, Maria Sylvia Zanella. **Direito administrativo**. 24. ed. São Paulo: Atlas, 2011.

HIROTA, Marcia Makiko.. **Atlas dos Remanescentes Florestais da Mata Atlântica: Relatório Técnico - Período 2017-2018. Fundação SOS Mata Atlântica**, Brasília, maio 2019.

MASCARENHAS, Rodrigo Tostes de Alencar. Parecer n° 56/18-RTAM-PG-2. Repartição de competência executiva em matéria ambiental. **Procuradoria-Geral do Estado do Rio de Janeiro**, Rio de Janeiro, set. 2018.

PAULO, Vicente; ALEXANDRINO, Marcelo. **Direito Constitucional Descomplicado**. 6. ed. São Paulo: Método, 2011.

A DELEGAÇÃO DE COMPETÊNCIA PARA O LICENCIAMENTO AMBIENTAL E A INSTRUÇÃO NORMATIVA IBAMA Nº 08/2019

Daniela Garcia Giacobbo[1]

1. Introdução

A atribuição da competência é tema que pode suscitar impasses na interpretação e na aplicação da lei de regência quando do licenciamento ambiental para atividades, obras e empreendimentos, muitas vezes pelas indefinições e divergências existentes no marco legal e regulatório brasileiro. Exemplificando-se com um recorte no licenciamento ambiental para os empreendimentos do Setor Elétrico Brasileiro (SEB): ainda que a lei ambiental de regência utilize o critério de localização - e não mais o da extensão geográfica dos impactos ambientais diretos - somado ao das características da atividade, obra e/ou empreendimento, o seu potencial de degradação, em certos casos, pode ultrapassar o âmbito da área onde serão implantados, tanto que os empreendimentos do SEB igualmente são questionados pelos impactos socioambientais e socioculturais que podem provocar. Assim, a prevenção desse potencial de vários impactos demanda um devido enquadramento do objeto do licenciamento ambiental nas várias normas existentes e não só por meio de uma interpretação constitucional quanto à competência para licenciar e/ou autorizar,

---

[1] Bacharela em Direito pela Universidade Federal do Rio Grande do Sul - UFRGS. Mestra em Direito da Regulação pela FGV-Direito Rio. Foi servidora do Tribunal Regional Federal da 4ª Região - TRF4. Atualmente, é assessora da Presidência do Instituto Brasileiro do Meio Ambiente e dos Recursos Naturais Renováveis - Ibama. Estuda e escreve sobre Direito Ambiental, Direito de Energia e Direito da Regulação, em especial sobre o licenciamento ambiental, bem como sobre sistemas de incentivo para o desenvolvimento de energias renováveis e de promoção da eficiência energética e da inovação tecnológica.

até por envolverem uma complexidade de situações fáticas. Essa complexidade requer a explicitação de conceitos jurídicos e técnicos, bem como de diretrizes procedimentais, os quais, na maioria das vezes, estão contidos em dispositivos infralegais.

É com esse o escopo de norma procedimental, objetivando explicitar os critérios e os procedimentos para a delegação da execução do licenciamento ambiental de competência federal para Órgão Estadual de Meio Ambiente - OEMA ou Órgão Municipal de Meio Ambiente - OMMA, também em casos de controvérsia judicial ou extrajudicial, que foi editada pelo Instituto Nacional do Meio Ambiente e dos Recursos Naturais Renováveis - Ibama a Instrução Normativa nº 8, de 20 de fevereiro de 2019, publicada no Diário Oficial da União, em 28/02/2019[2], e republicada em 18/04/2019.

2. O Contexto Normativo-Regulatório e a Competência para Licenciar/Autorizar

O legislador constituinte de 1988 estabeleceu a competência concorrente - e supletiva - para legislar (artigo 24, incisos VI, VII e VII, e § 2º, da Constituição Federal de 1988[3]), bem como a competência comum administrativa - para decidir e fiscalizar sobre matéria ambiental (artigo 23, incisos III, VI e VII, da CF/1988[4]), concedendo a todos os entes federados autonomia administrativa e legislativa.

---

[2] BRASIL. MINISTÉRIO DO MEIO AMBIENTE. INSTITUTO BRASILEIRO DO MEIO AMBIENTE E DOS RECURSOS NATURAIS RENOVÁVEIS. Instrução Normativa nº 8, de 20 de fevereiro de 2019. Estabelece os procedimentos administrativos no âmbito do Ibama para a delegação de licenciamento ambiental de competência federal para o Órgão estadual de Meio Ambiente - OEMA ou Órgão Municipal de Meio Ambiente - OMMA. Disponível em: https://www.ibama.gov.br/component/legislacao/?view=legislacao&legislacao=138313. Acesso em: 12 dez. 2019.

[3] CF/1988, art. 24. "Compete à União, aos Estados e ao Distrito Federal legislar concorrentemente sobre: [...] VI - florestas, caça, pesca, fauna, conservação da natureza, defesa do solo e dos recursos naturais, proteção do meio ambiente e controle da poluição; VII - proteção ao patrimônio histórico, cultural, artístico, turístico e paisagístico; VIII - responsabilidade por dano ao meio ambiente, ao consumidor, a bens e direitos de valor artístico, estético, histórico, turístico e paisagístico; [...] § 2º. A competência da União para legislar sobre normas gerais não exclui a competência suplementar dos Estados".

[4] Art. 23. "É competência comum da União, dos Estados, do Distrito Federal e dos Municípios: [...] III - proteger os documentos, as obras e outros bens de valor histórico,

Mas a competência concorrente legislativa, ainda que considerada a autonomia dos entes federados para regulamentarem critérios específicos e procedimentais - ou para exercerem a competência legislativa plena, inexistente lei federal sobre normas gerais, considerando as características e peculiaridades regionais[5], não pode criar conflitos ou sobreposição de normas, de modo a comprometer as funções executivas dos órgãos e entidades ambientais ou dificultar a atuação dos que postulam licenças ou autorizações ambientais para empreender, observado o inciso IV do § 1º do artigo 225 da CF/1988[6], no caso de atividades e obras potencialmente causadoras de significativa degradação ambiental, como as que estão direta e indiretamente envolvidas na implantação dos empreendimentos de geração e de transmissão de energia, e que demandam Estudo de Impacto Ambiental (EIA) e seu respectivo relatório (Rima).

Isso porque a dificuldade de enquadramento pelas lacunas ou sobreposições legais cria insegurança jurídica não só ao processo de licenciamento ambiental, mas a todos sistemas e subsistemas eventualmente envolvidos na implantação desses empreendimentos do setor elétrico (como o fundiário, o agrossilvipastoril, o minerário, o relativo ao patrimônio histórico-cultural e arqueológico, entre outros). Assim, atendendo à determinação do legislador constituinte, na busca da delimitação ao sistema de repartição de competências, foi editada a Lei Complementar nº 140, de 8 de dezembro de 2011[7], com

---

artístico e cultural, os monumentos, as paisagens naturais notáveis e os sítios arqueológicos; [...] VI - proteger o meio ambiente e combater a poluição em qualquer de suas formas; VII - preservar as florestas, a fauna e a flora".

5 Art. 24, § 3º. "Inexistindo lei federal sobre normas gerais, os Estados exercerão a competência legislativa plena, para atender a suas peculiaridades".

6 CF/1988, art. 225. "Todos têm direito ao meio ambiente ecologicamente equilibrado, bem de uso comum do povo e essencial à sadia qualidade de vida, impondo-se ao Poder Público e à coletividade o dever de defendê-lo e preservá-lo para as presentes e futuras gerações. § 1º. Para assegurar a efetividade desse direito, incumbe ao Poder Público: [...] inc. IV. exigir, na forma da lei, para instalação de obra ou atividade potencialmente causadora de significativa degradação do meio ambiente, estudo prévio de impacto ambiental, a que se dará publicidade".

7 BRASIL. Lei complementar 140, de 8 de dezembro de 2011. Fixa normas, nos termos dos incisos III, VI e VII do caput e do parágrafo único do art. 23 da Constituição Federal, para a cooperação entre a União, os Estados, o Distrito Federal e os Municípios nas ações administrativas decorrentes do exercício da competência comum relativas à proteção das paisagens naturais notáveis, à proteção do meio ambiente, ao combate à poluição em qualquer de suas formas e à preservação das florestas, da fauna e da flora; e altera a Lei nº 6.938,

a instituição do licenciamento ambiental por um único ente federativo, nos termos do artigo 13[8], mas com instrumentos de cooperação, de acordo com os incisos do artigo 4º e *caput* do 5º[9].

A LC nº 140/2011, que é uma norma geral, no entendimento de Paulo Affonso Leme Machado[10], editada para corrigir as lacunas da Lei nº 6.938, de 31 de agosto de 1981[11], que instituiu a Política Nacional do Meio Ambiente - PNMA e o Sistema Nacional do Meio Ambiente - Sisnama e que foi criada

---

de 31 de agosto de 1981. Brasília, DF: Presidência da República, 2011. Disponível em: http://www.planalto.gov.br/ccivil_03/leis/lcp/lcp140.htm. Acesso em: 12 dez. 2019.

8 LC 140/2011, art. 13. "Os empreendimentos e atividades são licenciados ou autorizados, ambientalmente, por um único ente federativo, em conformidade com as atribuições estabelecidas nos termos desta Lei Complementar. § 1º Os demais entes federativos interessados podem manifestar-se ao órgão responsável pela licença ou autorização, de maneira não vinculante, respeitados os prazos e procedimentos do licenciamento ambiental. § 2º A supressão de vegetação decorrente de licenciamentos ambientais é autorizada pelo ente federativo licenciador. § 3º Os valores alusivos às taxas de licenciamento ambiental e outros serviços afins devem guardar relação de proporcionalidade com o custo e a complexidade do serviço prestado pelo ente federativo".

9 Art. 4º. "Os entes federativos podem valer-se, entre outros, dos seguintes instrumentos de cooperação institucional: I - consórcios públicos, nos termos da legislação em vigor; II - convênios, acordos de cooperação técnica e outros instrumentos similares com órgãos e entidades do Poder Público, respeitado o art. 241 da Constituição Federal; III - Comissão Tripartite Nacional, Comissões Tripartites Estaduais e Comissão Bipartite do Distrito Federal; IV - fundos públicos e privados e outros instrumentos econômicos; V - delegação de atribuições de um ente federativo a outro, respeitados os requisitos previstos nesta Lei Complementar; VI - delegação da execução de ações administrativas de um ente federativo a outro, respeitados os requisitos previstos nesta Lei Complementar". Art. 5º. "O ente federativo poderá delegar, mediante convênio, a execução de ações administrativas a ele atribuídas nesta Lei Complementar, desde que o ente destinatário da delegação disponha de órgão ambiental capacitado a executar as ações administrativas a serem delegadas e de conselho de meio ambiente".

10 O autor refere que "A Lei Complementar 140 é uma 'norma geral' no sentido do art. 24, § 1º, da CF, prevendo que 'a competência da União para legislar sobre normas gerais não exclui a competência suplementar dos Estados'. A matéria tratada na referida lei complementar não é de competência privativa da União, assinalando-se que faz parte da competência concorrente, as 'florestas, caça, pesca, fauna, conservação da natureza, defesa do solo e dos recursos naturais, proteção do meio ambiente e controle da poluição' (art. 24 VI, da CF)". MACHADO, Paulo Affonso Leme. Direito Ambiental Brasileiro. 21. ed. São Paulo: Malheiros, 2013. pp. 323-324.

11 BRASIL. Lei 6.938, de 31 de agosto de 1981. Dispõe sobre a Política Nacional do Meio Ambiente, seus fins e mecanismos de formulação e aplicação, e dá outras providências. Brasília, DF: Presidência da República, 1981. Disponível em: http://www.planalto.gov.br/ccivil_03/Leis/L6938.htm. Acesso em: 12 dez. 2019.

mais precisamente para regulamentar os referidos incisos III, VI e VII do *caput* e do parágrafo único do artigo 23 da CF/1988, por certo ainda deixou lacunas quanto a parâmetros, padrões e definições legais para delimitar a competência da União, embora não sendo, de fato, uma norma procedimental.

Conquanto tenha sido editada para dar mais clareza à repartição de competências para proteger, fiscalizar e regular sobre a matéria ambiental, eliminando o critério de abrangência do impacto direto, anteriormente utilizado pelo parágrafo 4º do artigo 10 da Lei nº 6.938/1981[12] e pelo artigo 4º, *caput*, da Resolução do Conama nº 237, de 19 de dezembro de 1997[13], a LC nº 140/2011 (e o Decreto nº 8.437/2015, que a regulamentou) delimitou a competência da União, com a obrigatoriedade do licenciamento ambiental em um único nível de competência e com a possibilidade de usar instrumentos de cooperação institucional entre os entes federativos[14], mas não explicitou critérios. Assim, o legislador abriu espaço para uma interpretação sistêmica das normas gerais, inclusive com normas infralegais, as quais têm como escopo explicitar crité-

---

[12] Art. 10, § 4º "Compete ao Instituto Brasileiro do Meio Ambiente e Recursos Naturais Renováveis - IBAMA o licenciamento previsto no caput deste artigo, no caso de atividades e obras com significativo impacto ambiental, de âmbito nacional ou regional" (revogado).

[13] Resolução Conama 237/1997, art. 4º. "Compete ao Instituto Brasileiro do Meio Ambiente e dos Recursos Naturais Renováveis - IBAMA, órgão executor do SISNAMA, o licenciamento ambiental, a que se refere o artigo 10 da Lei nº 6.938, de 31 de agosto de 1981, de empreendimentos e atividades com significativo impacto ambiental de âmbito nacional ou regional, a saber: I - localizadas ou desenvolvidas conjuntamente no Brasil e em país limítrofe; no mar territorial; na plataforma continental; na zona econômica exclusiva; em terras indígenas ou em unidades de conservação do domínio da União. II - localizadas ou desenvolvidas em dois ou mais Estados; III - cujos impactos ambientais diretos ultrapassem os limites territoriais do País ou de um ou mais Estados; IV - destinados a pesquisar, lavrar, produzir, beneficiar, transportar, armazenar e dispor material radioativo, em qualquer estágio, ou que utilizem energia nuclear em qualquer de suas formas e aplicações, mediante parecer da Comissão Nacional de Energia Nuclear - CNEN; V- bases ou empreendimentos militares, quando couber, observada a legislação específica".

[14] No sentido de que A LC nº 140/11 exigiu um instrumento de cooperação para a delegação de competência é o teor da Orientação Jurídica Normativa (OJN) nº 33/2012 da Procuradoria Federal Especializada junto ao Instituto Brasileiro do Meio Ambiente e dos Recursos Naturais Renováveis (PFE/IBAMA), como (a) convênio, se houver repasse de recursos, ou (b) acordo de cooperação, caso não haja previsão de transferência de recursos. Por meio da OJN 33/2012, a PFE-IBAMA/PGF/AGU entendeu que foram totalmente revistos pelo legislador os critérios de regionalidade/nacionalidade dos impactos causados pela atividade licenciada, para atrair a competência do Ibama e que, por incompatibilidade com LC 140/11, que lhe é superior, o critério genérico definido no caput do art. 4º da Resolução CONAMA 237/97.

rios para fixação da competência - ou, como no caso da IN Ibama nº 08/2019, para a delegação dessa competência da União para os demais entes- bem como para regular a atuação dos órgãos ambientais nas suas funções de comando e controle, observado o princípio constitucional da reserva de lei formal.

Ainda antes da edição da Instrução Normativa Ibama nº 08/2019, Eduardo Bim já sustentava que a LC nº 140/2011 previa expressamente a possibilidade de delegação de competências do órgão ambiental federal para os órgãos ambientais estaduais e, conforme o caso, para os órgãos ambientais municipais, ressaltando que "O ente competente (delegante) pode atribuir a outro ente do Sisnama (delegatário), com competência para licenciar, o licenciamento que lhe é atribuído por lei"[15], destacando que:

> Essa delegação pode ocorrer por tipologia de empreendimento ou atividade (delegação geral) ou por cada empreendimento ou atividade (delegação específica). No atual estado de nosso ordenamento jurídico, a possibilidade de delegação do licenciamento ambiental é definida na LC nº 140/11 (art. 4º, V e VI, e 5º) [...]. **Destaque-se que a delegação é uma transferência de poder, o que implica que o delegatário passa a ter o poder do delegante. Os desdobramentos práticos são evidentes.** Em delegação da União ao OEMA, não é necessária a anuência de nenhum dos Estados onde o empreendimento, por exemplo, linear, se localiza ou a atividade é desenvolvida. O mesmo raciocínio vale para as delegações dos Estados aos Municípios[16] (Grifou-se).

Já o autor Paulo de Bessa Antunes entende que:

> A Lei Complementar nº 140, de 8 de dezembro de 2011, não trouxe 'novidades' para a regulamentação jurídica da cooperação entre entes federativos para a proteção do meio ambiente, pois de certa forma é uma repetição de normas constantes na Resolução Conama nº 237/1997; fato que é demonstrativo do baixo nível de segurança e técnica jurídica das normas ambientais[17].

De fato, ainda que considerada a falta de função legal e regulatória do Conselho Nacional do Meio Ambiente - Conama, porque é órgão consultivo e deliberativo, o fato é que, anteriormente à edição LC nº 140/2011, com a Resolução Conama nº 237/1997 houve uma meritória tentativa de solução da

---

15 BIM, Eduardo Fortunato. **Licenciamento Ambiental**. 4. ed. Belo Horizonte: Fórum, 2018. p. 145.

16 Ibid. p. 146.

17 BESSA ANTUNES. Paulo de. **Direito ambiental**. São Paulo: Atlas, 2017. 19 ed, p. 164.

questão da distribuição das competências, com a instituição de um sistema de licenciamento ambiental único. Já no parágrafo 2º do artigo 2º da referida resolução[18], o Conama tentou estabelecer como seriam as atribuições comuns aos entes federativos, quando do licenciamento ambiental, mas, como referido, ainda faltavam definições e uma maior explicitação das regras procedimentais.

Assim, nesse contexto jurídico-regulatório, considerando a competência originária da União disposta na LC nº 140/2011 e no Decreto nº 8.437/2015, consideradas as características das tipologias e a possibilidade de, no licenciamento ambiental único, se constituírem ações administrativas subsidiárias entre os entes da Federação, como a delegação da execução de ações administrativas do licenciamento ambiental federal aos órgãos estaduais e municipais de meio ambiente (ou a consórcios públicos), nos termos do artigo 5º da lei geral, o Ibama instituiu a Instrução Normativa nº 08/2019. A norma foi originada no âmbito dos Processos Administrativos nº 02001.005333/2014-54 e nº 02001.001880/2018-94, a partir da necessidade de definição de procedimentos administrativos comuns que atendessem ao rol de obrigações entre os entes federativos partícipes na constituição dos atos delegatários.

3. A Competência Originária do Ibama para Licenciar Atividades, Obras e/ou Empreendimentos e a Competência Fiscalizatória

De acordo com o artigo 2º da Lei nº 7.735, de 22 de fevereiro de 1989[19], que criou o Ibama, com a posterior redação dada pela Lei nº 11.516, de 28 de agosto de 2007[20], a atividade precípua da Autarquia é a de exercer o poder de polícia ambiental, não estando entre as suas competências a função legiferante (até em razão do princípio constitucional da reserva de lei formal), nem,

---

[18] Resolução Conama 237/1997, art. 2º, § 2º. "Caberá ao órgão ambiental competente definir os critérios de exigibilidade, o detalhamento e a complementação do Anexo 1, levando em consideração as especificidades, os riscos ambientais, o porte e outras características do empreendimento ou atividade".

[19] BRASIL. Lei 7.735, de 22 de fevereiro de 1989. Dispõe sobre a extinção de órgão e de entidade autárquica, cria o Instituto Brasileiro do Meio Ambiente e dos Recursos Naturais Renováveis e dá outras providências. Brasília, DF: Presidência da República, 1989. Disponível em: http://www.planalto.gov.br/ccivil_03/LEIS/L7735.htm. Acesso em: 12 dez. 2019.

[20] BRASIL. Lei 11.516, de 28 de agosto de 2007. Brasília, DF: Presidência da República, 2007. Disponível em: http://www.planalto.gov.br/ccivil_03/_Ato2007-2010/2007/Lei/L11516.htm. Acesso em: 12 de dez. 2019.

tampouco, lhe cabendo elaborar políticas públicas ou setoriais referentes ao meio ambiente.

A função do Ibama se constitui basicamente em atividades de controle e fiscalizatória, a partir da ideia de tutela ambiental, constitucionalmente atribuída a todos os entes pelo artigo 23, incisos VI e VII, da CF/1988 e pelo artigo 3º da LC nº 140/2011. Nessa atividade de controle, no âmbito da competência privativa, se insere o licenciamento ambiental para empreendimentos e atividades localizados nas hipóteses das alíneas do inciso XIV do artigo 7º LC nº 140/2011. O artigo 6º da Lei nº 6.938/1981, com a redação dada pela Lei nº 12.856, de 2 de setembro de 2013[21], prevê que ao Ibama compete executar e fazer executar a política e as diretrizes governamentais fixadas para o meio ambiente. Nos termos do artigo 11 da mesma lei federal, cabe ao Ibama propor normas e padrões para implantação, acompanhamento e fiscalização do licenciamento ambiental federal, além das normas oriundas do Conama.

A Lei nº 7.735/1989 fixou no artigo 2º a competência do Ibama e suas funções executivas, como as fiscalizatórias: (i) exercer o poder de polícia ambiental; (ii) executar ações das políticas nacionais de meio ambiente referentes às atribuições federais, relativas ao licenciamento ambiental, ao controle da qualidade ambiental, à autorização de uso dos recursos naturais e à fiscalização, monitoramento e controle ambiental, observadas as diretrizes emanadas do Ministério do Meio Ambiente (MMA); e (iii) executar ações supletivas de competência da União, em conformidade com a legislação ambiental vigente. Já no seu Regimento Interno, a Portaria nº 4.396, de 10 de dezembro de 2019[22], e em consonância com o determinado pelo Decreto nº 8.973, de 24 de janeiro de 2017[23], o Ibama explicitou as suas competências, mencionando, nas atividades de regularização e de licenciamento ambiental, a possibilidade de delegação:

---

[21] BRASIL. Lei 12.856, de 02 de setembro de 2013. Brasília, DF: Presidência da República. 2013. Disponível em: http://www.planalto.gov.br/ccivil_03/_Ato2011-2014/2013/Lei/L12856.htm. Acesso em: 12 dez. 2019.

[22] INSTITUTO BRASILEIRO DO MEIO AMBIENTE E DOS RECURSOS NATURAIS RENOVÁVEIS. Portaria nº 4.396, de 10 de dezembro de 2019. Brasília, DF: Ibama, 2019. Disponível em: http://pesquisa.in.gov.br/imprensa/jsp/visualiza/index.jsp?data=11/12/2019&jornal=515&pagina=147&totalArquivos=217. Acesso em: 12 dez. 2019.

[23] BRASIL. Decreto nº 8.973, de 24 de janeiro de 2017. Brasília, DF: Presidência da República, 2017. Disponível em: http://www.planalto.gov.br/ccivil_03/_ato2015-2018/2017/decreto/D8973.htm. Acesso em: 12 dez. 2019.

> Art. 92. Ao Serviço de Regularização Ambiental compete a instrução processual e a execução das análises e procedimentos técnico-administrativos relacionados aos **processos de licenciamento ambiental** que se encontrarem em condições de regularização **ou delegados** (Grifou-se).

Para regular o exercício de suas funções, na sua competência precípua e originária de exercer o controle ambiental por meio da fiscalização e mediante o licenciamento ambiental, é facultado ao Ibama editar normas internas e procedimentais que estabeleçam diretrizes para a atuação da Autarquia e de seus órgãos internos, nos termos do artigo 11 da Lei nº 6.938/1981 e seguindo as diretrizes emanadas do MMA. Desse modo e diante da premência regulatória existente no contexto visto, foi editada a IN Ibama nº 08/2019.

No tocante ao monitoramento e fiscalização do licenciamento, cumpre ainda destacar que precedeu à edição da IN nº 08/2019 a consolidação de entendimento jurídico, no âmbito da Procuradoria Federal Especializada junto ao Ibama, consubstanciado na Orientação Jurídica Normativa nº 49/2013/PFE/IBAMA[24], aprovada pela Presidência do Ibama, em 22/05/2013, de que não cabe ao Ibama interferir na atividade fiscalizatória ou licenciatória de outro ente federativo, devendo a atividade concretamente licenciada ser preferencialmente fiscalizada pelo órgão emissor da licença, impondo-se a atuação do órgão fiscalizador supletivo apenas em caso de omissão do órgão primariamente competente. Isso porque, se há licença ambiental válida - ou a sua dispensa - concedida pelo OEMA ou OMMA, o órgão competente para licenciar as atividades, ao Ibama cabe tão somente acatá-la, sendo que, em caso de divergência em relação ao ato administrativo, a questão pode ser resolvida de forma consensual ou, ainda, judicialmente. Nesse sentido também foram o Parecer 41/2018/COJUD/PFE-IBAMA-SEDE/PGF/AGU ("*VII – O Ibama não é corregedor dos demais órgãos do Sistema Nacional do Meio Ambiente (Sisnama), inclusive em se tratando de licenciamento ambiental, por falta de previsão legal e constitucional nesse sentido. Precedentes*"), o Parecer nº 134/2015/CONEP/PFE-IBAMA-SEDE/PGF/AGU (PA nº 02058.000008/2014-40) e o Parecer nº 826/2015/CGAJ/CONJUR-MMA/CGU/AGU, no item 33 (PA nº 02000.002095/2015-16). Cumpre registrar que as Orientações Jurídico Nor-

---

[24] ADVOCACIA GERAL DA UNIÃO. ONJ nº 49 (2013). Dispõe sobre a competência fiscalizatória ambiental após a vigência da Lei Complementar nº 140 de 2011. Disponível em: http://www.agu.gov.br/page/content/detail/id_conteudo/96663. Acesso em: 12 dez. 2019.

mativas[25] representam consolidação de entendimentos e teses de repercussão nacional ou recorrentes, tanto no âmbito da Procuradoria Federal Especializada do Ibama, como no das Superintendências da Autarquia nos Estados, e foram criadas para uniformizar esses entendimentos jurídicos e a interpretação da legislação ambiental, padronizando a atuação dos procuradores da PFE-Ibama e dos órgãos de execução da Procuradoria-Geral Federal (PGF), sendo, por isso, de aplicação obrigatória quando do exercício de representação da Autarquia.

Tal entendimento embasou a proposta do normativo para regrar a delegação da execução, ocasião em que, após um juízo de oportunidade e conveniência para conceder a execução de ações administrativas do licenciamento ambiental federal aos órgãos estaduais e municipais de meio ambiente, há uma mudança na titularidade do licenciador ou, como referido por Bim, o delegatário passa a ter o poder do delegante.

Também ao Ibama, enquanto delegante, não incumbe realizar "perícia" depois de emitida a licença, no acompanhamento do processo delegado, ainda que detenha *expertise* para tal, por ausência de previsão legal. No ponto, a IN nº 08/2019 estipula apenas que, para "a realização de atividades de supervisão e auditagem, o Ibama poderá, a qualquer tempo, realizar vistorias de acompanhamento ao empreendimento e/ou atividade cujo licenciamento foi delegado a OEMA ou OMMA" (Artigo 16). Todavia, tais vistorias no acompanhamento/supervisão do processo delegado (Artigo 14) não têm o condão de alterar as licenças já emitidas ou mesmo de averiguar o cumprimento de condicionantes nas ações reparadoras, mitigadoras ou compensatórias inerentes ao processo, ainda que requeira a apresentação do respectivo Relatório Técnico Anual de Atividades - RTAA pelo delegatário (Artigo 15).

---

[25] Por intermédio da Portaria PFE/IBAMA nº 01/2009 (publicada no boletim de serviço de 20 de outubro de 2009), posteriormente substituída pela Portaria PFE/IBAMA nº 01/2012 (publicada no boletim de serviço de 20 de abril de 2012), foram instituídas, no âmbito da Procuradoria Federal Especializada junto ao IBAMA - PFE/Ibama, as Orientações Jurídicas Normativas (OJN), as quais representam a consolidação de entendimentos e teses sob matérias jurídicas relevantes de repercussão nacional ou de recorrência no âmbito das Superintendências do Ibama nos Estados. ADVOCACIA GERAL DA UNIÃO. PROCURADORIA FEDERAL ESPECIALIZAD IBAMA-SEDE. Portaria 01/2012/PFE-IBAMA/PGF/AGU. Institui no âmbito da Procuradoria Federal Especializada junto ao Instituto Brasileiro do Meio Ambiente e dos Recursos Naturais Renováveis as Orientações Jurídicas Normativas - OJN e revoga a Portaria PFE/Ibama 001 de 2009. Disponível em: http://www.agu.gov.br/page/content/detail/id_conteudo/96663. Acesso em: 12 dez. 2019.

Dessa forma, tal como expresso no entendimento da OJN nº 49, o Ibama passa a fazer uma fiscalização supletiva, atuando apenas em caso de omissão do novo órgão ambiental responsável pelo licenciamento ambiental, o qual assumirá, também, a competência para eventual instauração de processo sancionador para a apuração de infrações ambientais, relativas ao empreendimento ou atividade objeto da delegação, assim como para a lavratura de auto de infração ambiental ou de termo de embargo, nos termos dispostos no artigo 24 da IN nº 08/2019:

> Art. 24 - Compete ao partícipe delegatário responsável pelo licenciamento ou autorização, conforme o caso, de um empreendimento ou atividade, lavrar auto de infração ambiental e instaurar processo administrativo para a apuração de infrações à legislação ambiental cometidas pelo empreendimento ou atividade licenciada ou autorizada.

Em sendo revestidos de legalidade e até em nome da segurança jurídica, a validade dos atos praticados pelos órgãos ambientais estaduais, municipais ou pelos consórcios públicos só poderá ser revista pelos próprios órgãos, no exercício do poder de autotutela, ou pelo Poder Judiciário, caso haja um questionamento em juízo. Contudo, o artigo 17 da IN nº 08/2019 confere a prerrogativa ao Ibama de retomar a execução do licenciamento ambiental delegado quando constatadas irregularidades, o que implicaria em interrupção ou término da delegação, com o saneamento do processo por meio de medidas corretivas ou com a rescisão do acordo firmado. A resolução de controvérsia surgida quando da execução do licenciamento por outro órgão ambiental - ou de qualquer ponto nas relações institucionais e administrativas entre órgãos - pode ser solucionada pela via conciliatória, por meio da submissão da demanda a uma câmara de conciliação da Advocacia-Geral da União - AGU, ou mesmo pela via judicial.

No exercício da autotutela, ressalta-se que, embora o ato administrativo de delegação goze de presunção de veracidade, essa pode vir a ser afastada pela produção de prova em contrário, o que ensejaria a revisão do entendimento exarado no processo administrativo, nos termos do disposto no artigo

53 da Lei nº 9.784, de 29 de janeiro de 1999[26], e na literalidade da Súmula 473 do STF, cujo enunciado foi publicado no DJ de 10/12/1969[27] e que, atualmente, é objeto de questionamentos por parte da doutrina [28], principalmente diante das alterações conferidas pela Lei 13.655, de 30 de dezembro de 2018, à Lei de Introdução às Normas do Direito Brasileiro – LINDB (Decreto-Lei nº 4.657, de 04 de setembro de 1942)[29], ao acrescentar dispositivos sobre segurança jurídica e eficiência na aplicação do direito público.

Ao concordar com a doutrina de Ubiracy Araújo e Antônio Inagê Assis de Oliveira, Paulo de Bessa Antunes alerta que "não há que se imiscuir o órgão federal nas atividades desempenhadas pelos Estados e, muito menos, exercer funções de corregedoria, como tem sido muitas vezes tentado"[30].

De fato, não é esse o escopo pretendido na delegação de competência.

4. A Instrução Normativa IBAMA nº 08/2019

Para a abertura do processo administrativo de licenciamento ambiental no Ibama é exigida a Ficha de Caracterização da Atividade - FCA, documento apresentado pelo empreendedor ou responsável pela atividade, em conformidade com o modelo indicado pela Autarquia e com outros requerimentos. Assim, o procedimento de delegação se inicia, nos processos de licenciamento instaurados ou não pelo Ibama, depois do recebimento da FCA, que deve ser cadastrada no Sistema Integrado de Gestão Ambiental - SIGA, com a con-

---

[26] Lei nº 9.784/1999, art. 53. "A Administração deve anular seus próprios atos, quando eivados de vício de legalidade, e pode revogá-los por motivo de conveniência ou oportunidade, respeitados os direitos adquiridos".

[27] Súmula 473 do Supremo Tribunal Federal: "A administração pode anular seus próprios atos, quando eivados de vícios que os tornam ilegais, porque deles não se originam direitos; ou revogá-los, por motivo de conveniência ou oportunidade, respeitados os direitos adquiridos, e ressalvada, em todos os casos, a apreciação judicial.

[28] BOCKMANN MOREIRA, Egon. Súmula 473: é hora de dizer adeus. Jota. Brasília, 01 de out. 2019. Colunistas. Disponível em: https://www.jota.info/opiniao-e-analise/colunas/publicistas/sumula-473-e-hora-de-dizer-adeus-01102019. Acesso em: 12 dez. 2019.

[29] BRASIL. Decreto-Lei 4.657, de 04 de setembro de 1942. Lei de introdução às normas do Direito Brasileiro (Redação dada pela Lei n. 12.376, de 2010). Brasília, DF: Presidência da República, [2010]. Disponível em: http://www.planalto.gov.br/ccivil_03/Decreto-Lei/Del4657.htm. Acesso em: 12 dez. 2019.

[30] ANTUNES. Paulo de Bessa. Federalismo e Competências Ambientais no Brasil. 2ª ed. São Paulo: Atlas, 2015, p. 122.

cordância acerca do interesse na delegação pelo OEMA ou OMMA, ou pelos consórcios públicos criados para tal (Artigo 4º, inciso I, da LC nº 140/2011[31] e artigo 6º da Lei nº 11.107/2015[32]).

Como todo ato administrativo, a delegação da execução do processo de licenciamento ambiental de competência originária federal para o OEMA ou ao OMMA - ainda que a atividade ou empreendimento afete mais de um estado ou município - pressupõe um juízo de oportunidade e conveniência do delegante ao delegatário, sendo que esse deve se manifestar expressamente acerca do interesse na delegação, conforme o modelo contido no Anexo II da IN nº 08/2019. Resta claro que o órgão que receberá a atribuição deve dispor de "capacidade para assumir a ação administrativa que está sendo delegada"[33], verificável por meio dos documentos exigidos pelo § 1º do artigo 10.

De acordo com o artigo 6º, incisos I e II, constituem parte legítima para propor ato de delegação de licenciamento ambiental de competência federal o Ibama, diante de sua competência originária, o OEMA, o OMMA ou o órgão executor do licenciamento ambiental diretamente interessado, "No caso dos estados e municípios que possuam órgãos executores do licenciamento ambiental" (Parágrafo 2º do artigo 3º). O normativo prevê, ainda, a possibilidade de o processo iniciar com a proposta de delegação ao Ibama pelo empreendedor ou responsável pela atividade a ser licenciada, mediante a FCA, sendo que, no caso de não ter sido o proponente, o responsável poderá acompanhar

---

31 "LC nº 140/2011, art. 4º. "Os entes federativos podem valer-se, entre outros, dos seguintes instrumentos de cooperação institucional: I - consórcios públicos, nos termos da legislação em vigor".

32 Lei nº 11.107/2015, art. 6º: "O consórcio público adquirirá personalidade jurídica: I – de direito público, no caso de constituir associação pública, mediante a vigência das leis de ratificação do protocolo de intenções; II – de direito privado, mediante o atendimento dos requisitos da legislação civil. § 1º O consórcio público com personalidade jurídica de direito público integra a administração indireta de todos os entes da Federação consorciados. § 2º O consórcio público, com personalidade jurídica de direito público ou privado, observará as normas de direito público no que concerne à realização de licitação, à celebração de contratos, à prestação de contas e à admissão de pessoal, que será regido pela Consolidação das Leis do Trabalho (CLT), aprovada pelo Decreto-Lei nº 5.452, de 1º de maio de 1943. (Redação dada pela Lei nº 13.822, de 2019).

33 ADVOCACIA GERAL DA UNIÃO. CORDENAÇÃO NACIONAL DE ESTUDOS E PARECERES - CONEP/PFE-IBAMA/SEDE. Parecer nº 00031/2019/CONEP/PFE-IBAMA-SEDE/PGF/AGU, prolatado no âmbito do Processo Administrativo nº 02001.003725/2015-60. Disponível em: http://www.agu.gov.br/page/content/detail/id_conteudo/96663. Acesso em: 12 dez. 2019.

o procedimento, sendo formalmente comunicado quanto ao início da análise da delegação (Parágrafo 2º do artigo 7º da IN nº 08/2019), seguindo-se de um processo instrutório.

De acordo com o artigo 3º, a delegação de competência será formalizada por meio de Acordo de Cooperação Técnica - ACT, instrumento jurídico formal a ser firmado entre o Ibama e o OEMA ou OMMA (delegante e o delegatário), no qual devem ser especificados o empreendimento ou atividade cujo licenciamento será delegado, o prazo de vigência da delegação, bem como o regramento das relações institucionais e administrativas entre os entes partícipes, seguindo-se o modelo do Anexo I da IN nº 08/2019. O prazo é determinado - de cinco a até dez anos-, podendo ser prorrogado mediante lavratura de termo aditivo, com a devida justificativa e sem modificação do objeto - e conforme os termos e as condições definidos no acordo, não ensejando a previsão de transferência de recursos financeiros entre os entes partícipes, de acordo com o disposto no artigo 5º da IN nº 08/2019. Além da especificidade do objeto de acordo e dos requisitos da manifestação de vontade/interesse, da motivação e da revogabilidade, faz-se necessária ampla publicidade do acordo.

Ressalta-se a necessidade de análise, além das áreas técnicas do Ibama, da área jurídica da Autarquia. A Coordenação ou Divisão de Área responsável pela tipologia de empreendimento ou atividade no âmbito da Diretoria de Licenciamento Ambiental do Ibama - Dilic avalia a competência do ato delegatório pretendido e o Serviço de Regularização Ambiental e Delegações - Serad, emitirá manifestação quanto a esse ato, de acordo com a situação de adimplência do ente em outros processos de delegação (artigos 8º, 9º e 10), sendo que, após a devida instrução, a área jurídica da Autarquia - a Procuradoria Federal Especializada- PFE-Ibama-Sede - manifestar-se-á acerca da minuta do ACT e dos respectivos documentos instrutórios (artigo 11).

Isso demonstra a necessária interconectividade que deve haver entre as áreas técnicas e jurídica do Ibama, ou seja, ouvidos os órgãos que detenham *expertise* para tal, dentro de uma ideia de alinhamento já defendida em pareceres jurídicos e Orientações Jurídico-Normativas exarados pela PFE-Ibama-Sede.

Relativamente à competência para a decisão final quanto à celebração do acordo - ou mesmo pela rescisão -, os artigos 12 e 21 da IN nº 08/2019, c/c o artigo 132, inciso V, do Regimento Interno, aprovado pela Portaria Ibama nº 4.396/2019[34], atribuem ao Presidente da Autarquia essa atribuição e poder discricionário, com a posterior publicação do ato no Diário Oficial da União e no Diário Oficial do ente federativo ao qual se vincula o delegatário, dentro de uma ideia de publicidade ampla e irrestrita. De igual modo, a rescisão deverá ser precedida pelo devido processo administrativo, por decisão motivada e publicizada, nos termos do parágrafo 1º do artigo 21, o qual é claro no sentido de que:

> § 1º - **A decisão da Presidência do Ibama quanto à rescisão do ACT deve ser subsidiada por manifestação embasada por fundamentação técnica**, devendo o Serad instruir o processo originário, por meio de Nota Técnica que demonstre o estado do cumprimento do ACT e encaminhá-lo às instâncias superiores para tomada de decisão da Dilic (Grifou-se).

O normativo autoriza, ainda, a delegação cautelar de competência nos casos em que eventual controvérsia judicial ou extrajudicial possa resultar em mora da Administração Pública perante o empreendedor, o administrado. Esse ponto é de extrema importância, em se considerando a crescente judicialização do setor, como já se teve oportunidade de manifestar[35]. Independentemente do desfecho da ação judicial, o licenciamento continuará com todo o rigor técnico, mas, em razão de determinação judicial, poderá ser retomado pelo Ibama.

Os parágrafos segundo e terceiro do artigo 2º do normativo tratam dessa delegação cautelar ao OEMA ou ao OMMA, "ainda que não se entenda, *a priori*, competente, nos termos do artigo 7º da Lei Complementar nº 140/2011" (Parágrafo 2º), ressalvando que essa delegação cautelar se converterá em definitiva "caso definida a competência do Ibama, ou perderá seu objeto, caso entendido que o OEMA ou o OMMA detém a competência para o licenciamento" (Parágrafo 3º).

No tocante aos procedimentos para fins de definição e destinação da compensação ambiental, a IN nº 08/2019 determina que esses permanecerão

---

[34] Art. 132. "Ao Presidente incumbe: [...] V - firmar em nome do Ibama acordos, contratos, convênios, ajustes, termos de ajustamento de conduta e instrumentos similares".

[35] GIACOBBO, Daniela Garcia. Uma análise regulatória do licenciamento ambiental para a geração de energia eólica no Brasil e a judicialização do setor. Rio de Janeiro, RJ: FGV, 2019. Disponível em: https://bibliotecadigital.fgv.br/dspace/handle/10438/27411. Acesso em: 12 dez. 2019.

sob a responsabilidade do delegante, o Ibama, nos casos de empreendimentos ou atividades com significativo impacto ambiental, forte na legislação de regência ("*Decreto nº 4.340, de 22 de agosto de 2002, no Decreto nº 6.848, de 14 de maio de 2009, no artigo 36 da Lei nº 9.985, de 18 de julho de 2000, e demais normativos federais que regem o cálculo da Compensação Ambiental*" - artigo 26),salvo previsão expressa em sentido contrário.

No ponto, há que se fazer algumas considerações, pois, como já referido, não há como o Ibama atuar como corregedor, perito ou mesmo relicenciador do órgão licenciador, ainda que, por ocasião da anuência feita em sede de Autorização de Supressão de Vegetação - ASV, no licenciamento ambiental conduzido pelo OEMA ou OMMA, sejam analisadas, além de questões como o estágio sucessional da vegetação, a dimensão da área a ser suprimida, as espécies de flora e fauna ameaçadas, a existência de Unidades de Conservação e de áreas protegidas, as questões relativas à compensação ambiental.

Ainda assim, de acordo a Instrução Normativa Ibama nº 9, de 25 de fevereiro de 2019[36], a qual estabelece critérios e procedimentos para anuência prévia, pelo Ibama, à supressão de vegetação primária ou secundária nos estágios médio ou avançado de regeneração na área de aplicação da Lei Federal nº 11.428, de 22 de dezembro de 2006[37], bem como para o monitoramento e avaliação do cumprimento das condicionantes técnicas expressas na anuência, nos termos da citada lei e do Decreto Federal nº 6.660, de 21 de novembro de 2008[38], cabe ao Ibama tão-somente analisar as questões específicas relativas à supressão da vegetação nativa no Bioma Mata Atlântica, e não fiscalizar, periciar ou avaliar os processos de licenciamento ambiental conduzidos pelos

---

36 BRASIL. INSTITUTO BRASILEIRO DO MEIO AMBIENTE E DOS RECURSOS NATURAIS RENOVÁVEIS. Instrução Normativa nº 9, de 25 de fevereiro de 2019. Estabelece critérios e procedimentos para anuência prévia à supressão de vegetação primária ou secundária nos estágios médio ou avançado de regeneração. Brasília, DF, 2019. Disponível em: https://www.ibama.gov.br/component/legislacao/?view=legislacao&legislacao=138312. Acesso em: 12 dez. 2019.

37 BRASIL. Lei 11.428, de 22 de dezembro de 2006. Dispõe sobre a utilização e proteção da vegetação nativa do Bioma Mata Atlântica, e dá outras providências. Brasília, DF: Presidência da República, 2006. Disponível em: http://www.planalto.gov.br/ccivil_03/_Ato2004-2006/2006/Lei/L11428.htm. Acesso em: 12 dez. 2019.

38 BRASIL. Decreto Federal nº 6.660, de 21 de novembro de 2008. Regulamenta dispositivos da Lei nº 11.428, de 22 de dezembro de 2006, que dispõe sobre a utilização e proteção da vegetação nativa do Bioma Mata Atlântica. Disponível em: http://www.planalto.gov.br/ccivil_03/_Ato2007-2010/2008/Decreto/D6660.htm. Acesso em: 12 dez. 2019.

órgãos ambientais competentes, ainda que tenha de analisar as medidas de compensação ambiental pelos impactos ambientais causados com a supressão, nos termos dos artigos 26 e 27 do Decreto Federal, podendo propor correções e complementações. Ressalta-se que, no exercício das respectivas competências, os órgãos ambientais interagem, razão pela qual é imprescindível um bom relacionamento institucional que possibilite o cumprimento das obrigações, até porque, no âmbito dos ACTs, também é possível uma resolução consensual de divergências e conflitos porventura existentes entre os agentes envolvidos.

Por fim, cumpre destacar que, de acordo com o normativo, os atos e acordos de delegação de competência firmados antes da publicação da Instrução Normativa nº 08/2019 permanecem válidos durante o prazo de vigência, devendo, contudo, passar a observar os dispositivos das novas regras, quando da sua renovação.

5. Conclusão

Não cabe ao Ibama a função de elaborar políticas públicas ou setoriais referentes ao meio ambiente, nem está entre as suas competências institucionais a função legiferante, já que por lei, a Autarquia desempenha as eminentemente executórias, por meio de atividades fiscalizadoras e sancionadoras, em observância à lei de regência e às diretrizes emanadas pelo Ministério do Meio Ambiente, ao qual se subordina. Contudo, para regular o exercício de suas funções precípuas pode a Autarquia, excepcionalmente, editar normas internas e procedimentais que estabeleçam regramentos para essa atuação, como a Instrução Normativa Ibama nº 08/2019, criada para fixar um lineamento normativo-procedimental à concessão, inclusive cautelar, da delegação de competência para execução do licenciamento ambiental, importante instrumento da Política Nacional do Meio Ambiente, que possui caráter regulatório, de comando e controle.

Como pressuposto à delegação, há a presunção de que o órgão ambiental delegatário, ao receber a tarefa de emitir a licença ambiental, tenha capacidade técnica para tal e que submeter-se-á veementemente à legislação ambiental, sendo que, nos casos em que o Ibama se deparar com atos licenciatórios irregulares, os seus efeitos poderão ser suspensos, com a retomada do procedimento federal, após apresentação da situação à Procuradoria Federal Especializada junto ao Ibama, com a tentativa de solução da controvérsia mediante conciliação ou com a provocação ao Poder Judiciário.

A declinação da competência para o órgão ambiental estadual, órgão municipal ou a consórcios públicos, mediante a sempre necessária discricionariedade técnica dos agentes ambientais na análise dos casos concretos, não significa afastar todo e qualquer controle ambiental na tarefa fiscalizatória do Ibama, que é precípua ao órgão, em razão da sua função institucional e em decorrência do comando constitucional que prevê a tutela ambiental comum a todos os entes. Mas essa fiscalização será supletiva.

Ao Ibama cumpre acompanhar o processo delegado, mediante supervisão e/ou auditoria, o que também não significa atuar como órgão corregedor ou relicenciador do delegatário, uma vez que restou assentado pela PFE-Ibama que, se não mais investida de competência para licenciar, não pode a Autarquia revisar atos ou exercer qualquer controle sobre as ações do OEMA e OMMA no licenciamento ambiental. Até porque sobre esses não tem poder hierárquico ou de tutela, dentro da ideia de independência que deve haver entre os entes que compõem o sistema federativo brasileiro.

Esse acompanhamento do processo delegado pelo Ibama não importa em revisão dos atos administrativos praticados no licenciamento ambiental conduzido pelo OEMA ou OMMA nem por ocasião da anuência feita em sede de Autorização de Supressão de Vegetação - ASV pelo Ibama (regulada pela IN nº 09/2019). A convalidação de atos praticados por outro ente é possível. Quando da retomada do licenciamento ambiental, o Ibama poderá aplicar medidas corretivas ou optar pela rescisão do acordo firmado com o delegatário, sendo que, no exercício da autotutela, o Ibama sempre poderá revisar os seus próprios atos, forte no disposto no artigo 53 da Lei nº 9.784/1999 e na Súmula 473/STF, respeitando os atos praticados de boa-fé pelos administrados e observando os princípios norteadores da atuação da Administração Pública.

No presente estudo, enfatizou-se a importância, no contexto normativo e regulatório atual, da IN Ibama nº 08/2019, instituída para regular a delegação da execução do licenciamento ambiental, quando a competência originária for federal, em observância ao poder regulamentar do órgão, cujas funções não foram extrapoladas, porquanto o normativo tão-somente explicitou critérios e procedimentos para a delegação de competência, não tendo inovado, nem criado direitos e/ou obrigações.

6. Referências Bibliográficas

ADVOCACIA GERAL DA UNIÃO (Brasil). OJN nº 49, de 13 de maio de 2013. Competência Fiscalizatória Ambiental após a vigência da Lei Complementar nº 140 de 2011. **Diário Oficial da União**, Brasília, 22 maio 2013. Disponível em: http://www.agu.gov.br/page/content/detail/id_conteudo/96663. Acesso em: 12 dez. 2019.

ADVOCACIA GERAL DA UNIÃO (Brasil). Parecer nº 00031/2019/CONEP/PFE-IBAMA-SEDE/PGF/AGU, prolatado no âmbito do Processo Administrativo nº 02001.003725/2015-60. Disponível em: http://www.agu.gov.br/page/content/detail/id_conteudo/174742. Acesso em: 12 dez. 2019.

ADVOCACIA GERAL DA UNIÃO (Brasil). Portaria PFE/IBAMA nº 01, de 18 de abril de 2012. Institui, no âmbito da Procuradoria Federal Especializada junto ao Instituto Brasileiro do Meio Ambiente e dos Recursos Naturais Renováveis - PFE/IBAMA, as Orientações Jurídicas Normativas - OJN e revoga a Portaria PFE/IBAMA 001 de 2009. **Diário Oficial da União**, Brasília, 18 abr. 2012. Disponível em: http://www.agu.gov.br/page/content/detail/id_conteudo/96663. Acesso em: 12 dez. 2019.

ANTUNES, Paulo de Bessa. **Direito ambiental**. 19. ed. São Paulo: Atlas, 2017.

ANTUNES, Paulo de Bessa. **Federalismo e Competências Ambientais no Brasil**. 2. ed. São Paulo: Atlas, 2015.

BIM, Eduardo Fortunato. **Licenciamento ambiental**. 4. ed. Belo Horizonte: Fórum, 2018.

BOCKMANN MOREIRA, Egon. Súmula 473: é hora de dizer adeus. **Jota**, Brasília, 01 out. 2019. Seção Colunistas. Disponível em: https://www.jota.info/opiniao-e-analise/colunas/publicistas/sumula-473-e-hora-de-dizer-adeus-01102019. Acesso em: 12 dez. 2019.

BRASIL. Conselho Nacional do Meio Ambiente. Resolução CONAMA n° 237, de 19 de dezembro de 1997. **Diário Oficial da União**, Brasília, 19 dez. 1997. Disponível em: https://www.mma.gov.br/port/conama/res/res97/res23797.html. Acesso em: 12 dez. 2019.

BRASIL. [Constituição (1988)]. Constituição da República Federativa do Brasil de 1988. **Diário Oficial da União**, Brasília, 05 out. 1988. Disponível em: http://www.planalto.gov.br/ccivil_03/constituicao/constituicao.htm. Acesso em: 12 dez. 2019.

BRASIL. Decreto-Lei nº 4.657, de 04 de setembro de 1942. Lei de Introdução às normas do Direito Brasileiro. **Diário Oficial da União**, Brasília, 09 set. 1942. Disponível em: http://www.planalto.gov.br/ccivil_03/Decreto-Lei/Del4657.htm. Acesso em: 12 dez. 2019.

BRASIL. Decreto nº 6.660, de 21 de novembro de 2008. Regulamenta dispositivos da Lei nº 11.428, de 22 de dezembro de 2006, que dispõe sobre a utilização e proteção da vegetação nativa do Bioma Mata Atlântica. **Diário Oficial da União**, Brasília, 24 nov. 2008. Disponível em: http://www.planalto.gov.br/ccivil_03/_Ato2007-2010/2008/Decreto/D6660.htm. Acesso em: 12 dez. 2019.

BRASIL. Decreto nº 8.973, de 24 de janeiro de 2017. Aprova a Estrutura Regimental e o Quadro Demonstrativo dos Cargos em Comissão e das Funções de Confiança do Instituto Brasileiro do Meio Ambiente e dos Recursos Naturais Renováveis - IBAMA, remaneja cargos em comissão e substitui cargos em comissão do Grupo-Direção e Assessoramento Superiores - DAS por Funções Comissionadas do Poder Executivo - FCPE. **Diário Oficial da União**, Brasília, 25 jan. 2017. Disponível em: http://www.planalto.gov.br/ccivil_03/_ato2015-2018/2017/decreto/D8973.htm. Acesso em: 12 dez. 2019.

BRASIL. Instituto Brasileiro do Meio Ambiente e dos Recursos Naturais Renováveis. Instrução Normativa nº 8, de 20 de fevereiro de 2019. **Diário Oficial da União**, Brasília, 28 fev. 2019. Disponível em: https://www.ibama.gov.br/component/legislacao/?view=legislacao&legislacao=138313. Acesso em: 12 dez. 2019.

BRASIL. Lei Complementar n° 140, de 08 de dezembro de 2011. Fixa normas, nos termos dos incisos III, VI e VII do caput e do parágrafo único do art. 23 da Constituição Federal, para a cooperação entre a União, os Estados, o Distrito Federal e os Municípios nas ações administrativas decorrentes do exercício da competência comum relativas à proteção das paisagens naturais notáveis, à proteção do meio ambiente, ao combate à poluição em qualquer de suas formas e à preservação das florestas, da fauna e da flora; e altera a Lei no 6.938, de 31 de agosto de 1981. **Diário Oficial da União**, Brasília, 09 dez. 2011. Disponível em: http://www.planalto.gov.br/ccivil_03/LEIS/LCP/Lcp140.htm. Acesso em: 12 dez. 2019.

BRASIL. Lei nº 6.938, de 31 de agosto de 1981. Dispõe sobre a Política Nacional do Meio Ambiente, seus fins e mecanismos de formulação e aplicação, e dá outras providências. **Diário Oficial da União**, Brasília, 09 set. 1981. Disponível em: http://www.planalto.gov.br/ccivil_03/Leis/L6938.htm. Acesso em: 12 dez. 2019.

BRASIL. Lei nº 7.735, de 22 de fevereiro de 1989. Dispõe sobre a extinção de órgão e de entidade autárquica, cria o Instituto Brasileiro do Meio Ambiente e dos Recursos Naturais Renováveis e dá outras providências. **Diário Oficial da União**, Brasília, 23 fev. 1989. Disponível em: http://www.planalto.gov.br/ccivil_03/LEIS/L7735.htm. Acesso em: 12 dez. 2019.

BRASIL. Lei nº 9.784, de 29 de janeiro de 1999. Regula o processo administrativo no âmbito da Administração Pública Federal. **Diário Oficial da União**, Brasília, 01 fev. 1999. Disponível em: http://www.planalto.gov.br/ccivil_03/leis/l9784.htm. Acesso em: 12 dez. 2019.

BRASIL. Lei nº 11.107, de 06 de abril de 2005. Dispõe sobre normas gerais de contratação de consórcios públicos e dá outras providências. **Diário Oficial da União**,

Brasília, 07 abr. 2005. Disponível em: http://www.planalto.gov.br/ccivil_03/_Ato2004-2006/2005/Lei/L11107.htm. Acesso em: 12 dez. 2019.

BRASIL. Lei nº 11.428, de 22 de dezembro de 2006. Dispõe sobre a utilização e proteção da vegetação nativa do Bioma Mata Atlântica, e dá outras providências. **Diário Oficial da União**, Brasília, 26 dez. 2006. Disponível em: http://www.planalto.gov.br/ccivIl_03/_Ato2004 2006/2006/Lei/L11428.htm. Acesso em: 12 dez. 2019.

BRASIL. Lei nº 11.516, de 28 de agosto de 2007. Dispõe sobre a criação do Instituto Chico Mendes de Conservação da Biodiversidade - Instituto Chico Mendes; altera as Leis nºs 7.735, de 22 de fevereiro de 1989, 11.284, de 2 de março de 2006, 9.985, de 18 de julho de 2000, 10.410, de 11 de janeiro de 2002, 11.156, de 29 de julho de 2005, 11.357, de 19 de outubro de 2006, e 7.957, de 20 de dezembro de 1989; revoga dispositivos da Lei nº 8.028, de 12 de abril de 1990, e da Medida Provisória nº 2.216-37, de 31 de agosto de 2001; e dá outras providências. **Diário Oficial da União**, Brasília, 28 ago. 2007. Disponível em: http://www.planalto.gov.br/ccivil_03/_Ato2007-2010/2007/Lei/L11516.htm. Acesso em: 12 dez. 2019.

BRASIL. Lei nº 12.856, de 02 de setembro de 2013. Transforma cargos vagos da Carreira da Previdência, da Saúde e do Trabalho, estruturada pela Lei nº 11.355, de 19 de outubro de 2006, em cargos de Analista Ambiental, da Carreira de Especialista em Meio Ambiente, de que trata a Lei nº 10.410, de 11 de janeiro de 2002; estende a indenização, de que trata o art. 16 da Lei nº 8.216, de 13 de agosto de 1991, aos titulares de cargos de Analista Ambiental e de Técnico Ambiental da Carreira de Especialista em Meio Ambiente e aos titulares dos cargos integrantes do Plano Especial de Cargos do Ministério do Meio Ambiente e do Instituto Brasileiro do Meio Ambiente e dos Recursos Naturais Renováveis - IBAMA - PECMA, de que trata a Lei nº 11.357, de 19 de outubro de 2006, integrantes dos Quadros de Pessoal do Ibama e do Instituto Chico Mendes, nas condições que menciona; altera a Lei nº 10.410, de 11 de janeiro de 2002, que cria e disciplina a Carreira de Especialista em Meio Ambiente, e a Lei nº 6.938, de 31 de agosto de 1981, que dispõe sobre a Política Nacional do Meio Ambiente, seus fins e mecanismos de formulação e aplicação. **Diário Oficial da União**, Brasília, 03 set. 2013. Disponível em: http://www.planalto.gov.br/ccivil_03/_Ato2011-2014/2013/Lei/L12856.htm. Acesso em: 12 dez. 2019.

BRASIL. Ministério do Meio Ambiente. Instrução Normativa nº 9, de 25 de fevereiro de 2019. **Diário Oficial da União**, Brasília, 27 fev. 2019. Disponível em: Acesso em: 12 dez. 2019.

BRASIL. Portaria nº 4.396, de 10 de dezembro de 2019. Aprova o Regimento Interno do Ibama. **Diário Oficial da União**, Brasília, 11 dez. 2019. Disponível em: http://pesquisa.in.gov.br/imprensa/jsp/visualiza/index.jsp?data=11/12/2019&jornal=515&pagina=147&totalArquivos=217. Acesso em: 12 dez. 2019.

BRASIL. Supremo Tribunal Federal. Súmula nº 473. A administração pode anular seus próprios atos, quando eivados de vícios que os tornam ilegais, porque dêles não se originam direitos; ou revogá-los, por motivo de conveniência ou oportunidade, respeitados os direitos adquiridos, e ressalvada, em todos os casos, a apreciação judicial. **Diário de Justiça Eletrônico**, Brasília, 10 dez. 1969. Disponível em: http://www.stf.jus.br/portal/jurisprudencia/listarJurisprudencia.asp?s1=473.NUME.%20NAO%20S.FLSV.&base=baseSumulas. Acesso em: 12 dez. 2019.

GIACOBBO, Daniela Garcia. **Uma análise regulatória do licenciamento ambiental para a geração de energia eólica no Brasil e a judicialização do setor**. Rio de Janeiro, RJ: FGV, 2019. Disponível em: https://bibliotecadigital.fgv.br/dspace/handle/10438/27411. Acesso em: 12 dez. 2019.

MACHADO, Paulo Affonso Leme. **Direito Ambiental Brasileiro**. 21. ed. São Paulo: Malheiros, 2013.

O COMPARTILHAMENTO DE INFRAESTRUTURA ENTRE OS SETORES DE ENERGIA ELÉTRICA E TELECOMUNICAÇÕES E O DIREITO À CIDADE

Douglas de Melo Martins[1]
Herberth Alessandro da Cunha Machado[2]

1. Introdução

O desenvolvimento tecnológico acelerado neste início de século se deu principalmente no âmbito das comunicações. A internet, por exemplo, apesar de ter surgido nos EUA em 1969 com o objetivo de interligar laboratórios de pesquisa e em 1982 ter sido utilizada mais amplamente no âmbito acadêmico, somente em 1987 passou a ter uso comercial[3]. A chegada ao Brasil ocorreu apenas na década de 90, mas a popularização aconteceu somente nas últimas duas décadas[4].

---

1 Doutor em Sociologia Jurídica e Instituições Políticas, Universidade de Zaragoza/ES. Estudos Avançados em Sociologia Jurídica e Instituições Políticas, Universidade de Zaragoza/ES. Professor da Escola da Magistratura do Maranhão/ESMAM e Escola Nacional de Formação e Aperfeiçoamento de Magistrados/ENFAM. Membro do Conselho Técnico-científico e do Conselho de Ética em Pesquisa da ESMAM. Juiz de Direito Titular da Vara de Interesses Difusos e Coletivos de São Luís (TJMA).

2 Bacharel em Direito pela Universidade Federal do Maranhão – UFMA. Assessor de Juiz da Vara de Interesses Difusos e Coletivos de São Luís (TJMA). Servidor efetivo do Tribunal de Justiça do Estado do Maranhão.

3 Disponível em <https://www1.folha.uol.com.br/folha/cotidiano/ult95u34809.shtml>.

4 Disponível em <https://www.tecmundo.com.br/internet/8949-20-anos-de-internet-no--brasil-aonde-chegamos-.htm>.

A TV a cabo também tem origem remota (1948), mas sua popularização, tal como a internet, deu-se muito lentamente no início. No Brasil, foi na cidade de Petrópolis (RJ) que ela surgiu com o objeto de melhorar os sinais enviados pelas emissoras do Rio[5].

A maneira como Internet, TV a Cabo e telefonia espalharam-se e popularizaram-se dependeu de uma estrutura logística secular, a do setor de energia elétrica. Essa possibilidade de compartilhamento de infraestutura do setor de energia foi uma oportunidade que naturalmente reduziu os custos e possibilitou a expansão mais rápida da Telefonia, Internet e TV a Cabo.

Se por um lado essa relação teve muitos aspectos positivos, alguns já aqui referidos, também deste compartilhamento vieram inconvenientes para as cidades e para o meio ambiente. A demonstração incontestável dos graves reflexos negativos deste compartilhamento das redes de energia com as de telefonia, internet e TV a cabo está em todas as ruas e avenidas das cidades. São vistos cabos distribuídos de forma desordenada nas pequenas cidades e igualmente nas grandes metrópoles. Tais fatos demandaram e demandam adequada regulação e aperfeiçoamento com o fim de garantir o direito ao meio ambiente equilibrado nas cidades ou, simplesmente, o Direito à cidade. Este é o objeto de nossa reflexão neste momento.

2. O direito ao meio ambiente ecologicamente equilibrado e sua proteção jurídica

A Constituição Federal de 1988 conferiu tutela ímpar ao meio ambiente, dedicando-lhe capítulo específico no título que trata da Ordem Social, demonstrando, desse modo, a opção política do constituinte em preservá-lo para as presentes e futuras gerações[6].

Para Bello Filho[7], a previsão constitucional da tutela do meio ambiente é simbólica, na medida em que eleva o meio ambiente ao patamar de direito fundamental, de natureza difusa, e que obriga o Estado a realizar prestações positivas no sentido de conservá-lo. Por outro lado, a rigidez das normas cons-

---

5 Disponível em <https://super.abril.com.br/mundo-estranho/quando-surgiu-a-tv-a-cabo/>.

6 BRASIL. [Constituição (1988)]. Constituição da República Federativa do Brasil de 1988. **Diário Oficial da União**, Brasília, 05 out. 1988.

7 BELLO FILHO, Ney de Barros. **Direito ao ambiente:** da compreensão dogmática do direito fundamental na pós-modernidade. Porto Alegre: Livraria do Advogado Editora, 2012.

titucionais faz com que o direito ao ambiente equilibrado tenha solidez, decorrente da maior dificuldade de se mudar o texto constitucional.

Significa, ainda, que ao Estado brasileiro é dada a função de preservar o bem ambiental, enquanto elemento próprio de constituição do Estado Democrático de Direito. A densidade do direito ao meio ambiente equilibrado confere aos particulares, tanto frente ao Poder Público quanto a outros particulares, o direito de exigir condutas omissivas e comissivas que garantam a higidez ambiental.

> Prever constitucionalmente a tutela do ambiente significa admitir que a preservação ambiental é função do Estado e que decorrem direitos dos particulares – frente ao Estado e a outros particulares – do fato de a sanidade ambiental ser protegida pela ordem jurídica. A previsão constitucional significa a constatação da existência de um direito intimamente ligado à opção política da sociedade brasileira e, também, de a preservação ambiental ser elemento constitutivo do Estado Democrático de Direito, sendo possível falar-se, então, em Estado Democrático de Direito Ambiental[8].

O artigo 225 da CRFB/88 trouxe consigo um grau de normatividade que expressa a importância do bem ambiental em si considerado. A redação do referido artigo faz menção a um direito de "todos", fazendo alusão a sua destinação eminentemente difusa. Não é direito que pertence a um só indivíduo, mas a todos[9]. A natureza difusa do direito ao meio ambiente foi reconhecida pelo Supremo Tribunal Federal em dois julgamentos paradigmáticos (MS 22.164 e ADI 3540/DF), ambos sob a relatoria do Ministro Celso de Mello, que pela pertinência e importância, transcrevem-se:

> [...] O direito à integridade do meio ambiente - típico direito de terceira geração - constitui prerrogativa jurídica de titularidade coletiva, refletindo, dentro do processo de afirmação dos direitos humanos, a expressão significativa de um poder atribuído, não ao indivíduo identificado em sua singularidade, mas, num sentido verdadeiramente mais abrangente, à própria coletividade social. Enquanto os direitos de primeira geração (direitos civis e políticos) – que compreendem as liberdades

8 BELLO FILHO, Ney de Barros. **Direito ao ambiente:** da compreensão dogmática do direito fundamental na pós-modernidade. Porto Alegre: Livraria do Advogado Editora, 2012. p. 22.

9 BRASIL. [Constituição (1988)]. Constituição da República Federativa do Brasil de 1988. **Diário Oficial da União**, Brasília, 05 out. 1988.

clássicas, negativas ou formais - realçam o princípio da liberdade e os direitos de segunda geração (direitos econômicos, sociais e culturais) - que se identificam com as liberdades positivas, reais ou concretas - acentuam o princípio da igualdade, os direitos de terceira geração, que materializam poderes de titularidade coletiva atribuídos genericamente a todas as formações sociais, consagram o princípio da solidariedade e constituem um momento importante no processo de desenvolvimento, expansão e reconhecimento dos direitos humanos, caracterizados, enquanto valores fundamentais indisponíveis, pela nota de uma essencial inexauribilidade.[10]

[...] Todos têm direito ao meio ambiente ecologicamente equilibrado. Trata-se de um típico direito de terceira geração (ou de novíssima dimensão), que assiste a todo o gênero humano (RTJ 158/205-206). Incumbe, ao Estado e à própria coletividade, a especial obrigação de defender e preservar, em benefício das presentes e futuras gerações, esse direito de titularidade coletiva e de caráter transindividual. [...][11]

---

10 BRASIL. Superior Tribunal de Justiça. Mandado de Segurança nº 22.164. EMENTA: REFORMA AGRÁRIA - IMÓVEL RURAL SITUADO NO PANTANAL MATO-GROSSENSE-DESAPROPRIAÇÃO-SANÇÃO(CF,ART.184)-POSSIBILIDADE - FALTA DE NOTIFICAÇÃO PESSOAL E PRÉVIA DO PROPRIETÁRIO RURAL QUANTO À REALIZAÇÃO DA VISTORIA (LEI Nº 8.629/93, ART. 2º, § 2º) - OFENSA AO POSTULADO DO DUE PROCESS OF LAW (CF, ART. 5º, LIV) - NULIDADE RADICAL DA DECLARAÇÃO EXPROPRIATÓRIA - MANDADO DE SEGURANÇA DEFERIDO). Tribunal Pleno. Rel. Min. Celso de Mello, Brasília, 30 out. 1995. **Diário de Justiça Eletrônico**, Brasília, 17 nov. 1995. Disponível em: https://www.jusbrasil.com.br/busca?q=O+DIREITO+A+INTEGRIDADE+DO+MEIO+AMBIENTE. Acesso em: 10 dez. 2019k.

11 BRASIL. Superior Tribunal de Justiça. Mandado de Segurança nº 22.164. EMENTA: REFORMA AGRÁRIA - IMÓVEL RURAL SITUADO NO PANTANAL MATO-GROSSENSE - DESAPROPRIAÇÃO-SANÇÃO (CF, ART. 184) - POSSIBILIDADE - FALTA DE NOTIFICAÇÃO PESSOAL E PRÉVIA DO PROPRIETÁRIO RURAL QUANTO À REALIZAÇÃO DA VISTORIA (LEI Nº
BRASIL. Superior Tribunal de Justiça. Ação Direta de Inconstitucionalidade nº 3540. EMENTA: MEIO AMBIENTE - DIREITO À PRESERVAÇÃO DE SUA INTEGRIDADE (CF, ART. 225) - PRERROGATIVA QUALIFICADA POR SEU CARÁTER DE METAINDIVIDUALIDADE - DIREITO DE TERCEIRA GERAÇÃO (OU DE NOVÍSSIMA DIMENSÃO) QUE CONSGARA O POSTULADO DA SOLIDARIEDADE - IRROMPER, NO SEIO DA COLETIVIDADE, CONFLITOS INTERGERACIONAIS - ESPAÇOS TERRITORIAIS ESPECIALMENTE PROTEGIDOS (CF, ART. 225, § 1º, III) - ALTERAÇÃO E SUPRESSÃO DE VEGETAÇÃO EM ÁREA DE PRESERVAÇÃO PERMANENTE - POSSIBILIDADE DE A ADMINISTRAÇÃO PÚBICA, CUMPRIDAS AS EXIGÊNCIAS LEGAIS, AUTORIZAR, LICENCIAR OU PERMITIR OBRAS E/OU ATIVIDADES NOS ESPAÇOS TERRITORIAIS PROTEGIDOS, DESDE QUE RESPEITADA, QUANTO A ESTES, A INTEGRIDADE DOS ATRIBUTOS

Para Bobbio[12], "o direito de viver num ambiente não poluído" faz parte da categoria dos direitos humanos de terceira geração, caracterizados por ter sua titularidade difusa. São direitos que pertencem a todos.

A Conferência das Nações Unidas sobre o Meio Ambiente, realizada em Estocolmo em 1972, assentou que "A proteção e o melhoramento do meio ambiente humano é uma questão fundamental que afeta o bem-estar dos povos e o desenvolvimento econômico do mundo inteiro, um desejo urgente dos povos de todo o mundo e um dever de todos os governos."[13]

Nessa linha, o princípio 1 da conferência, em redação que inspirou o artigo 225 da nossa Constituição Federal, previu que

> O homem tem o direito fundamental à liberdade, à igualdade e ao desfrute de condições de vida adequadas em um meio ambiente de qualidade tal que lhe permita levar uma vida digna e gozar de bem-estar, tendo a solene obrigação de proteger e melhorar o meio ambiente para as gerações presentes e futuras. [...][14].

Para Bello Filho[15], a consolidação do ambiente como bem jurídico destinatário de tutela específica e merecedor de promoção e preservação, efetivamente, ocorreu, no Brasil, a partir da década de 80, com o surgimento de diversas leis infraconstitucionais, além de sua previsão na Constituição Federal de 1988.

JUSTIFICADORES DO REGIME DE PROTEÇÃO ESPECIAL – RELAÇÕES ENTRE ECONOMIA. Tribunal Pleno. Rel. Min. Celso de Mello, Brasília, 01 set. 2005. **Diário de Justiça Eletrônico**, Brasília, de 01 set. 2019. Disponível em: http://redir.stf.jus.br/paginadorpub/paginador.jsp?docTP=AC&docID=387260. Acesso em: 10 dez. 2019l.

12 BOBBIO, Norberto. **A era dos direitos**. Rio de Janeiro: Elsevier, 2004. p. 09.

13 Declaração da Conferência da ONU no Ambiente Humano, Estocolmo, 5-16 de junho de 1972. Tradução livre. Disponível em www.mma.gov.br/estruturas/agenda21/_arquivos/estocolmo.doc. Acesso em: 29 out. 2019.

14 BRASIL. [Constituição (1988)]. Constituição da República Federativa do Brasil de 1988. **Diário Oficial da União**, Brasília, 05 out. 1988.

15 BELLO FILHO, Ney de Barros. **Direito ao ambiente:** da compreensão dogmática do direito fundamental na pós-modernidade. Porto Alegre: Livraria do Advogado Editora, 2012. p. 10.

Nesse sentido, foram editados os seguintes instrumentos normativos: Lei nº 6.938 de 31 de agosto de 1981, que instituiu a Política Nacional do Meio Ambiente; Lei da Ação Civil Pública[16], Lei nº 7.347 de 24 de julho de 1985, vocacionada à tutela dos interesses difusos e coletivos, dentre os quais se encontra a tutela do meio ambiente[17]; Previsão constitucional da Ação Popular Ambiental, no artigo 5º, inciso LXXIII, da Constituição Federal de 1988, consistente em outro instrumento processual posto à disposição do cidadão para a preservação do meio ambiente[18], dentre outras.[19]

Nessa cronologia, pertinente citar a realização, em 1992, no Rio de Janeiro, da Conferência das Nações Unidas sobre Meio Ambiente e Desenvolvimento (ECO 92), da qual se originou documento de reconhecida densidade principiológica, doravante denominado Declaração do Rio sobre Meio Ambiente e Desenvolvimento.

A Lei que instituiu a gestão dos recursos hídricos também é outra lei importante. Foi editada em 1997 e consistiu em marco para a defesa do meio ambiente no que atine especificamente aos recursos hídricos.

As resoluções do Conselho Nacional de Meio Ambiente também têm sido importante fonte de normas jurídicas na proteção do ambiente.

Portanto, o ordenamento jurídico brasileiro, tanto em nível constitucional quanto infraconstitucional, é pródigo ao destinar adequada proteção jurídica ao meio ambiente, bem em como prever os mecanismos processuais para o repelimento de injustas agressões ao bem ambiental.

---

[16] BRASIL. Lei nº 7.347, de 24 de julho de 1985. Disciplina a ação civil pública de responsabilidade por danos causados ao meio-ambiente, ao consumidor, a bens e direitos de valor artístico, estético, histórico, turístico e paisagístico e dá outras providências. **Diário Oficial da União**, Brasília, 25 jul. 1985.

[17] BRASIL. Lei nº 7.347, de 24 de julho de 1985. Disciplina a ação civil pública de responsabilidade por danos causados ao meio-ambiente, ao consumidor, a bens e direitos de valor artístico, estético, histórico, turístico e paisagístico e dá outras providências. **Diário Oficial da União**, Brasília, 25 jul. 1985.

[18] BRASIL. Lei nº 4.717, de 29 de junho de 1965. Regula a ação popular. **Diário Oficial da União, Brasília**, 05 jul. 1965.

[19] BRASIL. [Constituição (1988)]. Constituição da República Federativa do Brasil de 1988. **Diário Oficial da União**, Brasília, 05 out. 1988.

2.1. Direito ao meio ambiente equilibrado nas cidades

A doutrina do Direito Ambiental classificou "o meio ambiente em natural, artificial, cultural e do trabalho"[20].

O meio ambiente natural é formado pela atmosfera, pelos elementos da biosfera, pelas águas, pelo solo, pelo subsolo e pela fauna e flora[21].

O meio ambiente cultural, segundo Silva, J. apud Fiorillo[22], "é integrado pelo patrimônio histórico, artístico, arqueológico, paisagístico, turístico, que embora artificial, em regra, como obra do homem, difere do anterior (que também é cultural) pelo sentido de valor especial".

No que atine ao meio ambiente do trabalho, Fiorillo[23] o define como "o local onde as pessoas desenvolvem suas atividades laborais relacionadas à saúde, cujo equilíbrio está baseado na salubridade do meio e na ausência de agentes que comprometam a incolumidade físico-psíquica dos trabalhadores".

O artificial compreende o espaço urbano construído, do qual fazem parte as edificações e os equipamentos públicos.[24]

O artigo 225 da Constituição Federal acolheu esse conceito múltiplo de meio ambiente, pois igualmente abrangente é a sua redação ao propor que "Todos têm direito ao meio ambiente ecologicamente equilibrado, bem de uso comum do povo e essencial à sadia qualidade de vida, impondo-se ao Poder Público e à coletividade o dever de defendê-lo e preservá-lo para as presentes e futuras gerações"[25].

---

20 FIORILLO, Celso Antonio Pacheco. **Curso de direito ambiental brasileiro**. 10. ed. São Paulo: Saraiva, 2009. p. 20.

21 FIORILLO, Celso Antonio Pacheco. **Curso de direito ambiental brasileiro**. 10. ed. São Paulo: Saraiva, 2009.

22 FIORILLO, Celso Antonio Pacheco. **Curso de direito ambiental brasileiro**. 10. ed. São Paulo: Saraiva, 2009. p. 22.

23 FIORILLO, Celso Antonio Pacheco. **Curso de direito ambiental brasileiro**. 10. ed. São Paulo: Saraiva, 2009. p. 22.

24 FIORILLO, Celso Antonio Pacheco. **Curso de direito ambiental brasileiro**. 10. ed. São Paulo: Saraiva, 2009.

25 BRASIL. [Constituição (1988)]. Constituição da República Federativa do Brasil de 1988. **Diário Oficial da União**, Brasília, 05 out. 1988.

A norma constitucional, além de enunciar o dever de se preservar o meio ambiente, conferiu à coletividade o direito de usufruir de um meio ambiente que lhe garanta "sadia qualidade de vida"[26].

Pela pertinência, saliente-se que a Declaração de Estocolmo (1972), no princípio 1, reconheceu que o homem tem direito a "[...] adequadas condições de vida, em um meio ambiente de qualidade [...]"[27]. A Declaração do Rio de Janeiro[28] (1992) também enunciou que os seres humanos "têm direito a uma vida saudável"[29].

A garantia do direito a uma sadia qualidade de vida ultrapassa a noção de afastar o homem de doenças ou de proporcionar-lhe um ambiente natural saudável, envolvendo outras variáveis, dentre as quais as relações sociais, trabalhistas e culturais.

Considerando que atualmente a maioria da população brasileira reside em área urbana[30], parte do direito à sadia qualidade de vida seria satisfeito ao se proporcionar à coletividade, em um meio ambiente urbano, o acesso a saneamento básico, abastecimento de água potável, facilidade de circulação e locomoção, infraestrutura e serviços públicos adequados, espaços de convivência e lazer, moradia digna e trabalho como informa o Estatuto da Cidade, art. 2º, inciso I[31].

---

26 BRASIL. [Constituição (1988)]. Constituição da República Federativa do Brasil de 1988. **Diário Oficial da União**, Brasília, 05 out. 1988.

27 ORGANIZAÇÃO DAS NAÇÕES UNIDAS. Declaração da conferência da ONU no ambiente humano, Estocolmo, 5-16 de junho de 1972. Tradução livre. Disponível em www.mma.gov.br/estruturas/agenda21/_arquivos/estocolmo.doc. Acesso em: 10 dez. 2019b.

28 CONFERÊNCIA DAS NAÇÕES UNIDAS SOBRE MEIO AMBIENTE E DESENVOLVIMENTO, Declaração do Rio sobre meio ambiente e desenvolvimento. Disponível em http://www.onu.org.br/rio20/img/2012/01/rio92.pdf. Acesso em 29 out. 2019.

29 ORGANIZAÇÃO DAS NAÇÕES UNIDAS. Conferência das nações unidas sobre meio ambiente e desenvolvimento, Declaração do Rio sobre meio ambiente e desenvolvimento. Disponível em http://www.onu.org.br/rio20/img/2012/01/rio92.pdf. Acesso em: 10 dez. 2019.

30 IBGE. O Censo 2010 do IBGE apurou que, em 2010, 84,4% da população brasileira se concentrava em áreas urbanas. Disponível em "http://www.ibge.gov.br/home/estatistica/populacao/censo2010/sinopse/sinopse_tab_brasil_zip.shtm". Acesso em: 19 nov. 2019.

31 BRASIL. [Estatuto da Cidade (2001)]. Lei nº 10.057, de 10 de julho de 2001. Regulamenta os arts. 182 e 183 da Constituição Federal, estabelece diretrizes gerais da política urbana e dá outras providências. **Diário Oficial da União**, Brasília, 11 jul. 2001.

O meio ambiente visto sob o aspecto artificial está diretamente relacionado ao conceito de cidade[32]. O artigo 225 da Constituição Federal representa a matriz constitucional do direito e dever de se preservar o meio ambiente e a cidade é o principal espaço onde se deve realizar o direito à sadia qualidade de vida.

O artigo 182, por sua vez, que inaugura o capítulo que trata da política urbana, traçou dois objetivos fundamentais a serem perseguidos: o pleno desenvolvimento das funções sociais da cidade e o bem-estar de seus habitantes.

Uadi Lammêgo Bulos[33] (2011, p. 1.507) enunciou a política urbana como "o conjunto de providências que objetivam ordenar os espaços habitáveis, organizando todas as áreas em que o ser humano exerce funções sociais indispensáveis à sua sobrevivência, isto é, habitação, trabalho, recreação (lazer) e circulação.".

A Constituição Federal de 1988 foi a primeira a dedicar tratamento específico ao meio ambiente e, especialmente, ao tema da política de desenvolvimento urbano. Atribuiu, desse modo, responsabilidades a todos os entes federativos, especificando suas competências e âmbitos de atuação, dentro do modelo de predominância de interesses[34].

A previsão constitucional de mecanismos para instituição de uma política urbana demonstra que o constituinte entendeu como importante o papel de um planejamento urbanístico para a garantia de direitos individuais e sociais previstos na Constituição Federal, pois é, essencialmente, nas cidades que eles se realizam.

Di Sarno[35], citando a carta de Atenas, enuncia quatro funções da cidade: habitação, trabalho, recreação (lazer) e circulação. O modo como as cidades se organizam é determinado pelas prioridades do agrupamento de pessoas que as habitam ou por uma vocação da cidade. Cidades litorâneas, por exemplo, seriam naturalmente vocacionadas ao turismo, o que direcionaria a política de

---

32 FIORILLO, Celso Antonio Pacheco. **Curso de direito ambiental brasileiro**. 10. ed. São Paulo: Saraiva, 2009.

33

34 BRASIL. [Constituição (1988)]. Constituição da República Federativa do Brasil de 1988. **Diário Oficial da União**, Brasília, 05 out. 1988.

35 DI SARNO, Daniela Campos Libório. **Elementos de direito urbanístico**. Barueri: Manole, 2004.

desenvolvimento urbano dessas cidades no sentido de promover o turismo, proibindo, eventualmente, atividades em seu território incompatíveis com sua potencialidade.

Noutro sentido, a organização da cidade e suas funções podem ser determinadas pelo uso que lhes é destinado por seus habitantes. Por exemplo, existem cidades no Brasil conhecidas como "cidades-dormitório", assim entendidas como "núcleos urbanos que abrigam pessoas que trabalham em outro município". Geralmente são cidades vizinhas a outros municípios mais desenvolvidos e com melhor oferta de emprego e renda[36].

O perfil de cada cidade norteará a elaboração de seu plano diretor, com vista a definir a ordenação do uso e da ocupação do solo e o caminho a ser seguido para que seja proporcionado qualidade de vida à população local.

Desse modo, em certas situações, as potencialidades de determinado municípios serão o norte para a fixação das diretrizes gerais a serem expressas no plano diretor, como objetivo a ser perseguido em um determinado tempo.

No entanto, em linhas gerais, o cumprimento da função social da cidade seria plenamente alcançado quando observados e garantidos os direitos fundamentais previstos nos artigos 5º e 6º da Constituição Federal. Nesse sentido, Fiorillo afirma que:

> A função social da cidade é cumprida quando esta proporciona a seus habitantes o direito à vida, à segurança, à igualdade, à propriedade e à liberdade (CF, art. 5º, caput), bem como quando garante a todos um piso vital mínimo, compreendido pelos direitos sociais à educação, à saúde, ao lazer, ao trabalho, à previdência social, à maternidade, à infância, à assistência aos desamparados, entre outros encartados no art. 6º.[37]

Em uma leitura sistemática dos artigos 182 e 225 da CRFB/1988, a função social da cidade seria cumprida quando esta proporcionasse aos seus habitantes sadia qualidade de vida e bem-estar[38].

---

36 DI SARNO, Daniela Campos Libório. **Elementos de direito urbanístico**. Barueri: Manole, 2004. p. 16. BULOS, Uadi Lammêgo. **Curso de direito constitucional**. 6. ed. São Paulo: Saraiva, 2011. p. 1506.

37 FIORILLO, Celso Antonio Pacheco. **Curso de direito ambiental brasileiro**. 10. ed. São Paulo: Saraiva, 2009. p. 341

38 BRASIL. [Constituição (1988)]. Constituição da República Federativa do Brasil de 1988. **Diário Oficial da União**, Brasília, 05 out. 1988.

Para Di Sarno[39], a locução "função social da cidade", cunhada pelo texto constitucional, seria a *ultima ratio* das atividades urbanísticas e traduziria a noção de que o coletivo deve se sobrepor ao particular, justificando o princípio da função social da propriedade, e que a razão de existência das cidades é servir a seus habitantes.

2.2 Os efeitos do compartilhamento de infraestrutura entre setores de energia, telefonia e internet no meio ambiente artificial

A distribuição da energia no Brasil sempre se deu basicamente em postes de concreto com cabos em grupos homogêneos de alta e baixa tensão, embora o mais belo e desejável fosse a distribuição por redes subterrâneas. O motivo principal deste modelo de distribuição de energia sempre foi o custo/benefício. Esta distribuição, embora não fosse bela, não se poderia, por outro lado, dizer que era desarmônica ou mesmo poluente no aspecto visual. Foi exatamente o compartilhamento e possibilidade de maior utilização dos postes de distribuição de energia também pelos setores de internet, TV a cabo e telefonia que causou mais impacto no meio ambiente artificial das cidades.

Em qualquer consulta aos sites de busca ou mesmo notícias na internet sobre cabos de telefonia e internet e, na sequência, clicando na opção "imagens", o que se vê é uma infinidade de ilustrações da mais nítida e incontestável forma de poluição visual tais como esta abaixo.

Disponivel em: https://brasilescola.uol.com.br/geografia/poluicao-visual.htm

---

[39] DI SARNO, Daniela Campos Libório. **Elementos de direito urbanístico**. Barueri: Manole, 2004.

A constatação é simples, mas a solução é complexa. As ideias são muitas e vão da regulação e fiscalização pelas agências reguladores correspondentes ou mesmo legislação específica impondo, por exemplo, a colocação dos cabos que causam a poluição visual em meios subterrâneos.

Sobre as agências reguladoras é necessário esclarecer que tiveram o seu surgimento no Brasil durante o processo de privatização de setores anteriormente monopolizados pelo Estado no final da década de 90 do século passado. Elas foram criadas para regular e fiscalizar os serviços públicos prestados pela iniciativa privada.

Expressão disso é o art. 21, inc. XI, da Constituição Federal, com a redação dada pela Emenda Constitucional nº 08, de 15 de agosto de 1995. Este dispositivo normativo estabelece competir à União "explorar, diretamente ou mediante autorização, concessão ou permissão, os serviços de telecomunicações, nos termos da lei, que disporá sobre a organização dos serviços, a **criação de um órgão regulador** e outros aspectos institucionais;".

A previsão expressa para regulação e fiscalização está no Art. 174 da Constituição Federal, nos termos seguintes:

> Art. 174. Como agente normativo e regulador da atividade econômica, o Estado exercerá, na forma da lei, as funções de fiscalização, incentivo e planejamento, sendo este determinante para o setor público e indicativo para o setor privado[40].

Especificamente sobre telecomunicações, foi editada a Lei 9.472/1997 que dispõe sobre a organização dos serviços de telecomunicações, a criação e funcionamento de um órgão regulador e outros aspectos institucionais. Logo em seu art. 8, o mencionado diploma legislativo estabelece que

> Fica criada a Agência Nacional de Telecomunicações, entidade integrante da Administração Pública Federal Indireta, submetida a regime autárquico especial e vinculada ao Ministério das Comunicações, com a função de órgão regulador das telecomunicações, com sede no Distrito Federal, podendo estabelecer unidades regionais.

Já no que diz respeito ao setor de energia elétrica, a Lei 9.427/1996 instituiu, em seu artigo 1º, a Agência Nacional de Energia Elétrica - ANEEL, au-

[40] BRASIL. [Constituição (1988)]. Constituição da República Federativa do Brasil de 1988. **Diário Oficial da União**, Brasília, 05 out. 1988.

tarquia sob regime especial, vinculada ao Ministério de Minas e Energia, com sede e foro no Distrito Federal e prazo de duração indeterminado[41].

No intuito de estabelecer algum norte sobre o tema do cabeamento, foi editada a Resolução Conjunta nº 4, de 16 de dezembro de 2014 (ANEEL e Anatel), uma vez que interessa aos dois setores fiscalizados pelas agências.[42]

Além destas, no âmbito federal existem outras 8 agências reguladoras, quais sejam: a Agência Nacional de Aviação Civil (ANAC), Agência Nacional do Petróleo (ANP), Agência Nacional de Saúde Suplementar (ANS), Agência Nacional de Transportes Aquaviários (ANTAQ), Agência Nacional do Cinema (ANCINE). Agência Nacional de Transporte Terrestres (ANTT), Agência Nacional de Águas (ANA), e Agência Nacional de Vigilância Sanitária (ANVISA).

Apesar da Lei n.º 10.871/2004 ter criado o quadro efetivo das agências reguladoras federais, bem como de ter instituído os cargos de nível superior de Especialista em Regulação com as devidas especializações em cada uma delas, não se deve ter a ilusão de que tal providência tenha resultado em uma condução essencialmente técnica nas agências. Ao contrário, uma das críticas recorrentes a elas é exatamente a sua condução predominantemente política[43].

Frise-se que as agências reguladoras nasceram no Brasil um século depois das que lhes serviram de referência e inspiração, as estadunidenses. Estas últimas mais prestigiadas e respeitadas.

É, de alguma forma, consenso de que as agências reguladoras não funcionam bem no Brasil. A divergência está no diagnóstico; a avaliação da motivação deste funcionamento precário.

Os defensores do modelo brasileiro apontam as mais diversas teses relacionadas ao fracasso de nosso sistema regulatório por motivos alheios a ele

---

41 BRASIL. Lei nº 9.427, de 26 de dezembro de 1996. Institui a Agência Nacional de Energia Elétrica - ANEEL, disciplina o regime das concessões de serviços públicos de energia elétrica e dá outras providências. **Diário Oficial da União**, Brasília, 27 dez. 1996.

42 BRASIL. Resolução Conjunta nº 4, de 16 de dezembro de 2014 (Aneel e Anatel). Aprova o preço de referência para o compartilhamento de postes entre distribuidoras de energia elétrica e prestadoras de serviços de telecomunicações, a ser utilizado nos processos de resolução de conflitos, e estabelece regras para uso e ocupação dos Pontos de Fixação. **Diário Oficial da União**, Brasília, 30 dez. 2014.

43 BRASIL. Lei nº 10.871, de 20 de maio de 2004. Dispõe sobre a criação de carreiras e organização de cargos efetivos das autarquias especiais denominadas Agências Reguladoras, e dá outras providências. **Diário Oficial da União**, Brasília, 21 maio 2004.

próprio. Por vezes os problemas de nosso modelo regulatório é atribuído ao ativismo judicial[44], noutros momentos a vilã é a interferência política[45], mas pouco se comenta de sua captura pelos próprios setores econômicos regulados.

Não é tarefa fácil encontrar o equilíbrio entre os interesses privados dos grupos econômicos regulados, dos consumidores de produtos e serviços realizados por tais empresas e os interesses políticos dos partidos e pessoas que estejam no controle dos poderes Executivo e Legislativo em determinado momento.

Qualquer deslize pode ser fatal para a credibilidade e respeitabilidade das agências. Vejamos o exemplo da Resolução Conjunta 04/2014 da Aneel e Anatel que aprova o preço de referência para o compartilhamento de postes entre distribuidoras de energia elétrica e prestadoras de serviços de telecomunicações, a ser utilizado nos processos de resolução de conflitos, e estabelece regras para uso e ocupação dos Pontos de Fixação.[46]

A resolução deveria servir para encontrar o ponto de equilíbrio entre os interesses das concessionárias de energia elétrica, empresas de telefonia, empresas de TV a cabo, consumidores dos serviços de todos estes setores e, naturalmente, o interesse público. O interesse público aqui poderia ser interpretado também como o interesse de todos em ter respeitado o direito ao meio ambiente equilibrado, ou simplesmente o direito à cidade.

Vê-se logo que os interesses dos setores regulados foram ouvidos na elaboração da resolução conjunta. Lá estão claras, e até parece justa, a forma como ficou estabelecida a relação entre eles. O Art. 1º dela já trata de definir o valor de R$ 3,19 (três reais e dezenove centavos) como preço de referência do Ponto de Fixação para o compartilhamento de postes entre distribuidoras de energia elétrica e prestadoras de serviços de telecomunicações. É bem provável que este valor tenha sido definido depois de estudos técnicos, mas também por negociações entre setores regulados.

---

44 Disponível em <https://www.migalhas.com.br/dePeso/16,MI311583,51045-O+ativismo+-judicial+e+o+novo+marco+legal+regulatorio+das+agencias>.

45 Disponível em <https://economia.estadao.com.br/noticias/geral,dominadas-por-indicacoes-politicas-agencias-tem-11-vagas-na-prateleira,70002279777 e https://exame.abril.com.br/economia/agencias-reguladoras-perderam-seu-papel-diz-barroso/>.

46 Disponível em <https://www.anatel.gov.br/legislacao/resolucoes/resolucoes-conjuntas/820-resolucaoconjunta-4>.

Todos os artigos seguintes e seus parágrafos e incisos dispõem de forma clara as bases para o compartilhamento de postes, mas o § 6º do Art. 4º limita a 2100 (dois mil e cem) postes por distribuidora de energia elétrica, por ano, a regularização às normas técnicas deste compartilhamento de cabos.

A norma, que parece inofensiva, é uma verdadeira violência contra o direito ao meio ambiente equilibrado. Uma cidade como São Luís, com pouco mais de 1 milhão de habitantes, possui 173 mil postes. Se a regularização do cabeamento for limitada a 2100 postes por ano resultaria em espera de mais de 80 anos até que todos os cabos da ilha de São Luís estivessem organizados, o que é inaceitável. Na verdade, em 80 anos certamente não mais existirão cabos para o funcionamento da telefonia ou TV a cabo.

3. Conclusão

O que a norma inserida no § 6º do Art. 4º da Resolução Conjunta 04/2014 revela é a captura de agências reguladoras pelos setores regulados em diversos momentos em que são chamadas a definir regras.

Por outro lado, tal fato não deve servir para justificar o ativismo judicial para desrespeitar e desacreditar a atividade regulatória. Ao contrário, o que se deve promover é o aperfeiçoamento do marco regulatório, de tal forma a vaciná-lo contra tentativas de controle pelos setores regulados e também contra as oscilações naturais da política partidária.

A Lei 13.848/2019 aponta nesta direção ao impor mais transparência, controle interno, controle externo e, principalmente, controle social das agencias reguladoras.

Assim, espera-se que a atuação delas seja cada vez mais capaz de mediar os interesses econômicos e sociais relacionados a sua área de atuação. Só assim, mediando tais interesses com mais transparência e controle social, a atividade regulatória encontrará o equilíbrio que resultará em maior respeitabilidade dando sua parcela de contribuição para a efetividade do direito previsto no art. 225, da CF/88 ao dispor que: "todos têm direito ao meio ambiente ecologicamente equilibrado, bem de uso comum do povo e essencial à sadia qualidade de vida, impondo-se ao Poder Público e à coletividade o dever de defendê-lo e de preservá-lo para as presentes e futuras gerações".

4. Referências Bibliográficas

BELLO FILHO, Ney de Barros. **Direito ao ambiente:** da compreensão dogmática do direito fundamental na pós-modernidade. Porto Alegre: Livraria do Advogado Editora, 2012.

BOBBIO, Norberto. **A era dos direitos**. Rio de Janeiro: Elsevier, 2004.

BRASIL. [Constituição (1988)]. Constituição da República Federativa do Brasil de 1988. **Diário Oficial da União**, Brasília, 05 out. 1988. Disponível em: http://www.planalto.gov.br/ccivil_03/constituicao/constituicao.htm. Acesso em: 10 dez. 2019.

BRASIL. [Estatuto da Cidade (2001)]. Lei nº 10.057, de 10 de julho de 2001. Regulamenta os arts. 182 e 183 da Constituição Federal, estabelece diretrizes gerais da política urbana e dá outras providências. **Diário Oficial da União**, Brasília, 11 jul. 2001. Disponível em: http://www.planalto.gov.br/ccivil_03/leis/LEIS_2001/L10257.htm. Acesso em: 10 dez. 2019.

BRASIL. Lei nº 4.717, de 29 de junho de 1965. Regula a ação popular. **Diário Oficial da União, Brasília**, 05 jul. 1965. Disponível em: http://www.planalto.gov.br/ccivil_03/leis/L4717.htm. Acesso em: 10 dez. 2019.

BRASIL. Lei nº 6.938, de 31 de agosto de 1981. Dispõe sobre a Política Nacional do Meio Ambiente, seus fins e mecanismos de formulação e aplicação, e dá outras providências.. **Diário Oficial da União**, Brasília, 02 set. 1981. Disponível em: http://www.planalto.gov.br/ccivil_03/leis/L6938.htm. Acesso em: 10 dez. 2019.

BRASIL. Lei nº 7.347, de 24 de julho de 1985. Disciplina a ação civil pública de responsabilidade por danos causados ao meio-ambiente, ao consumidor, a bens e direitos de valor artístico, estético, histórico, turístico e paisagístico e dá outras providências. **Diário Oficial da União**, Brasília, 25 jul. 1985. Disponível em: http://www.planalto.gov.br/ccivil_03/leis/L7347Compilada.htm. Acesso em: 10 dez. 2019.

BRASIL. Lei nº 9.472, de 16 de julho de 1997. Dispõe sobre a organização dos serviços de telecomunicações, a criação e funcionamento de um órgão regulador e outros aspectos institucionais, nos termos da Emenda Constitucional nº 8, de 1995. **Diário Oficial da União**, Brasília, 17 jul. 1997. Disponível em: http://www.planalto.gov.br/ccivil_03/LEIS/L9472.htm. Acesso em: 10 dez. 2019.

BRASIL. Lei nº 9.427, de 26 de dezembro de 1996. Institui a Agência Nacional de Energia Elétrica - ANEEL, disciplina o regime das concessões de serviços públicos de energia elétrica e dá outras providências. **Diário Oficial da União**, Brasília, 27 dez. 1996. Disponível em: http://www.planalto.gov.br/ccivil_03/LEIS/L9427cons.htm. Acesso em: 10 dez. 2019.

BRASIL. Lei nº 10.871, de 20 de maio de 2004. Dispõe sobre a criação de carreiras e organização de cargos efetivos das autarquias especiais denominadas Agências

Reguladoras, e dá outras providências. **Diário Oficial da União**, Brasília, 21 maio 2004. Disponível em: http://www.planalto.gov.br/ccivil_03/_Ato2004-2006/2004/Lei/L10.871.htm. Acesso em: 10 dez. 2019.

BRASIL. Lei nº 13.848, de 25 de junho de 2019. Dispõe sobre a gestão, a organização, o processo decisório e o controle social das agências reguladoras, altera a Lei nº 9.427, de 26 de dezembro de 1996, a Lei nº 9.472, de 16 de julho de 1997, a Lei nº 9.478, de 6 de agosto de 1997, a Lei nº 9.782, de 26 de janeiro de 1999, a Lei nº 9.961, de 28 de janeiro de 2000, a Lei nº 9.984, de 17 de julho de 2000, a Lei nº 9.986, de 18 de julho de 2000, a Lei nº 10.233, de 5 de junho de 2001, a Medida Provisória nº 2.228-1, de 6 de setembro de 2001, a Lei nº 11.182, de 27 de setembro de 2005, e a Lei nº 10.180, de 6 de fevereiro de 2001. **Diário Oficial da União**, Brasília, 26 jun. 2019. Disponível em: http://www.planalto.gov.br/ccivil_03/_ato2019-2022/2019/lei/L13848.htm. Acesso em: 10 dez. 2019.

BRASIL. Resolução Conjunta nº 4, de 16 de dezembro de 2014 (Aneel e Anatel). Aprova o preço de referência para o compartilhamento de postes entre distribuidoras de energia elétrica e prestadoras de serviços de telecomunicações, a ser utilizado nos processos de resolução de conflitos, e estabelece regras para uso e ocupação dos Pontos de Fixação. **Diário Oficial da União**, Brasília, 30 dez. 2014. Disponível em: https://www.anatel.gov.br/legislacao/resolucoes/resolucoes-conjuntas/820-resolucaoconjunta-4. Acesso em 10 dez. 2019.

BRASIL. Superior Tribunal de Justiça. Mandado de Segurança nº 22.164.

EMENTA: REFORMA AGRÁRIA - IMÓVEL RURAL SITUADO NO PANTANAL MATO-GROSSENSE - DESAPROPRIAÇÃO-SANÇÃO (CF, ART. 184) - POSSIBILIDADE - FALTA DE NOTIFICAÇÃO PESSOAL E PRÉVIA DO PROPRIETÁRIO RURAL QUANTO À REALIZAÇÃO DA VISTORIA (LEI Nº 8.629/93, ART. 2º, § 2º) - OFENSA AO POSTULADO DO DUE PROCESS OF LAW (CF, ART. 5º, LIV) - NULIDADE RADICAL DA DECLARAÇÃO EXPROPRIATÓRIA - MANDADO DE SEGURANÇA DEFERIDO). Tribunal Pleno. Rel. Min. Celso de Mello, Brasília, 30 out. 1995. **Diário de Justiça Eletrônico**, Brasília, 17 nov. 1995. Disponível em: https://www.jusbrasil.com.br/busca?q=O+DIREITO+A+INTEGRIDADE+DO+MEIO+AMBIENTE. Acesso em: 10 dez. 2019k.

BRASIL. Superior Tribunal de Justiça. Ação Direta de Inconstitucionalidade nº 3540.

EMENTA: MEIO AMBIENTE - DIREITO À PRESERVAÇÃO DE SUA INTEGRIDADE (CF, ART. 225) - PRERROGATIVA QUALIFICADA POR SEU CARÁTER DE METAINDIVIDUALIDADE - DIREITO DE TERCEIRA GERAÇÃO (OU DE NOVÍSSIMA DIMENSÃO) QUE CONSGARA O POSTULADO DA SOLIDARIEDADE - IRROMPER, NO SEIO DA COLETIVIDADE, CONFLITOS INTERGERACIONAIS - ESPAÇOS TERRITORIAIS ESPECIALMENTE PROTEGIDOS (CF, ART. 225, § 1º, III) - ALTERAÇÃO E SUPRESSÃO DE VEGETAÇÃO EM ÁREA DE PRESERVAÇÃO PERMANENTE - POSSIBILIDADE

DE A ADMINISTRAÇÃO PÚBICA, CUMPRIDAS AS EXIGÊNCIAS LEGAIS, AUTORIZAR, LICENCIAR OU PERMITIR OBRAS E/OU ATIVIDADES NOS ESPAÇOS TERRITORIAIS PROTEGIDOS, DESDE QUE RESPEITADA, QUANTO A ESTES, A INTEGRIDADE DOS ATRIBUTOS JUSTIFICADORES DO REGIME DE PROTEÇÃO ESPECIAL - RELAÇÕES ENTRE ECONOMIA. Tribunal Pleno. Rel. Min. Celso de Mello, Brasília, 01 set. 2005. **Diário de Justiça Eletrônico**, Brasília, de 01 set. 2019. Disponível em: http://redir.stf.jus.br/paginadorpub/paginador.jsp?docTP=AC&docID=387260. Acesso em: 10 dez. 2019l.

BRASIL. Ação Rescisória que ataca apenas um dos fundamentos do julgado rescindendo, permanecendo subsistentes ou outros aspectos não impugnados pelo autor. Ocorrência, ademais, de imprecisão na identificação e localização do imóvel objeto da demanda. Coisa julgada. Inexistência. Ação de consignação em pagamento não decidiu sobre domínio e não poderia fazê-lo, pois não é de sua índole conferir a propriedade a alguém. Alegação de violação da lei e de coisa julgada repelida. Ação rescisória julgada improcedente. Acórdão em ação rescisória n. 75-RJ. Manoel da Silva Abreu e Estado do Rio de Janeiro. **Diário de Justiça Eletrônico**, Brasília, 20 nov. 1989. Rel. Min. Barros Monteiro. DJ, 20 nov. 1989.

BULOS, Uadi Lammêgo. **Curso de direito constitucional**. 6. ed. São Paulo: Saraiva, 2011.

DI SARNO, Daniela Campos Libório. **Elementos de direito urbanístico**. Barueri: Manole, 2004.

FIORILLO, Celso Antonio Pacheco. **Curso de direito ambiental brasileiro**. 10. ed. São Paulo: Saraiva, 2009.

INSTITUTO BRASILEIRO DE GEOGRAFIA E ESTATÍSTICA. Cidades. Disponível em http://www.cidades.ibge.gov.br/xtras/home.php. Acesso em 10 dez. 2019.

ORGANIZAÇÃO DAS NAÇÕES UNIDAS. Conferência das nações unidas sobre meio ambiente e desenvolvimento, Declaração do Rio sobre meio ambiente e desenvolvimento. Disponível em http://www.onu.org.br/rio20/img/2012/01/rio92.pdf. Acesso em: 10 dez. 2019a.

ORGANIZAÇÃO DAS NAÇÕES UNIDAS. Declaração da conferência da ONU no ambiente humano, Estocolmo, 5-16 de junho de 1972. Tradução livre. Disponível em www.mma.gov.br/estruturas/agenda21/_arquivos/estocolmo.doc. Acesso em: 10 dez. 2019b.

DISPUTE BOARD: UMA POSSIBILIDADE PARA SEGURANÇA E EFETIVIDADE NOS LICENCIAMENTOS DO SETOR ELÉTRICO

Fernanda Luiza Fontoura de Medeiros[1]

Jerônimo Pinotti Roveda[2]

1. Introdução

O Brasil é um país que tem vocação, ao menos uma vocação política em face das escolhas determinadas pelo Poder Executivo, pela geração de energia através de hidrelétricas. A busca pelo equilíbrio econômico-financeiro e pela proteção do ambiente acaba por ser uma constante no cenário do setor elétrico. Hoje, se fala que, nos últimos anos, o setor tem sofrido não só com

---

[1] Pós-Doutora em Direito Ambiental (UFSC) | Doutora em Direito (UFSC) | Mestre em Direito Público (PUCRS) | Professora Adjunta na Escola de Direito (PUCRS) | Professora na Faculdade de Direito (FEEVALE) | Coordenadora do Curso de Especialização em Direito Ambiental e Sustentabilidade (PUCRS) | Diretora de Publicações da União Brasileira da Advocacia Ambiental (UBAA)| Diretora de Eventos Científicos da Associação Gaúcha da Advocacia Ambiental Empresarial (AGAAE) | Membro da Diretoria da Associação Brasileira do Direito da Energia e do Meio Ambiente (ABDEM) | Diretora da Regional Sul da Associação dos Professores de Direito Ambiental do Brasil (APRODAB) | Sócia da Roveda Medeiros Advocacia Sustentável - Direito Ambiental e da Construção | Sócia do Instituto Empatia Jurídica (IEJ) | Diretora Científica da Escola de Prevenção e Resoluções Alternativas de Conflito (EPRAC)

[2] LLM em Direito dos Negócios pela Escola de Direito da Universidade do Vale do Rio dos Sinos (UNISNOS) | Especialista em Direito Constitucional pela Fundação Escola Superior do Ministério Público do Rio Grande do Sul (FMP) | Bacharel em Ciências Jurídicas e Sociais pela Pontifícia Universidade Católica do Rio Grande do Sul (PUCRS) | Professor da Especialização em Direito Ambiental e Sustentabilidade da PUCRS |Professor Convidado da Especialização em Direito da Empresa da PUCMinas | Superintendente Regional do Instituto Brasileiro de Direito da Construção - IBDiC para a Região Sul | Membro da Dispute Resolution Board Foundation - DRBF - com certificação para atuação em Comitês de Prevenção e Solução de Disputas | Presidente do Comitê de Dispute Boards da Comissão de Arbitragem da OAB/RS | Sócio da Roveda Medeiros Advocacia Sustentável - Direito Ambiental e da Construção | Sócio do Instituto Empatia Jurídica | Diretor Executivo da Escola de Prevenção e Resoluções Alternativas de Conflitos - EPRAC | Membro do Comitê de Arbitragem e Resoluções de Disputas da Associação Brasileira de Direito da Energia e Meio Ambiente.

desastres, mas também, e talvez principalmente, com a grande dificuldade de licenciar tais empreendimentos. Todavia há de se pensar, também, a respeito da escolha própria da matriz energética. Será que em todos os casos, biomas e situações a geração de energia por meio de hidrelétricas com barramentos que aniquilam fauna e flora, deslocam população ribeirinha e, em alguns casos, inviabilizam as bacias é a melhor solução?

Independentemente de se pensar a respeito das inúmeras formas de geração de energia que o País está apto a desenvolver, nas suas diversas regiões, há de se identificar a existência de um lugar comum de (in)segurança no empreendedorismo no Brasil. A mesma (in)segurança para empreender que se apresenta em inúmeros setores, também se detecta como desafio no setor energético. Nesse caso, virou rotina a existência de licenciamentos ambientais colocados em xeque após o início dos empreendimentos, o que nos coloca diante de uma possível ineficiência dos órgãos licenciadores, aliada a uma necessidade de busca da segurança jurídica ladeada a proteção socioambiental.

Dado a estes fatos, ocorre o consequente desinteresse dos investidores em obras desta natureza justamente em razão do problema fruto da combinação risco x retorno. A demora na análise dos estudos ambientais e emissão de licenças, aliadas à burocracia estatal, além de gerar insegurança jurídica e econômica, atrasa o próprio desenvolvimento do País. Não podemos esquecer, ainda, que os órgãos estatais licenciadores têm um reduzido contingente técnico, falta material humano para executar e fiscalizar, bem como o próprio processo ainda carece de mais transparência. Com isso, o atraso gera custo, e o custo é exatamente o que os investidores querem evitar. Ainda, nessa linha, se sabe que a equação é tormentosa. Necessita-se de maior celeridade sem leviandade para com o patrimônio ambiental do Brasil.

Outro ponto que vem sendo questionado é a política de licenciamento. Partimos de uma licença sempre condicionada a obras ou medidas compensatórias que, em grande parte dos casos, tem função socioeconômica e pouco de natureza ambiental. Assim como as licenças ambientais negadas muitas vezes são fundamentadas em problemas sociais. Segundo informação do Ministério do Meio Ambiente, nessa primeira década desse século, 80% dos problemas de licenciamento na área federal estão ligados às questões sociais e econômicas; enquanto apenas 20% são submetidas a questões estritamente ambientais. Contudo, esse custo e atraso não resulta, necessariamente, em melhoria das condições sociais e ambientais.

Fica inequívoco que estão sendo transferidos para o empreendedor, no licenciamento, problemas que são da responsabilidade do Poder Executivo enquanto Política Pública e que são deixados de lado pela falta de eficiência dessa mesma política. As empresas ficam obrigadas a arcar com um passivo que não deu causa e que, diga-se de passagem, também caiu no colo dos órgãos ambientais. Mesmo em se tratando de obras do próprio Poder Público, o licenciamento não seria o momento para adequação ou implantação de Políticas Públicas que estão deficitárias (ou que às vezes são inexistentes).

Contudo, quando o órgão ambiental licenciador passa a fazer tais exigências – medidas compensatórias socioeconômicas – é possível se deparar com dois problemas; um deles é que os agentes que são responsáveis pelas licenças ambientais não têm competência para isso, sua análise deve ser estritamente sob o prisma ambiental. Não há em toda legislação e regulamentos qualquer atribuição neste sentido. O segundo problema é que assim são emitidas licenças frágeis, com pouca ou nenhuma disciplina ambiental, deixando margem para, por vezes, uma atuação dura (e, em alguns casos, desproporcional) dos Ministérios Públicos que tomam para si então as questões socioeconômicas e ambientais deixando o empreendedor de mãos atadas, mesmo com uma licença na mão.

A ideia é justamente manter o foco na melhoria, na performance ambiental dos projetos, visando realizar, cada vez, o menor impacto ao ambiente, reduzir riscos – tanto do empreendedor quanto socioambientais - e licenças ambientais frágeis. Hoje, há quem sustente, que em face desse modelo de projetos licenciados, há prejuízo de vários matizes. Um dos pontos seria o aumento no custo final da energia, pois esses valores despendidos para medidas compensatórias socioeconômicas, ao cabo, vão ser pagos pelo consumidor final, com uma taxa de energia elétrica mais cara e, às vezes, são de fato medidas que compensam o impacto socioambiental gerado pelo empreendimento.

Certamente essa cultura dos licenciamentos pode ser reconfigurada mediante uma legislação mais eficiente, porém, antes mesmo de qualquer outra norma que discipline a temática, temos instrumentos que podem dar melhor resultado, eficiência e eficácia, com um menor custo. O que vai beneficiar, inclusive, o consumidor final.

O atual Código de Processo Civil previu, no seu parágrafo 3, do artigo 3°[3], a possibilidade de outros métodos de solução consensual de conflitos, além da mediação e conciliação. Essa abertura disciplinada pelo Código de Processo Civil pode ser denominada de Justiça Multiportas, decentralizando do Poder Judiciário o protagonismo para a solução de todos os conflitos. No parágrafo 2° do mesmo artigo o diploma legal, assevera que é dever do Estado promover, sempre que possível, a solução consensual de disputas.

Trata-se, portanto, de importante evolução, pois no antigo Código de Processo Civil, sequer havia previsão de qualquer outra forma de resolução de conflitos senão o tradicional processo judicial. Nesse caminho de busca por procedimentos que desafoguem o Poder Judiciário e fomentem a resolução de controvérsias entre as partes, sem que haja a necessidade de uma intervenção estatal, há outros caminhos. Nessa seara, se destaca o instituto dos Dispute Boards utilizado, *a priori*, nos contratos de infraestrutura, construção e duração continuada, objeto dessa reflexão.

A obstrução e morosidade do Pode Judiciário, além da necessidade de decisões extremamente técnicas, drenam essas demandas para formas mais rápidas e confiáveis de solução de conflito, sem que, necessariamente, se interrompa a execução do contrato. É neste contexto que surge a opção pela contratação de *Dispute Boards* como forma de atingir a melhor eficiência dos negócios jurídicos. Os *Dispute Boards* surgem como outro método para solução (e prevenção) de conflitos e se apresentam com alto grau de eficácia.

Essa análise passa pela possibilidade de se ter uma solução consensual e avalizada pelo Estado e desencoraje as partes a terem um comportamento belicoso na execução do contrato. Ademais, é importante o protagonismo também do setor público confiando ao instituto as vantagens referentes a custo, transparência e prazo. Assim, como de fundamental importância a delimitação dos bens que poderão ser objetos de apreciação e resolução de controvérsias pela cláusula que prever a instauração do comitê que decidirá ou recomendará, conforme o caso.

---

[3] BRASIL. Lei n° 13.105, de 16 de março de 2015. Institui o Código de Processo Civil. BRASIL Lei 10.406, de 10 de janeiro de 2002. Institui o Código Civil. **Diário Oficial da União**: seção 1, Brasília, DF, ano 139, n. 8, p. 1-74, 11 jan. 2002.

2. O *Dispute Board* como Instrumento de Prevenção e Solução de Disputas

O *Dispute Board* é um dos métodos alternativos de solução de controvérsias (*alternative dispute resolution* – ADRs) mais modernos e efetivos. A sua concretização se dá por meio de cláusula contratual, através da qual se prevê a nomeação de um comitê técnico de confiança das partes, formado por profissionais experientes e imparciais, que acompanhará o progresso de execução da atividade e/ou empreendimento. Os resultados alcançados até o momento, tanto no cenário nacional como em outros países, principalmente, são excelentes, uma vez que a Arbitragem, tampouco o Judiciário, dão conta de concluir as disputas formadas durante a execução dos contratos de construção, por exemplo[4].

Nesse particular que se destaca a importância da inclusão de uma Cláusula de *Dispute Board* no contrato para realização da atividade ou do empreendimento, em que as partes poderão, desde a celebração do pacto, definir como será o procedimento, a Câmara que regulamentará e providenciará todas as formalidades e ritos, bem como, antes mesmo de qualquer evento, já terão escolhidos os membros do painel, que gozarão de toda neutralidade, imparcialidade, independência, técnica e confiança para analisar as questões controversas. Esses membros poderão atuar sob duas formas: auxiliando nas negociações, por meio de recomendações (*Dispute Review Boards*), ou ainda por meio de decisões vinculantes (*Dispute Adjudication Boards*). Há, ainda, a possibilidade de se ter os dois modelos combinados, *Combined Dispute Board* (CDB), que recomenda e decide.

Como os técnicos são escolhidos previamente, com neutralidade e sempre prezando pela experiência e competência profissional, e acompanham o dia a dia da obra, as "decisões" sobre as disputas ocorrem ato contínuo a sua existência facilitando a compreensão do fato ocorrido e resultando na aplicação de soluções mais adequadas, sendo quase que com unanimidade aceitas. Ou seja, nas outras formas de soluções alternativas de disputas, o conflito preexiste à formação do órgão que julgará. Nesses casos, os protagonistas já partem de um litígio instaurado e então iniciam a escolha dos árbitros, o que faz com

4 MARCONDES, Antônio Fernando Mello. Os "dispute boards" e os contratos de construção. In: BAPTISTA, Luiz Olavo; Prado, Mauricio Almeida (orgs.). **Construção Civil e Direito**. São Paulo: Lex Magister, 2011.

que surja a escalada do conflito, resultando num processo mais demorado e com a sucumbência de uma das partes, assim como no Judiciário. Nos *Dispute Boards*, ao contrário, o painel já pode existir desde o início da operação e as partes se vinculam, prevendo assim o contrato, a este parecer por ele emitido, passando mais uma sensação de aliado das partes.

A atuação do (e no) *Dispute Board* acontece de uma maneira mais informal do que na esfera do Poder Judiciário (mas não menos séria e competente), célere e a decisão é mais próxima da controvérsia/realidade, já que os membros do painel vivem a rotina da atividade envolvida no contrato que possui o *Board* como parceiro. O intuito é justamente uma decisão rápida e que não atrapalhe o andamento do empreendimento ou da atividade econômica envolvida. A ideia é de que, ainda que uma das partes não concorde com a decisão, primeiro a cumpra a decisão do Comitê e apenas depois disso busque uma decisão definitiva junto ao Poder Judiciário ou às Câmaras de Arbitragem. Contudo, as estatísticas demonstram que 97% dos conflitos se resolvem na esfera do *Dispute Board*, sem necessidade de se confirmar ou reformar essa decisão, seja pela arbitragem, seja por ações judiciais[5]. Dessa forma, das decisões ou recomendações que foram submetidas ao Judiciário ou Arbitragem, 99% delas são confirmadas.

Urge destacar que esse alto índice de confirmação dos casos resolvidos pelos Comitês são mantidos pelo Poder Judiciário ou pela Arbitragem, pois trata-se de um parecer técnico. Os painéis de DBs, na construção, por exemplo, usualmente, são formados por dois engenheiros e um advogado, vivendo o dia-a-dia da obra[6]. Alia-se a esse fato toda a imparcialidade e neutralidade dos

---

5 No Brasil não temos estatísticas oficiais, porém de acordo com uma instituição americana - Dispute Review Board Foundation, no ano 2000 nos Estados Unidos, 97% dos litígios em construção nas quais havia DRB's foram resolvidos de forma amigável, sem a ocorrência de litígios. Essa cifra foi obtida num universo de 757 obras que envolveram 39,5 bilhões de dólares. Segundo divulgação no Congresso Internacional realizado recentemente em São Paulo e promovido pelo IBDiC - Instituto Brasileiro de Direito da Construção revelou que esses 97% de sucesso nos Litígios também são verificados em nosso país. http://ie.org.br/site/noticias/exibe/id_sessao/70/id_colunista/3/id_noticia/6988/Comitê-de-solução-de-controvérsias---Nova-modalidade-de-solução-para-conflitos-em-obras

6 A título de reflexão, se poderia aqui imaginar que se fosse implementado um *Dispute Board* na área ambiental, talvez se utilizasse uma variação significativa da composição, dependendo do caso a ser acompanhado, do empreendimento a ser analisado, sendo necessária a participação de biólogos, geólogos, zootecnistas, agrônomos, por exemplo.

membros do comitê e a decisão dificilmente fugirá do sensato, do correto e do alinhamento com o ordenamento jurídico-constitucional brasileiro.

De acordo com o anteriormente mencionado, os técnicos, integrantes dos comitês de *Dispute Boards*, estão altamente ligados aos fatos decorrentes do andamento do contrato/obra (ou do empreendimento desenvolvido), o que resulta em regularidade da execução. Ao passo que os árbitros, por exemplo, ao contrário dos membros do Comitê, atuam nas questões pós evento, pós fato, e além das provas, precisam tratar de questões jurídicas altamente complexas; os técnicos estão atrelados aos fatos de maneira contemporânea, resolvendo com as partes imediatamente em um espectro muito mais técnico, para além do jurídico, resultando num alto índice de prevenção de litígios.

Como mencionado, a implementação dos *boards* impede a escalada do conflito, pois estão atuando muito mais como assistentes dos contratantes (ambas as partes na relação) do que como julgadores, evitando colocar as partes uma de cada lado, mas sim, juntas, do mesmo lado, para o efetivo cumprimento do contrato e não como oponentes. Dessa forma, temos que, pelas características como dinâmica, técnica e cooperação, o *Dispute Board* auxilia no andamento da obra, armazena e produz documentos, emitindo recomendações com função preventiva de litígios. Havendo discordâncias, o comitê intermedeia a relação objetivando o cumprimento do contrato, satisfação das partes e execução efetiva da obra. Importante destacar, ainda, que estas recomendações podem ser periódicas, como forma de relatório, ou após a ocorrência de alguma disputa em que seja instada a se manifestar e emitir parecer.

A diminuição da assimetria das relações e, consequentemente, a diminuição da assimetria das informações (troca e acesso de informações) nos contratos de *Dispute Board*, gera uma significativa redução no custo da operação, é a grande causa do sucesso neste método de Solução Alternativa de Disputas. O contrato, assim, reduz os custos de transação ao prever, entre os contratantes, as regras aplicáveis, a nominata dos técnicos, o direito à ampla informação, a uma situação previamente alinhada. Assim, existindo uma lide frente a um problema externamente determinado, os DBs, conforme estatística antes apresentada, deverão resolver a questão, ou seja, o contrato - o direito contratual - resolverá a questão.

Na busca de um novo paradigma processual para atender uma nova realidade social e até mesmo cultural, o novo Código de Processo Civil, no §3°, do artigo 3°[7], expressou que, além da conciliação e mediação, outros métodos de solução consensual de conflitos deverão ser estimulados. A grande questão a enfrentar é o rompimento da cultura de sempre colocar o Poder Judiciário acima de qualquer outro meio de solução de conflito.

Pois bem, os *Dispute Boards*, ou Comitês de Solução de Disputas, são sim um meio alternativo e, por vezes, mais adequado para a solução consensual, para prevenção e para a solução de disputas e tem muito a oferecer a uma sociedade acostumada com a busca da solução dos litígios por um Poder Judiciário sobrecarregado, hiperutilizado e sem condições de atender a todas as demandas em um tempo adequado. Ademais, o Conselho Nacional de Justiça, ainda no ano de 2010, por meio da Resolução 125, que dispôs sobre a Política Judiciária Nacional de tratamento adequado aos conflitos de interesses no âmbito do Poder Judiciário, considerou a necessidade de se consolidar uma política pública permanente de incentivo e aperfeiçoamento dos mecanismos consensuais de solução de litígios[8].

Portanto, seja pelas experiências nacionais e internacionais, seja pelo crescente número de legislações surgindo tratando do tema; os *Dispute Boards* se consolidam como um meio alternativo, adequado e consensual para prevenção e solução de disputas.

---

7 CPC - art. 3°: Não se excluirá da apreciação jurisdicional ameaça ou lesão a direito.
§1° É permitida a arbitragem, na forma da lei.
§2° O Estado promoverá, sempre que possível, a solução consensual dos conflitos.
§3° A conciliação, a mediação e outros métodos de solução consensual de conflitos deverão ser estimulados por juízes, advogados, defensores públicos e membros do Ministério Público, inclusive no curso do processo judicial.

8 Já nos considerandos da Resolução destaca-se: "cabe ao Judiciário estabelecer política pública de tratamento adequado dos problemas jurídicos e dos conflitos de interesses, que ocorrem em larga e crescente escala na sociedade, de forma a organizar, em âmbito nacional, não somente os serviços prestados nos processos judiciais, como também os que possam sê-lo mediante outros mecanismos de solução de conflitos, em especial dos consensuais, como a mediação e a conciliação;" e "a necessidade de se consolidar uma política pública permanente de incentivo e aperfeiçoamento dos mecanismos consensuais de solução de litígios". Disponível em: http://www.cnj.jus.br/images/atos_normativos/resolucao/resolucao_125_29112010_11032016162839.pdf Acesso em: 29/04/2019.

3. Um Olhar acerca das Complexas Questões Ambientais

Em 1988 a Constituição do Brasil esverdeou. Ao incluir o capítulo do ambiente em suas normas, demonstrou uma postura de vanguarda em relação as demais constituições do período, ou mesmo antes desse tempo[9]. O artigo 225 aportou no ordenamento jurídico-constitucional brasileiro normatizando o direito à proteção do meio ambiente. O direito incorporado no artigo 225 da Carta Fundamental regulamentou direitos e deveres vinculados à defesa do ambiente no Brasil.

Medeiros assevera, nesse sentido, que

> Partimos do pressuposto que em decorrência do sistema materialmente aberto dos direitos fundamentais na Constituição Federal, o direito à proteção ambiental é um direito fundamental. E, em virtude do mesmo motivo, é também fundamental o dever de defesa do ambiente, ambos previstos no artigo 225 da Constituição Federal. (...) A norma constitucional prevista no §2º do artigo 5º revela a possibilidade da existência de direitos fundamentais, ou mesmo de deveres fundamentais, tanto em sentido formal quanto material, mesmo para além dos previstos no Título II da nossa Constituição[10].

Na mesma linha, segue Pereira da Silva[11] ao afirmar que somente a partir da utilização do recurso da teoria dos direitos fundamentais se dará a proteção do ambiente na esfera subjetiva. O autor considera que somente a consagração de um direito fundamental ao ambiente (expressa ou implicitamente) pode garantir a adequada defesa contra agressões ilegais, provenientes quer de entidades públicas, quer de entidades privadas, na esfera individual protegida pelas normas constitucionais.

O direito fundamental à proteção do ambiente é um direito que pode ser designado como complexo, pois que se apresenta híbrido, abrangendo todas as múltiplas funções dos direitos fundamentais. A proteção do ambiente é, ao mesmo tempo, em face do objeto que se tutela, um direito de defesa e um

---

[9] A Carta de 1988 foi vanguardista pois que antecedendo todo o movimento do neo-constitucionalismo latino-americano destacado pelas Cartas da Bolívia e do Equador ao incluir a proteção da Pachamama.

[10] MEDEIROS, Fernanda Luiza Fontoura de. **Meio Ambiente**: direito e dever fundamental. Porto Alegre: Livraria do Advogado, 2004, p. 110.

[11] PEREIRA DA SILVA, Vasco. **Verdes são também os direitos do homem**. Cascais: Principia, 2000, p. 17.

direito à prestação. No âmbito prestacional há a vinculação do dever do Estado de prestar a proteção aos bens ambientais (os recursos naturais), contra intervenções de terceiros, do próprio Poder Público e de outros Estados. Já na dimensão defensiva, a norma se destaca por expressamente proibir que se afete prejudicialmente o ambiente, preservando, por exemplo, a diversidade biológica e os processos ecológicos essenciais. No cenário dos deveres fundamentais, destaca-se o dever fundamental destinada ao Estado e aos particulares em manter o ambiente saudável, sadio e equilibrado. Medeiros sustenta que

> O dever fundamental de proteção ao meio ambiente em virtude da complexidade múltipla de seu conteúdo integra a categoria mais elaborada dos deveres fundamentais. Essa complexidade está vinculada ao fato de que o dever de defesa do ambiente caracteriza-se como um dever de cunho positivo e negativo, uma vez que impõe ao homem um comportamento positivo, seja através de uma prestação de fato (fazer) ou de uma prestação de coisa (dar), e também se caracteriza como um dever de cunho negativo, cujo comportamento exigido é o de se abster de fazer algo em prol da defesa ambiental.[12][13]

Os direitos fundamentais, portanto, situam-se no ápice de todo o ordenamento jurídico, possuindo supremacia normativa, aplicabilidade imediata e vinculativa, protegidos por limites formais e materiais (cláusulas pétreas). Assim, os direitos fundamentais (no âmbito de uma teoria geral), em razão de sua fundamentalidade, são direitos que podem ser considerados indisponíveis, irrenunciáveis e imprescritíveis[14].

---

[12] MEDEIROS, Fernanda Luiza Fontoura de. **Meio Ambiente**: direito e dever fundamental. Porto Alegre: Livraria do Advogado, 2004, p. 127.

[13] Na mesma seara segue NABAIS, José Casalta. **Dever Fundamental de Pagar Impostos**. Coimbra: Almedina, 1998, p. 113, ao assumir que os deveres que se encaixam nessa categoria "Têm um vector de defesa – que tem um conteúdo predominantemente negativo, e um vector positivo – o vector de promoção – que assume um conteúdo nitidamente positivo".

[14] Contudo, nenhuma dessas características pode ser considerada absoluta. Por exemplo, há em espera para julgamento no Supremo Tribunal Federal, um Recurso Extraordinário n.º 654.833 com reconhecida repercussão geral, que está para decidir se o dano ambiental (por fundamental e, em teoria, imprescritível) pode prescrever. Destaca-se que o parecer da Procuradora-Geral da República – Raquel Dodge – é pelo reconhecimento da imprescritibilidade da pretensão de reparação dos danos ambientais. No entanto, o tema não foi rechaçado pelo STF, pelo contrário, foi reconhecida a repercussão geral já com indícios de reconhecimento de prescrição.

Dessa forma, ao incluir o meio ambiente como um bem jurídico passível de tutela, o constituinte delimitou a existência de uma nova dimensão do direito fundamental à vida. Medeiros defende que a "proteção ao ecossistema no qual estamos inseridos, e do qual fazemos parte, foi concebida para respeitar o processo de desenvolvimento econômico e social"[15] e, talvez, essa seja uma chave para se refletir e (re)pensar a forma como se executa a proteção do ambiente no cenário atual do Brasil.

Inúmeros debates já foram travados em busca da melhor forma de desenvolvimento socioeconômico. Desde o final da década de 60, a reflexão sobre o desenvolvimento e a sua relação com a natureza se faz presente. Um grande exemplo é o Relatório Limites do Crescimento, oriundo do trabalho do Clube de Roma em que se buscava enfrentar três questões: os recursos naturais são finitos, a humanidade vai ter que destinar recursos para investir em alternativas ao uso indiscriminado dos recursos naturais e deverá diminuir a sua pegada ecológica. Na década de 80, se destaca o Relatório Nosso Futuro Comum, advento do trabalho desenvolvido pela Comissão Mundial sobre Meio Ambiente e Desenvolvimento, em ato preparatório para a segunda Conferência da ONU sobre ambiente a ser realizada no Rio de Janeiro em 1992. A comissão, presidida pela Gro Bruntland define que "desenvolvimento sustentável é aquele que atende as necessidades do presente sem comprometer a possibilidade de as gerações futuras atenderem a suas próprias necessidades"[16]. O princípio 4 da Declaração do Rio sobre Meio Ambiente e Desenvolvimento, de 1992, dispõe que "a fim de alcançar o desenvolvimento sustentável, a proteção do ambiente deverá constituir-se como parte integrante do processo de desenvolvimento e não poderá ser considerada de forma isolada". Na mesma linha, em 2012 na Rio+20, o cerne da discussão da Conferência Mundial das Nações Unidas para Desenvolvimento Sustentável foi a necessidade de se desenvolver no cenário mundial, a economia verde.

---

15 MEDEIROS, Fernanda Luiza Fontoura de. **Meio Ambiente**: direito e dever fundamental. Porto Alegre: Livraria do Advogado, 2004, p. 113.

16 COMISSÃO MUNDIAL SOBRE MEIO AMBIENTE E DESENVOLVIMENTO. **Relatório Nosso Futuro Comum**. 2 ED. São Paulo: FGV, 1991, p. 43.

Sarlet e Fenstenseifer sustentam que "o conceito de desenvolvimento transcende, substancialmente, a ideia limitada de crescimento econômico"[17]. Importante ressaltar que, no plano normativo interno, a ideia de um desenvolvimento pautado pela sustentabilidade é prévio a própria Constituição Federal. Em 1981, com o advento da Lei n.º 6.938, houve a inclusão do conceito nos incisos I e VI, do artigo 4º, que regula os objetivos da Política Nacional do Meio Ambiente.

Já na Constituição Federal, o artigo 170 em seu inciso VI expressamente prevê o princípio do desenvolvimento sustentável, confrontado com o direito de propriedade privada e a livre iniciativa, situação que também se adequa, segundo Sarlet e Fenstenseifer[18], a desmistificar a perspectiva de um capitalismo liberal-individualista em favor dos valores e princípios constitucionais ambientais. o que se observa é a necessidade de conciliar as práticas produtivas com a proteção ambiental, como é o caso do próprio estudo de impacto ambiental[19] exigido para licenciar obra ou atividade econômica causadora de efetiva ou potencialmente poluição ambiental. A meta deve ser encontrar meios de implementação de uma economia verde que respeito os três pilares essenciais do desenvolvimento sustentável, quais sejam, as dimensões econômica, social e ecológica.

Assim, Freitas defende que

> O valor constitucional da sustentabilidade, com a sua pluralidade (ética, social, econômica, jurídico-política e ambiental), a exigir uma completa reconfiguração do modelo tradicional de desenvolvimento, de ordem a não restringi-lo à esfera medíocre, limitada e limitante, do crescimento material iníquo.[20]

Com esse cenário no horizonte, há de se refletir acerca da aplicação dos melhores instrumentos para que a sociedade consiga ter êxito em desenvolvimento social, crescimento econômico e proteção ambiental.

---

17 SARLET, Ingo Wolfgang; FENSTERSEIFER, Tiago. **Princípios do direito ambiental**. São Paulo: Saraiva, 2014, p. 90.

18 SARLET, Ingo Wolfgang; FENSTERSEIFER, Tiago. **Princípios do direito ambiental**. São Paulo: Saraiva, 2014.

19 A exigência do estudo de impacto ambiental é disciplinada pela Constituição Federal em seu art. 225, § 1º, IV; pela Lei n.º 6.938/81 em seu artigo 10 e pela Resolução n.º 237/97 do CONAMA.

20 FREITAS, Juarez. **Sustentabilidade**: direito ao futuro. Belo Horizonte: Forum, 2011, p. 116.

4. A Disponibilidade do Bem Meio Ambiente com Vistas à sua Proteção

Pensar alternativas às formas de proteção do ambiente, sempre esbarra na questão que envolve a natureza da norma de proteção. Como brevemente analisado, a norma de proteção do ambiente no ordenamento jurídico-constitucional brasileiro, é fundamental. Dessa forma, sendo o direito a proteção ambiental uma norma de direito fundamental, se estaria diante de um direito indisponível, estando vedada, *a priori*, qualquer transação envolvendo o bem ambiental.

Contudo, a possibilidade de transacionar questões ambientais já é possível em diversas esferas, seja na assinatura de um TAC (Termo de Ajustamento de Conduta), junto ao Ministério Público; seja em acordos realizados em Ação Civil Pública[21]; sejam medidas mitigadoras e compensatórias no licenciamento ambiental. Freitas e Colombo, analisando a questao, sustentam que

> Importante é lembrar, nesta ocasião, que a legislação brasileira permite o uso de instrumentos como a celebração de Termo de Ajustamento de Conduta (previsto na Lei da Ação Civil Pública) e de transação penal às infrações de menor potencial ofensivo para a solução de conflitos ambientais. Nesses casos, os assuntos ambientais estão desvinculados de "uma necessária apreciação estatal em fase não homologatória", razão pela qual se poderia argumentar, favoravelmente, à utilização de arbitragem em matéria ambiental, respeitadas certas condições. [22]

Partindo desses exemplos, entende-se que a inclusão da cláusula de *Dispute Board* em contratos de empreendimentos que tenham potencial de qualquer interferência ou degradação do meio ambiente torna-se uma medida que prevenirá conflitos com significativa redução de custos.

Ademais, a questão da (in)disponibilidade dos bens vem se alterando e se atualizando no direito Pátrio de acordo com nossa evolução social e jurídica. Proteções que outrora eram absolutas, hoje, quando direitos de mesma envergadura se confrontam, surge a necessidade de evitar que um se sobreponha ao outro com base apenas em dogmas históricos. E é justamente neste momento que se torna imperativa a revisão dessas regras incondicionais e numa medida

---

21 Ver a Lei da Ação Civil Pública. Lei n° 7.347/85.

22 FREITAS, Vladimir Passos de; COLOMBO, Silvana Raquel Brendler. Arbitragem ambiental, condições e limitações para sua utilização no âmbito do Direito brasileiro. In **Revista de Direito Ambiental e Sociedade**, v. 7, n. 2, 2017, p. 18.

justa, razoável e proporcional se possa evoluir na garantia de defesa e protagonismo de todos os direitos em busca de um ambiente equilibrado, de um ambiente sustentável.

Portanto, como já referido, o progresso no que tange a esses direitos que antes era indisponíveis, os torna flexíveis para que se possa atender as demandas Sociais. Como são os direitos personalíssimos à imagem, ao nome, ao corpo, por exemplo, que antes não se admitia qualquer possibilidade de transacionar, hoje se vê a possibilidade de usar a imagem, alterar o nome, alterar o sexo, doar órgãos e tecidos.

E é nesse caminho que também o direito ambiental vem evoluindo, se afastando de uma crença limitadora, que inviabiliza a própria proteção do meio ambiente, e se dirigindo a um destino mais justo, mais eficiente e mais sustentável. Uma leitura mais atenta da nossa Constituição, nos leva a compreender que a própria Carta tratou de excepcionar os casos de indisponibilidade do meio ambiente, conforme se extrai do artigo 225, §5°:

Portanto, resta claro, como defende Antunes[23], que o tema da (in)disponibilidade é mais uma construção doutrinária que legislativa, até porque, além da Constituição, a legislação infraconstitucional tratou do tema em diversos momentos.

Questiona-se se unicamente o Poder Judiciário seja a alternativa para a solução de conflitos ambientais. Será que possibilidade de utilização de outros meios de solução não seriam mais adequados, buscando, por vezes, até mesmo evitar o conflito?

Hodiernamente, as questões ambientais se apresentam cada vez mais complexas e de difícil solução e/ou reparação, quando estas são possíveis. O Direito Ambiental atua, dentre outras questões, como forma de regulamentar a utilização dos recursos naturais sem os levar a extinção ou ao risco de diminuição. Não se trata de coibir as atividades econômicas e/ou os empreendimentos e sim regulamentar a suas atuações. Se há atividade poluente em potência ou mesmo efetivamente poluente, não significa que essa atividade será proibida pelo Estado, significa que ela será mais fiscalizada, que ela será condicionada para poder ocorrer, que haverá a necessidade de um estudo para verificar da sua viabilidade. Papel em que se destaca o licenciamento ambiental.

---

[23] ANTUNES, Paulo de Bessa. Direito ambiental, indisponibilidade de direitos, solução alternativa de conflitos e arbitragem. **Revista de Arbitragem e Mediação.** Vol. 30. Jul., 2011.

A busca por outras soluções tem se destacado como forma de se tentar garantir uma efetiva proteção do ambiente e o desenvolvimento econômico e social. A própria legislação ambiental já se altera com vistas a comungar deste entendimento de insatisfação com o atual estado da arte e o recém-publicado Decreto 9.760/2019 alterou o Decreto 6.514/2008 para que o art. 95-A preveja conciliação.

Assim, é notória a evolução legislativa e doutrinária no sentido de que a proteção do meio ambiente passa não apenas por um controle Estatal, mas mais do que isso, que haja uma eficiência maior e de mais resultado quando há possibilidade de prevenir e solucionar conflitos. A arbitragem em matéria ambiental já é tema recorrente, ainda que haja a discussão sobre a disponibilidade do bem protegido[24], o que temos é que essa indisponibilidade visa, ao cabo, maior proteção, contudo o que temos hoje com o congestionamento do Poder Judiciário e a complexidade cada vez maior das ações ambientais, é que muito mais protegido está o meio ambiente quanto mais rápidas forem as respostas e solução desses conflitos, a fim de que não pereçam esses direitos difusos que se visa proteger.

Nessa seara, Mancuso defende que no que concerne a proteção jurisdicional dos bens de natureza difusa, há a possibilidade de se reconhecer a indisponibilidade do objeto, mas assevera que "o acordo é presumivelmente firmado com o propósito de resguardar o interesse difuso, se, v.g., no decorrer do processo, a atividade nociva, que poderia ser paralisada por meio de acordo, continuar sendo pactuada".[25]

Afora isso, o Brasil é signatário de diversos Tratados e Convenções Internacionais, os quais admitem a arbitragem para questões ambientais e, com a incorporação desses pactos ao nosso direito, a disponibilidade do art. 1° da Lei de Arbitragem passa ser também utilizada para questões ambientais, por exemplo.

Com essa breve análise, se percebe que, apesar de toda a veste dada para a questão da indisponibilidade do bem ambiental, o que de fato foi ocorren-

---

[24] Tópico que será abordado em razão da relevância de sua análise para a aplicação do instrumento de Dispute Board.

[25] MANCUSO, Rodolfo de Camargo. *Ação Civil Pública em defesa do meio ambiente, patrimônio cultural e dos consumidores* (Lei 7.347/85). São Paulo: Revista dos Tribunais, 2005. p. 139-140.

do com o evoluir dos tempos e das necessidades sociais e econômicas, é que a proteção ao meio ambiente está muito mais garantida quando dada a ela predicados como agilidade, segurança e resultados positivos. Mais que isso, as próprias instituições preocupadas com a proteção ambiental já estão se socorrendo a mecanismos de autocomposição para que tenham melhores resultados na defesa ao meio ambiente, com mais rapidez, segurança e eficácia.

Pois bem, verificada a possibilidade de arbitrar questões ambientais, bem como a utilização de mecanismos de autocomposição, se passa prever a possibilidade da utilização dos *Dispute Boards* para prevenir e solucionar conflitos envolvendo o meio ambiente, nesse caso especifico, para empreendimentos do setor elétrico.

Note-se que está nítida a viabilidade de um Comitê de Solução de Disputas presente na obra ou empreendimento, podendo contribuir para o cumprimento das obrigações previstas no licenciamento, bem como podendo verificar a possível ocorrência de qualquer evento danoso, gerando um grau de segurança e eficácia que antes não era verificado tendo em vista a necessidade de se cumprir com as obrigações sem o olhar de um terceiro isento. Os *Dispute Boards*, antes de qualquer outra função, é um importante instrumento de governança.

Portanto, temos elementos que nos possibilitam obras mais seguras e controladas, com contratos que permitam a execução confiável das obras e empreendimentos. E a função dos *Dispute Boards* é prevenir e solucionar as controvérsias que podem surgir em questões ambientais no decorrer do contrato e que podem ser resolvidas pelas partes sem necessidade de intervenção do Poder Judiciário ou Arbitragem, de modo que a obra não seja interrompida.

Contudo, a proposta é justamente difundir a utilização do instrumento com vistas a garantir uma maior proteção e resultado de questões eminentemente ambientais, atuando o Comitê quase como um controlador externo. O papel do comitê se revelaria, passo a passo, acompanhando, por exemplo, o processo do licenciamento desde o seu início, desde o termo de referência, análise do estudo de impacto ambiental, ou mesmo, do cumprimento (ou não) das condicionantes impostas. Inclusive para que se possa, por vezes, verificar que os condicionantes impostos não auxiliam na proteção, opinando por métodos mais eficazes e em busca de alternativas. Sempre mantendo o diálogo entre o empreendedor, o Estado (por meio do órgão ambiental da União, do Estado ou do Município), bem como o próprio Ministério Público.

5. Conclusão

Tomando consciência da necessidade de proteção do meio ambiente, conjugada com o imperioso desenvolvimento econômico, tratado tanto na Constituição Federal, como na Legislação específica, destacado na Lei nº 6.938/81, há de se aplicar o conceito de desenvolvimento sustentável. Portanto a harmonização de regras e princípios de mesma dimensão é fundamental para que os anseios e pilares de um desenvolvimento sustentável sejam acomodados equilibradamente, sob pena de um sucumbir ao outro.

Diante disso, com a relativização da indisponibilidade do meio ambiente como bem protegido, verificada, seja no conjunto normativo, sejam nas experiências de medidas de autocomposição e procedimentos administrativos descritos, faz com que se possa avançar e, mais que isso, proteger de maneira mais eficiente, célere e segura um dos nossos maiores bens.

Sendo os *Dispute Boards* um instrumento adequado de solução consensual de conflitos, restou demonstrada sua pertinência, efetividade e conformação não apenas para contratos de construção e infraestrutura, mas também para que sirva como garantidor, fiscalizador e orientador de meios adequados para cumprimento de condicionantes impostas por licenciamentos ambientais, por exemplo. Uma vez que também já é comprovada sua eficácia em projetos que podem apresentar riscos geológicos ou hidrológicos dada a sua impossibilidade de contingenciamento.

Afora isso, o Comitê passa a ser, também, um interlocutor em negociações junto ao Ministério Público e/ou órgãos ambientais como auxiliar para a resolução de questões complexas e que pendem de uma definição. A eterna busca pela resposta do Poder Judiciário a essas questões, como é o caso das que envolvem o desenvolvimento econômico e a proteção ambiental, tardaria e não seria eficaz, já que com o tempo decorrido em larga escala, na esfera judicial, todos perdem.

Assim, os **Dispute Boards** se apresentam como um instrumento viável e eficaz para atuar nas questões eminentemente ambientais. *A priori*, as vantagens da inclusão do *Dispute Board* como uma alternativa mais adequada a solução dos complexos conflitos em matéria ambiental, se apresenta não só como uma via possível, mas principalmente eficaz com uma probabilidade extremamente relevante de redução custos, rapidez na solução e maior proteção ao meio ambiente.

6. Referências Bibliográficas

ALEXY, Robert. **Teoria de los derechos fundamentales**. Madrid: Centro de Estudios Constitucionales, 1997.

ANTUNES, Paulo de Bessa. Direito ambiental, indisponibilidade de direitos, solução alternativa de conflitos e arbitragem. **Revista de Arbitragem e Mediação**, São Paulo, v. 8 nº 30, 102/135, jul./set. 2011.

ANTUNES, Paulo de Bessa. **Direito Ambiental**. São Paulo: Atlas, 2014.

BORBA, Mozart. **Diálogos sobre o novo CPC**. Belo Horizonte: Podium, 2019.

BRASIL. [Código de Processo Civil (2015)]. Lei nº 13.105, de 16 de março de 2015. Código de Processo Civil. **Diário Oficial da União**, Brasília, 17 mar. 2015. Disponível em: http://www.planalto.gov.br/ccivil_03/_ato2015-2018/2015/lei/l13105.htm. Acesso em: 12 nov. 2019.

BRASIL. Conselho Nacional de Justiça. Resolução nº 125, de 29 de novembro de 2010. Dispõe sobre a Política Judiciária Nacional de tratamento adequado dos conflitos de interesses no âmbito do Poder Judiciário e dá outras providências. **Diário Oficial de Justiça**, Brasília, 01 dez. 2010. Disponível: http://www.cnj.jus.br/images/atos_normativos/resolucao/resolucao_125_29112010_11032016162839.pdf Acesso: 29/04/2019.

BRASIL. [Constituição (1988)]. Constituição da República Federativa do Brasil de 1988. **Diário Oficial da União**, Brasília, 05 out. 1988. Disponível em: http://www.planalto.gov.br/ccivil_03/constituicao/constituicao.htm. Acesso em: 10 dez. 2019.

BRASIL. Decreto nº 6.514, de 22 de julho de 2008. Dispõe sobre as infrações e sanções administrativas ao meio ambiente, estabelece o processo administrativo federal para apuração destas infrações, e dá outras providências. **Diário Oficial da União**, Brasília, 23 jul. 2008. Disponível em: http://www.planalto.gov.br/ccivil_03/_Ato2007-2010/2008/Decreto/D6514.htm. Acesso em: 29 nov. 2019.

BRASIL. Decreto nº 9.760, de 11 de abril de 2019. Altera o Decreto nº 6.514, de 22 de julho de 2008, que dispõe sobre as infrações e sanções administrativas ao meio ambiente e estabelece o processo administrativo federal para apuração destas infrações. **Diário Oficial da União**, Brasília, 11 abr. 2019. Disponível em: http://www.planalto.gov.br/ccivil_03/_ato2019-2022/2019/Decreto/D9760.htm. Acesso em: 02 dez. 2019.

BRASIL. Lei nº 6.938, de 31 de agosto de 1981. Dispõe sobre a Política Nacional do Meio Ambiente, seus fins e mecanismos de formulação e aplicação, e dá outras providências. **Diário Oficial da União**, Brasília, 02 set. 1981. Disponível em: http://www.planalto.gov.br/ccivil_03/LEIS/L6938.htm. Acesso em: 04 dez. 2019.

BRASIL. Lei nº 7.347, de 24 de julho de 1985. Disciplina a ação civil pública de responsabilidade por danos causados ao meio-ambiente, ao consumidor, a bens de valor artístico, estético, histórico, turístico e paisagístico e dá outras providências. **Diário**

Oficial da União, Brasília, 25 jul. 1985. Disponível em: http://www.planalto.gov.br/ccivil_03/leis/L7347orig.htm. Acesso em: 05 dez. 2019.

BRASIL. Lei nº 7.661, de 16 de maio de 1988. Institui o Plano Nacional de Gerenciamento Costeiro e dá outras providências. **Diário Oficial da União**, Brasília, 18 maio 1998. Disponível em: http://www.planalto.gov.br/ccivil_03/LEIS/L7661.htm. Acesso em: 18 dez. 2019.

BRASIL. Lei nº 9.307, de 23 de setembro de 1996. Dispõe sobre a arbitragem. **Diário Oficial da União**, Brasília, 24 set. 1996. Disponível em: http://www.planalto.gov.br/ccivil_03/leis/l9307.htm. Acesso em: 02 dez. 2019.

BRASIL. Lei nº 9.433, de 8 de janeiro de 1997. Institui a Política Nacional de Recursos Hídricos, cria o Sistema Nacional de Gerenciamento de Recursos Hídricos, regulamenta o inciso XIX do art. 21 da Constituição Federal e altera o art. 1º da Lei nº 8.001, de 13 de março de 1990, que modificou a Lei nº 7.990, de 28 de dezembro de 1989. **Diário Oficial da União**, Brasília, 9 jan. 1997. Disponível em: http://www.planalto.gov.br/ccivil_03/LEIS/L9433.htm. Acesso em: 03 dez. 2019.

COMISSÃO MUNDIAL SOBRE MEIO AMBIENTE E DESENVOLVIMENTO. **Relatório Nosso Futuro Comum**. 2. ed. São Paulo: FGV, 1991.

FREITAS, Juarez. **Sustentabilidade:** direito ao futuro. Belo Horizonte: Fórum, 2011.

FREITAS, Vladimir Passos de; COLOMBO, Silvana Raquel Brendler. Arbitragem ambiental, condições e limitações para sua utilização no âmbito do Direito brasileiro. **Revista de Direito Ambiental e Sociedade**, Caxias do Sul, v. 7, nº 2, p. 7-27, 2017. Disponível em: http://www.ucs.br/etc/revistas/index.php/direitoambiental/article/view/3378/3089. Acesso em: 12 dez. 2019.

MANCUSO, Rodolfo de Camargo. **Ação Civil Pública em defesa do meio ambiente, patrimônio cultural e dos consumidores (Lei 7.347/85)**. São Paulo: Revista dos Tribunais, 2005.

MARCONDES, Antonio Fernando Mello. Os "dispute boards"e os contratos de construção. *In:* BAPTISTA, Luiz Olavo; Prado, Mauricio Almeida (orgs.). **Construção Civil e Direito**. São Paulo: Lex Magister, 2011.

MEDEIROS, Fernanda Luiza Fontoura de. **Meio Ambiente:** direito e dever fundamental. Porto Alegre: Livraria do Advogado, 2004.

RIO GRANDE DO SUL. Ministério Público do Rio Grande do Sul. Provimento nº 42, de 01 de janeiro de 2017. Institui o Núcleo de Resolução de Conflitos Ambientais (NUCAM). **Procuradoria Geral de Justiça**, Porto Alegre, 04 set. 2017. Disponível em: https://www.mprs.mp.br/legislacao/provimentos/11971/. Acesso em: 05 dez. 2019.

NABAIS, José Casalta. **Dever fundamental de pagar impostos**. Coimbra: Almedina, 1998.

ORGANIZAÇÃO DAS NAÇÕES UNIDAS. Convenção da Basiléia. Controle dos Movimentos Transfronteiriços de Resíduos Perigosos e seu Depósito. **ONU**, Basiléia, 2 mar. 1989.

ORGANIZAÇÃO DAS NAÇÕES UNIDAS. Convenção de Viena. Proteção da Camada de Ozônio. **ONU**, Áustria, 22 mar. 1985.

ORGANIZAÇÃO DAS NAÇÕES UNIDAS. Convenção-Quadro das Nações Unidas Sobre Mudança do Clima. **ONU**, Nova Iorque, 9 maio 1992.

PEREIRA DA SILVA, Vasco. **Verdes são também os direitos do homem**. Cascais: Principia, 2000.

SARLET, Ingo Wolfgang. **A eficácia dos direitos fundamentais**. Porto Alegre: Livraria do Advogado, 1998.

SARLET, Ingo Wolfgang; FENSTERSEIFER, Tiago. **Princípios do direito ambiental**. São Paulo: Saraiva, 2014.

VAZ, Gilberto José; NICOLI, Pedro Augusto Gravatá; NOVAIS, Roberto Cançado Vasconcelos. Riscos na indústria da construção: a questão da geologia e geotecnia. *In:* MARCONDES, Fernando (org.). **Direito da Construção:** estudos sobre as várias áreas do Direito aplicadas ao mercado da construção. São Paulo: Pini, 2014.

A AUTOCOMPOSIÇÃO DOS CONFLITOS ENERGÉTICOS AMBIENTAIS NO ÂMBITO DO MINISTÉRIO PÚBLICO-BREVES COMENTÁRIOS

Jarbas Soares Júnior[1]

> Em 8/05/2013, a Organização das Nações Unidas divulgou estudo apontando que cerca de 1,2 bilhão de pessoas, quase o total da população da Índia, está sem acesso à eletricidade, ao passo que 2,8 bilhões dependem da madeira e de outros tipos de biomassa para cozinhar e aquecer suas casas. Sem embargo, o mesmo estudo cita que o Brasil figura entre as 20 nações que fizeram mais progressos, desde 1990, para o acesso universal à energia, levando a eletricidade a 3 milhões de brasileiros por ano. Além de estar entre as nações que mais produzem e consomem fontes de energia renovável, sendo o terceiro país onde mais cresceu o uso de combustíveis não-sólidos e o sétimo maior consumidor de energia do mundo, atrás da China, EUA, Rússia, Índia, Japão e Alemanha". Dados apresentados por Leonardo Castro Maia em artigo publicado pela Rede Latino-Americana do Ministério Público de meio ambiente.

A história da humanidade demonstra, de forma absoluta, que as leis e os marcos regulatórios, tema em moda hoje, não são suficientes para dirimir pendências das partes envolvidas em conflitos. Muitas das vezes, a ordem jurídica, quando muito, dá a solução legal a uma situação em concreto, mas não, necessariamente, traz a paz social, a satisfação das partes envolvidas.

---

1 Procurador de Justiça do Estado de Minas Gerais. Presidente emérito da ABRAMPA, Associação Brasileira do Ministério Público de Meio Ambiente. Primeiro Coordenador do CAOMA do Ministério Público do Estado de Minas Gerais. Conselho Nacional do Ministério Público (CNMP) de 2011 a 2015. Proponente e primeiro Presidente da Comissão de Defesa dos Direitos Fundamentais do CNMP. Ex-Professor de Direito Ambiental da Fundação Escola do Ministério Público e da Escola de Advocacia da OAB, ambos de Minas Gerais, e da UNIFENAS, Doutor Honoris Causa pela UNICOR.

Nesse contexto do direito como ordenador da vida em sociedade, conflitos ocorrem a toda hora e, na maioria das vezes, a solução dada pouco ou quase nada serve àquela comunidade, conjunto de pessoas ou às partes envolvidas.

Há um sábio adágio popular que diz que "um mal acordo é melhor do que uma boa demanda". Não é por acaso que essa máxima popular se prolonga no decorrer do tempo. As razões são muitas, desde a morosidade da Justiça, que é real, passando pela incerteza do resultado, ou do risco de o conflito, mesmo com a decisão estatal, se prolongar no tempo, com perdas para ambas as partes litigantes, autor e réu. A alma humana, sabemos, não se contém com a injustiça.

Na compreensão desse grau de litigiosidade verificado, sobretudo, nos últimos tempos, o Estado brasileiro, por meio dos seus Poderes e o Ministério Público, além da Ordem dos Advogados do Brasil, tem buscado novos caminhos para que os conflitos sejam solucionados, na via judicial ou fora dela, de forma diferente do que houve até agora. As partes contendedoras, ou que tenham risco potencial de conflito, também. Há uma convergência em prol das formas alternativas para solução de conflitos que não sejam a da tradicional judicialização, cujos problemas são de todos conhecidos. Não é necessário ser um operador do direito para saber que essa judicialização não é a melhor solução para resolver uma questão.

O novo Código de processual Civil, que entrou em vigor em 2015, ciente desse fenômeno social, além de buscar a efetividade e celeridade processual com vários novos institutos que, sustentados em princípios constitucionais, regem o funcionamento do Poder Judiciário, trouxe um direcionamento bem objetivo para estimular a autocomposição entre as partes.

A Comissão de Juristas responsável pelo anteprojeto do NCPC, que foi presidida pelo festejado Ministro Luiz Fux, do Supremo Tribunal Federal, na exposição de motivos que apresentou, dá claramente a linha do novo código: "resolver **problemas**", assim negritado.

Nesse contexto, asseverou a Comissão: "Pretendeu-se converter o processo em instrumento incluído no contexto social em que produzirá efeito o seu resultado. Deu-se ênfase à possibilidade de as partes porem fim ao conflito pela via da mediação ou da conciliação. Entendeu-se que a satisfação efetiva das partes pode dar-se de modo mais intenso se a solução é por elas criada e não imposta pelo juiz."

Já no capitulo I ("das normas fundamentais do processo civil") do título único ("das normas fundamentais e da aplicação das normas processuais") do livro I ("das normas processuais"), o novo CPC é bem claro: "O Estado promoverá, sempre que possível, a solução consensual dos conflitos" (artigo 3º, §2º). No seu §1º, se refere à arbitragem.

O §3º do mesmo artigo impõe aos magistrados, advogados, defensores públicos e membros do Ministério Público uma obrigação solidária: a conciliação, a mediação e outros métodos de solução consensual de conflitos "deverão ser estimulados por todos esses operadores do direito".

Também no artigo 139 do NCPC, o legislador, ao se referir aos poderes, aos deveres e à responsabilidade do juiz, é taxativo quanto a incumbência do magistrado em promover, a qualquer tempo, a autocomposição das partes, preferencialmente com auxílio de conciliadores e mediadores judiciais.

Do mesmo modo, o artigo 165 do NCPC impõe ao Poder Judiciário a criação de "centros judiciários de solução consensual de conflitos, responsáveis pela realização de sessões e audiências de conciliação e mediação e pelo desenvolvimento de programas destinados a auxiliar e estimular a autocomposição". O artigo 166, da mesma norma, informa que a conciliação e a mediação devem se pautar pelos princípios da independência, da imparcialidade, da autonomia de vontades, da confidencialidade, da oralidade, da informalidade e da decisão informada.

Nesse contexto, Machado Junior (2015, p. 190), pontua que:

> O novo Código investe muito na autocomposição das partes, dando protagonismo, no procedimento, às oportunidades e técnicas de solução alternativas de conflitos, visando, assim, evitar a necessidade uma decisão judicial de mérito. A audiência destinada a autocomposição passa a ser no início do processo e antes da citação, possibilitando que se busque uma solução por composição antes da contestação do réu, já que esta acentua a polarização entre as partes. Prevê o dispositivo não apenas a conciliação tradicional, mas também a mediação, que consiste em conjunto elaborado e eficiente de técnicas que estimulam e auxiliam as partes a encontrarem em conjunto uma solução satisfatória para o litigio.

O dispositivo a que se referem é o artigo 334 do NCPC. Pontificam, os autores: "A mediação reduz a contraposição entre as partes e alcança com mais eficiência o objetivo da pacificação do conflito, contribuindo para a harmonização da relação das partes como um todo e não apenas no processo em questão. A solução mediada diminui, inclusive, a possibilidade de surgimento de novas lides e novos processos entre elas".

Interessante, também, anotar que o artigo 359, do NCPC, obriga o juiz, antes de instalar a audiência de instrução e julgamento, a tentar "conciliar as partes, independentemente do emprego anterior de outros métodos de solução consensual de conflitos, como a mediação e arbitragem". Sobre isto, dizem os doutrinadores citados: "sendo estímulo à autocomposição norma fundamental do processo no NCPC – art. 3º, §§ 1º a 3º, o juiz deverá promovê-la no início da audiência".

Em outra obra, Pinheiro (2015, p.65) acentua que "a intenção do legislador em privilegiar os meios alternativos de conflitos é tão evidente que se admite o ajuizamento de produção antecipada de prova destinada a viabilizar a autocomposição do litigio (art. 381, II)". Pinheiro (2015, p. 65) conclui:

> Parece bastante óbvio que a solução consensual dos litígios é, de longe, a melhor forma de pacificação social, ao tempo que assegura uma rápida solução do conflito, com menor custo e satisfação de ambas as partes. Por que não empregar os investimentos nessa área?

Por sua vez, as formas legais de autocomposição de conflitos, como se sabe, são definidas na legislação, não importando, todavia, que outras formas sejam acordadas entre as partes. Aliás, quanto mais informal, melhor, desde que ali se resolvam definitivamente. A forma prescrita em lei, por óbvio, é sempre a mais segura.

Pode-se dizer, em linhas gerais, que os métodos de solução de conflitos são a autocomposição e a heterocomposição, que são cabíveis desde que relacionados a direito material disponível, aqueles que não estejam ligados ao direito de personalidade, que devem ser preservados ao fim e ao cabo, claro.

A autocomposição, também em linhas gerias, decorre da livre vontade das partes em se ajustarem para dirimirem o conflito instalado. O método mais conhecido de autocomposição de conflitos é a conciliação, quando há um conciliador que busca conciliar as partes.

Por sua vez, na mediação, o mediador é um técnico que busca a conciliação entre as partes, porém, a partir de uma proposta pré-definida, o que não ocorre necessariamente na conciliação.

A transação, outro método conhecido, grosso modo, ocorre quando há uma coisa duvidosa. A autotutela pouco interessa no caso. Na heterocomposição, elege-se um terceiro, ou um conjunto de pessoas, para julgar a questão em substituição ao Poder Judiciário. A técnica mais famosa é a arbitragem (Lei Federal nº 9307/96). Nesse caso, o Poder judiciário é excluído de reavaliar o mérito, mas fará o natural controle da forma. Ou seja, o juiz não apreciará eventual inconformismo de uma das partes quanto ao direito material envolvido, mas não permitirá que as formalidades próprias da arbitragem sejam inobservadas.

Com a chegada, especialmente, do novo Código de Processo Civil, e fixado esse entendimento de que os métodos de autocomposição são o meio mais adequado e mais eficiente de se solucionar os grandes e pequenos conflitos sociais, o Ministério Público, que já possuía a tradição em mediar/conciliar conflitos, sobretudo os ambientais, desde a entrada em vigor, em 1990, do Código de defesa do Consumidor, que alterou a Lei da Ação Civil Pública, precisamente o §6º, do seu artigo 5º, vem buscando tornar essas ferramentas um método sólido de atuação em várias áreas de sua competência.

E essa preocupação é altamente louvável, pois o Ministério Pulico tem uma função grandiosa na proteção de direitos, prevista, especialmente, na Constituição Federal. A gama de atribuições do Ministério Público brasileiro, sejam os Ministérios Públicos estaduais, seja o Federal, o do Trabalho ou o Militar, é tão grande que acaba por interferir não só nas relações cotidianas dos brasileiros, mas no serviço público em geral e, em consequência, nos grandes empreendimentos brasileiros. Os instrumentos para essa intervenção são infindáveis. Costumo dizer que quanto maiores as potencialidades do Ministério Público, maior deve ser a responsabilidade dos seus membros ao adotar uma ação que intervenha em qualquer evento ou empreendimento.

Preocupado com a amplitude desse leque de atribuições do Ministério Público, a sua natural intervenção nas questões econômicas e sociais e o natural grau de litigiosidade de suas intervenções no conjunto da sociedade, mas também visando estimular a utilização dos novos (e também dos velhos) instrumentos legais à disposição dos membros da instituição para solucionarem os conflitos, o Conselho Nacional do Ministério Público (CNMP) editou a Resolução nº 118, de 1º de dezembro de 2014, regulando a autuação dos membros do Ministério Público para a adequada utilização dos métodos de autocomposição dos conflitos. Também teve a preocupação de que esses instrumentos fossem utilizados adequadamente, evitando-se desvios (em todos os sentidos).

Para se ter uma noção adequada das potencialidades do Ministério Público no tema, faço a transcrição *in totum* da Resolução nº 118 do CNMP, que está assim redigida:

> RESOLUÇÃO Nº 118, DE 1º DE DEZEMBRO DE 2014.
>
> Dispõe sobre a Política Nacional de Incentivo à Autocomposição no âmbito do Ministério Público e dá outras providências.
>
> O CONSELHO NACIONAL DO MINISTÉRIO PÚBLICO, no exercício da competência prevista no art.130-A, § 2º, inciso I, da Constituição da República Federativa do Brasil e com fundamento no artigo 147 e seguintes do seu Regimento Interno, em conformidade com a decisão Plenária tomada na 23ª Sessão Ordinária, realizada em 1º de dezembro de 2014, e, ainda;
>
> Considerando que o acesso à Justiça é direito e garantia fundamental da sociedade e do indivíduo e abrange o acesso ao Judiciário, mas vai além para incorporar, também, o direito de acesso a outros mecanismos e meios autocompositivos de resolução dos conflitos e controvérsias, inclusive o acesso ao Ministério Público como garantia fundamental de proteção e de efetivação de direitos e interesses individuais indisponíveis e sociais (art. 127, caput, da CR/1988);
>
> Considerando que a adoção de mecanismos de autocomposição pacífica dos conflitos, controvérsias e problemas é uma tendência mundial, decorrente da evolução da cultura de participação, do diálogo e do consenso;
>
> Considerando a necessidade de se consolidar, no âmbito do Ministério Público, uma política permanente de incentivo e aperfeiçoamento dos mecanismos de autocomposição;
>
> Considerando a importância da prevenção e da redução da litigiosidade e que as controvérsias e os conflitos envolvendo o Poder Público e os particulares, ou entre estes, notadamente aquelas de natureza coletiva, podem ser resolvidas de forma célere, justa, efetiva e implementável;
>
> Considerando que a negociação, a mediação, a conciliação, as convenções processuais e as práticas restaurativas são instrumentos efetivos de pacificação social, resolução e prevenção de litígios, controvérsias e problemas e que a sua apropriada utilização em programas já implementados no Ministério Público têm reduzido a excessiva judicialização e têm levado os envolvidos à satisfação, à pacificação, a não reincidência e ao empoderamento;

Considerando ser imprescindível estimular, apoiar e difundir a sistematização e o aprimoramento das práticas já adotadas pelo Ministério Público;

Considerando o teor do Acordo de Cooperação Técnica nº 14/2012, firmado entre o Ministério da Justiça, com a interveniência da Secretaria de Reforma do Judiciário, e o Conselho Nacional do Ministério Público;

Considerando a necessidade de uma cultura da paz, que priorize o diálogo e o consenso na resolução dos conflitos, controvérsias e problemas no âmbito do Ministério Público;

Considerando as várias disposições legais (art. 585, inciso II, do CPC; art. 57, parágrafo único, da Lei nº 9.099/1995; art. 5º, § 6º, da Lei nº 7.347/1985, dentre outras), que conferem legitimidade ao Ministério Público para a construção de soluções autocompositivas;

Considerando que o Ministério Público, como instituição permanente, é uma das garantias fundamentais de acesso à justiça da sociedade, incumbindo-lhe a defesa da ordem jurídica, do regime democrático e dos interesses sociais e individuais indisponíveis (arts. 127, caput, e 129, da CR/1988), funções essenciais à efetiva promoção da justiça;

Considerando que na área penal também existem amplos espaços para a negociação, sendo exemplo o que preveem os artigos 72 e 89, da Lei nº 9.099/1995 (Dispõe sobre os Juizados Cíveis e Criminais), a possível composição do dano por parte do infrator, como forma de obtenção de benefícios legais, prevista na Lei nº 9.605/1998 (Dispõe sobre as sanções penais e administrativas derivadas de condutas e atividades lesivas ao meio ambiente), a delação premiada inclusa na Lei nº 8.137/1990, artigo 16, parágrafo único, e Lei nº 8.072/1990, artigo 8º, parágrafo único, e a Lei 9.807/1999, e em tantas outras situações, inclusive atinentes à execução penal, em que seja necessária a atuação do Ministério Público,

RESOLVE:

CAPÍTULO I

DA POLÍTICA NACIONAL DE INCENTIVO À AUTOCOMPOSIÇÃO NO ÂMBITO DO MINISTÉRIO PÚBLICO

Art. 1º Fica instituída a POLÍTICA NACIONAL DE INCENTIVO À AUTOCOMPOSIÇÃO NO ÂMBITO DO MINISTÉRIO PÚBLICO, com o objetivo de assegurar a promoção da justiça e a máxima efetividade dos direitos e interesses que envolvem a atuação da Instituição.

Parágrafo único. Ao Ministério Público brasileiro incumbe implementar e adotar mecanismos de autocomposição, como a negociação, a mediação, a conciliação, o processo restaurativo e as convenções processuais, bem assim prestar atendimento e orientação ao cidadão sobre tais mecanismos.

Art. 2º Na implementação da Política Nacional descrita no artigo 1º, com vista à boa qualidade dos serviços, à disseminação da cultura de pacificação, à redução da litigiosidade, à satisfação social, ao empoderamento social e ao estímulo de soluções consensuais, serão observados:

I - a formação E o treinamento de membros e, no que for cabível, de servidores;

II - o acompanhamento estatístico específico que considere o resultado da atuação institucional na resolução das controvérsias e conflitos para cuja resolução possam contribuir seus membros e servidores;

III - a revisão periódica e o aperfeiçoamento da Política Nacional e dos seus respectivos programas;

IV - a valorização do protagonismo institucional na obtenção de resultados socialmente relevantes que promovam a justiça de modo célere e efetivo.

Art. 3º O Conselho Nacional do Ministério Público, com as unidades e ramos dos Ministérios Públicos, promoverá a organização dos mecanismos mencionados no art. 1º.

CAPÍTULO II

DAS ATRIBUIÇÕES DO CONSELHO NACIONAL DO MINISTÉRIO PÚBLICO E DO MINISTÉRIO PÚBLICO BRASILEIRO

Art. 4º Compete ao Conselho Nacional do Ministério Público fomentar e implementar, com a participação de todas as unidades e ramos do Ministério Público, os programas e ações de incentivo à autocomposição.

Art. 5º O Conselho Nacional do Ministério Público tem, entre outras funções, o objetivo de avaliar, debater e propor medidas administrativas, reformas normativas e projetos que incentivem a resolução autocompositiva extrajudicial ou judicial consensual de conflitos e controvérsias no âmbito do Ministério Público.

Art. 6º Para consecução dos objetivos supracitados, o CNMP poderá:

I - Propor e promover a realização de seminários, congressos e outros eventos;

II - Promover a articulação e integração com outros projetos e políticas nesta temática, desenvolvidos pelos Poderes Executivo, Judiciário, Legislativo e pelas instituições que compõem o sistema de Justiça;

III - Mapear as boas práticas nesta temática e incentivar a sua difusão;

IV – Realizar pesquisas sobre negociação, mediação, conciliação, convenções processuais, processos restaurativos e outros mecanismos autocompositivos;

V – Promover publicações sobre negociação, mediação, conciliação, convenções processuais, processos restaurativos e outros mecanismos autocompositivos.

Art. 7º Compete às unidades e ramos do Ministério Público brasileiro, no âmbito de suas atuações:

I – o desenvolvimento da Política Nacional de Incentivo à autocomposição no âmbito do Ministério Público;

II – a implementação, a manutenção e o aperfeiçoamento das ações voltadas ao cumprimento da política e suas metas;

III – a promoção da capacitação, treinamento e atualização permanente de membros e servidores nos mecanismos autocompositivos de tratamento adequado dos conflitos, controvérsias e problemas;

IV – a realização de convênios e parcerias para atender aos fins desta Resolução;

V – a inclusão, no conteúdo dos concursos de ingresso na carreira do Ministério Público e de servidores, dos meios autocompositivos de conflitos e controvérsias;

VI – a manutenção de cadastro de mediadores e facilitadores voluntários, que atuem no Ministério Público, na aplicação dos mecanismos de autocomposição dos conflitos.

VII – a criação de Núcleos Permanentes de Incentivo à Autocomposição, compostos por membros, cuja coordenação será atribuída, preferencialmente, aos profissionais atuantes na área, com as seguintes atribuições, entre outras:

a) propor à Administração Superior da respectiva unidade ou ramo do Ministério Público ações voltadas ao cumprimento da Política Nacional de Incentivo à autocomposição no âmbito do Ministério Público;

b) atuar na interlocução com outros Ministérios Públicos e com parceiros;

c) propor à Administração Superior da respectiva unidade ou ramo do Ministério Público a realização de convênios e parcerias para atender aos fins desta Resolução;

d) estimular programas de negociação e mediação comunitária, escolar e sanitária, dentre outras. Parágrafo único. A criação dos Núcleos a que se refere o inciso VII deste artigo e sua composição deverão ser informadas ao Conselho Nacional do Ministério Público.

CAPÍTULO III

DAS PRÁTICAS AUTOCOMPOSITIVAS NO ÂMBITO DO MINISTÉRIO PÚBLICO

Seção I Da Negociação

Art. 8º A negociação é recomendada para as controvérsias ou conflitos em que o Ministério Público possa atuar como parte na defesa de direitos e interesses da sociedade, em razão de sua condição de representante adequado e legitimado coletivo universal (art. 129, III, da CR/1988);

Parágrafo único. A negociação é recomendada, ainda, para a solução de problemas referentes à formulação de convênios, redes de trabalho e parcerias entre entes públicos e privados, bem como entre os próprios membros do Ministério Público.

Seção II Da Mediação

Art. 9º A mediação é recomendada para solucionar controvérsias ou conflitos que envolvam relações jurídicas nas quais é importante a direta e voluntária ação de ambas as partes divergentes.

Parágrafo único. Recomenda-se que a mediação comunitária e a escolar que envolvam a atuação do Ministério Público sejam regidas pela máxima informalidade possível.

Art. 10. No âmbito do Ministério Público:

I – a mediação poderá ser promovida como mecanismo de prevenção ou resolução de conflito e controvérsias que ainda não tenham sido judicializados;

II – as técnicas do mecanismo de mediação também podem ser utilizadas na atuação em casos de conflitos judicializados;

III – as técnicas do mecanismo de mediação podem ser utilizadas na atuação em geral, visando ao aprimoramento da comunicação e dos relacionamentos.

§1º Ao final da mediação, havendo acordo entre os envolvidos, este poderá ser referendado pelo órgão do Ministério Público ou levado ao Judiciário com pedido de homologação.

§2º A confidencialidade é recomendada quando as circunstâncias assim exigirem, para a preservação da intimidade dos interessados, ocasião em que deve ser mantido sigilo sobre todas as informações obtidas em todas as etapas da mediação, inclusive nas sessões privadas, se houver, salvo autorização expressa dos envolvidos, violação à ordem pública ou às leis vigentes, não podendo o membro ou servidor que participar da mediação ser testemunha do caso, nem atuar como advogado dos envolvidos, em qualquer hipótese.

Seção III Da Conciliação

Art. 11. A conciliação é recomendada para controvérsias ou conflitos que envolvam direitos ou interesses nas áreas de atuação do Ministério Público como órgão interveniente e nos quais sejam necessárias intervenções propondo soluções para a resolução das controvérsias ou dos conflitos.

Art. 12. A conciliação será empreendida naquelas situações em que seja necessária a intervenção do membro do Ministério Público, servidor ou voluntário, no sentido de propor soluções para a resolução de conflitos ou de controvérsias, sendo aplicáveis as mesmas normas atinentes à mediação.

Seção IV

Das Práticas Restaurativas

Art. 13. As práticas restaurativas são recomendadas nas situações para as quais seja viável a busca da reparação dos efeitos da infração por intermédio da harmonização entre o (s) seu (s) autor (es) e a (s) vítima (s), com o objetivo de restaurar o convívio social e a efetiva pacificação dos relacionamentos.

Art. 14. Nas práticas restaurativas desenvolvidas pelo Ministério Público, o infrator, a vítima e quaisquer outras pessoas ou setores, públicos ou privados, da comunidade afetada, com a ajuda de um facilitador, participam conjuntamente de encontros, visando à formulação de um plano restaurativo para a reparação ou minoração do dano, a reintegração do infrator e a harmonização social.

Seção V

Das Convenções Processuais

Art. 15. As convenções processuais são recomendadas toda vez que o procedimento deva ser adaptado ou flexibilizado para permitir a adequada e efetiva tutela jurisdicional aos interesses materiais subjacentes, bem assim para resguardar âmbito de proteção dos direitos fundamentais processuais.

Art. 16. Segundo a lei processual, poderá o membro do Ministério Público, em qualquer fase da investigação ou durante o processo, celebrar acordos visando constituir, modificar ou extinguir situações jurídicas processuais.

Art. 17. As convenções processuais devem ser celebradas de maneira dialogal e colaborativa, com o objetivo de restaurar o convívio social e a efetiva pacificação dos relacionamentos por intermédio da harmonização entre os envolvidos, podendo ser documentadas como cláusulas de termo de ajustamento de conduta.

> CAPÍTULO IV
>
> DA ATUAÇÃO DOS NEGOCIADORES, CONCILIADORES E MEDIADORES
>
> Art. 18. Os membros e servidores do Ministério Público serão capacitados pelas Escolas do Ministério Público, diretamente ou em parceria com a Escola Nacional de Mediação e de Conciliação (ENAM), da Secretaria de Reforma do Judiciário do Ministério da Justiça, ou com outras escolas credenciadas junto ao Poder Judiciário ou ao Ministério Público, para que realizem sessões de negociação, conciliação, mediação e práticas restaurativas, podendo fazê-lo por meio de parcerias com outras instituições especializadas.
>
> CAPÍTULO V
>
> DAS DISPOSIÇÕES FINAIS
>
> Art. 19. Caberá ao Conselho Nacional do Ministério Público compilar informações sobre a resolução autocompositiva de conflitos.
>
> Art. 20. Esta Resolução entra em vigor na data de sua publicação. (BRASILIA, 2014).

Essa normatização é bastante adequada e serve muito à solução dos inúmeros procedimentos que envolvem o setor elétrico. Quando as demandas relativas ao setor chegam ao Ministério Público, normalmente eventos de grande impacto ao meio ambiente, o membro do Ministério Público tem um primeiro caminho bastante comum a seguir, instaura um procedimento de investigação, normalmente um inquérito civil. Ao instruir o feito, muitas vezes, há necessidade de propositura de uma ação cautelar para preservar ou proteger o meio ambiente até o final da investigação, no entanto, ao final de toda a investigação, o Ministério Público, comumente, propõe uma ação civil pública e/ou também uma ação penal ou, claro, arquiva quando tudo estiver regular. No contexto que estamos discutindo, há outra alternativa, sempre que possível, a melhor. Buscar conciliar o empreendimento, que vem ao encontro da sociedade que necessita da energia no seu cotidiano e quer competitividade no setor, com a proteção do meio ambiente e dos demais direitos e interesses envolvidos, pacificando o conflito.

É curioso observar, dentro da grande envergadura dessas questões, os membros do Ministério Público de meio ambiente da América latina se reuniram, em Lima, no ano de 2011, preocupados com a intensidade desses empreendimentos e, portanto, da grande quantidade de conflitos, especialmente nas áreas de fronteiras entre as nações latino-americanas, quando aprovaram o seguinte enunciado:

> A Rede Latino-americana do Ministério Público Ambiental, por meio de seus membros reunidos em seu III Congresso em Lima, concluiu pela imarcescibilidade da atuação do Ministério Público no controle dos licenciamentos ambientais de empreendimentos hidrelétricos, especialmente para responsabilização dos infratores das normas ambientais, agentes públicos ou provados, assegurar a defesa da ordem jurídica, a proteção ao meio ambiente, a completa avaliação dos impactos ambientais e a participação social, nos termos da lei de cada país.

Da simples leitura do enunciado principal se vê, claramente, o clima belicoso do ambiente que envolve o setor elétrico. A realidade da implantação dos empreendimentos elétricos no Brasil e demais países, com a urgência que se quer implanta-los face às necessidades da população, os interesses, nem sempre republicanos, dos governos e empreendedores e os grandes impactos ambientais e sociais dessas usinas, levam, inexoravelmente, a um ambiente de pólvora e a um contexto de conflitos, na maioria das vezes, pelo desrespeito às normas ambientais, prazos e licenciamentos.

Sobre os empreendimentos do setor elétrico, o Promotor de Justiça Leonardo Castro Maia, com grande autoridade, em artigo publicado pela Rede Latino-Americana do Ministério Público de meio ambiente, atesta:

> (...) em 8/05/2013, a Organização das Nações Unidas divulgou estudo apontando que cerca de 1,2 bilhão de pessoas, quase o total da população da Índia, está sem acesso à eletricidade, ao passo que 2,8 bilhões dependem da madeira e de outros tipos de biomassa para cozinhar e aquecer suas casas. Sem embargo, o mesmo estudo cita que o Brasil figura entre as 20 nações que fizeram mais progressos, desde 1990, para o acesso universal à energia, levando a eletricidade a 3 milhões de brasileiros por ano. Além de estar entre as nações que mais produzem e consomem fontes de energia renovável, sendo o terceiro país onde mais cresceu o uso de combustíveis não-sólidos e o sétimo maior consumidor de energia do mundo, atrás da China, EUA, Rússia, Índia, Japão e Alemanha.

A realidade demonstra que esses conflitos ambientais nascem desde a concepção dos empreendimentos hidrelétricos, como também, e sobretudo, na sua aprovação e na sua implantação. Processos são suplantados, informações são sonegadas, legítimos interesses dos atingidos são desconsiderados, conluios são estabelecidos entre agentes públicos e empreendedores, licitações são fraudadas, enfim, inúmeros problemas são verificados no setor. Não há como se cegar a tudo isto.

No entanto, a bem da verdade, muitos dos conflitos que envolvem o Ministério Público e empreendedores poderiam ser solucionados ab initio.

Na reunião, os Promotores de Justiça aprovaram o seguinte enunciado:

> A Rede Latino Americana do Ministério Público Ambiental, por meio de seus membros reunidos em seu III Congresso, em Lima, Peru, concluiu pela imprescindibilidade da atuação do Ministério Público no controle dos licenciamentos ambientais de empreendimentos hidrelétricos, especialmente para o fim de viabilizar a responsabilização dos infratores das normas ambientais, agentes públicos ou privados, assegurar a defesa da ordem jurídica, a proteção ao meio ambiente, a atuação preventiva, a completa avaliação dos impactos ambientais e a participação social, nos termos da lei de cada país, buscando continuamente: a) Atuar por meio de seus órgãos no controle dos licenciamentos ambientais de empreendimentos hidrelétricos; b) Exigir a completa avaliação dos impactos ambientais (art. 9º, III, da Lei 6.938/1981), inclusive considerando o conjunto de empreendimentos da bacia hidrográfica e seus efeitos sinérgicos e cumulativos, sem prejuízo dos Estudos de Impacto Ambiental (EIA/RIMA), para as obras e atividades potencialmente causadoras de significativa degradação do meio ambiente, ou de outros estudos ambientais, para os demais empreendimentos potencialmente causadores de degradação ambiental; c) Adotar providências no sentido de evitar a postergação de estudos de diagnóstico próprios da fase prévia para fases posteriores, sob a forma de condicionantes do licenciamento, pugnando, se for o caso, pelo indeferimento do requerimento de licença, seja na seara administrativa, seja pela via judicial; d) Exigir, desde a fase do licenciamento ambiental, a apreciação não apenas das questões relacionadas com o meio ambiente natural, mas também das referentes ao meio ambiente social, econômico e cultural (bens materiais e imateriais), integrando-os; d) Perseguir a total aplicação do princípio da participação social no licenciamento ambiental; f) Buscar o cumprimento das normas legais versando sobre espaços territoriais protegidos relacionados com o empreendimento hidrelétrico, a exemplo das unidades de conservação, de Reserva Legal e das Áreas de Preservação Permanente, inclusive fiscalizando a elaboração do Plano Ambiental de Conservação e Uso do Entorno do Reservatório, senão fosse a impossibilidade de os membros do Ministério Público prestarem consultoria. Por força de norma constitucional não há essa possiblidade. Bastariam que o Poder Público e os empreendedores apresentassem os projetos elétricos ao Ministério Público e o órgão analisasse e abalizasse os empreendimentos. Isso é impossível, todavia. Mas é possível o Ministério Público expedir recomendações conforme preveem as leis orgânicas dos

Ministérios Públicos estaduais e o da União. Esse expediente tem sido bastante utilizado para corrigir equívocos e para prevenir e caracterizar responsabilidades.

Essas recomendações, que estão também normatizadas pelo CNMP (Resolução nº 118, de 01/12/2019/), são o primeiro passo para a possibilidade de Ministério Público, empreendedores e setor público chegarem a um consenso. Normalmente, quando o Ministério Público expede recomendações, o órgão é procurado pelo recomendado para buscar uma solução àquela pendência, nascendo aí, muitas vezes, um ambiente de acordo, seja por meio de um termo de ajustamento de condutas (TAC) ou uma conciliação judicial.

Por fim, parece necessário antes de encerrar estas notas, que se faça menção à Lei Federal nº 12.874, a chamada "Lei da Liberdade Econômica", que trouxe a "Declaração de Direitos da Liberdade Econômica", recentemente publicada. Nela há princípios que decorrem do artigo 170 da Constituição Federal, que traz três princípios, ou premissas básicas, quanto às atividades econômicas, por obvio, presentes no setor elétrico: a presunção da boa-fé do empreendedor, a presunção de liberdade no exercício das atividades econômicas e a intervenção mínima estatal, que passa a ser excepcional e subsidiária.

Claro que toda essa normatização, que visa menos burocracia, menos custos ao empreendedor, aumento da competitividade, melhor ambiente de negócios, mais liberdade para empreender, mais emprego e renda com o empreendedorismo e mais segurança jurídica, não pode se sobrepor aos direitos fundamentais e nem ao devido processo legal, conforme, aliás, apregoa a Constituição Federal. Mas, também por óbvio, serve para estimular o respeito à lei, ao bom-senso e ao ambiente necessário, o chamado "chão limpo" que dizia o então Governador de Minas Gerais, Milton Campos, para as tratativas negociais que visem, a um só tempo, possibilitar os empreendimentos públicos e privados, proteger o meio ambiente e os direitos socioambientais por meio da autocomposição de conflitos.

Leonardo Castro Maia, em artigo publicado pela Rede Latino-Americana do Ministério Público de meio ambiente, informa que:

> Em 8/05/2013, a Organização das Nações Unidas divulgou estudo apontando que cerca de 1,2 bilhão de pessoas, quase o total da população da Índia, está sem acesso à eletricidade, ao passo que 2,8 bilhões dependem da madeira e de outros tipos de biomassa para cozinhar e aquecer suas casas. Sem embargo, o mesmo estudo cita que o Brasil figura entre as 20

> nações que fizeram mais progressos, desde 1990, para o acesso universal à energia, levando a eletricidade a 3 milhões de brasileiros por ano. Além de estar entre as nações que mais produzem e consomem fontes de energia renovável, sendo o terceiro país onde mais cresceu o uso de combustíveis não-sólidos e o sétimo maior consumidor de energia do mundo, atrás da China, EUA, Rússia, Índia, Japão e Alemanha.

As potencialidades de autocomposição dos conflitos, portanto, são enormes. A ordem atual reclama, para tanto, maturidade dos agentes públicos, dos empreendedores e do Ministério Público, que devem visar sempre o bem comum. Para o agente público, ou seja, para o servidor público da administração Ambiental é um dever. Para o empreendedor, uma obrigação. Para os membros do Ministério Público, não apenas mais um caminho seguro, é necessário aos resultados efetivos. A sociedade não quer mais do Ministério Público só canhões, tiros, flechas ou bambus. Foi-se o tempo. A sociedade quer soluções céleres, seguras, efetivas. Repito, quanto mais poderes e instrumentos tiver o Ministério Público para evitar riscos e danos aos direitos difusos, coletivos e interesses individuais homogêneos, maior será a sua responsabilidade em encontrar soluções, evitando-se, sempre, a judicialização, que, burocrática e morosa, tende a postergar os problemas ou não resolve-los, deixando desguarnecidos os cidadãos brasileiros. O nosso Ministério Público está pronto para essa nova era, basta que se mude a chave.

No mais, é uma pena, pela exiguidade do tempo e do espaço, além da amplitude do tema, não poder discorrer melhor sobre todas as realidades, potencialidades e alternativas.

A ordem está definida, a autocomposição para a solução de conflitos, grandes, médios ou pequenos, é o melhor caminho, sempre que possível, sempre que se queira, sempre porque a sociedade exige.

Referências Bibliográficas

BRASIL. Conselho Nacional do Ministério Público. Resolução nº 118, de 01 de dezembro de 2014. Dispõe sobre a Politica Nacional de Incentivo à Autocomposição no âmbito do Ministério Público e dá outras providências. **Diário Oficial da União**, Brasília, 27 jan. 2015. Disponível em: https://www.cnmp.mp.br/portal/atos-e-normas-busca/norma/154. Acesso em: 11 dez. 2019.

MACHADO JUNIOR, Dario Ribeiro. **Novo Código de Processo Civil:** anotado e comparado: Lei nº 13.105, de 16 de março de 2015/ Dario Ribeiro Machado Junior e outros; coordenação Paulo Cezar Pinheiro Carneiro, Humberto Dalla Bernardina de Pinho. 2. ed. rev. e atual. Rio de Janeiro: Forense, 2016.

MAIA, Leonardo Castro, CAPPELLI, Silvia, PONTES JÚNIOR, Felício (orgs.). **Hidrelétricas e atuação do Ministério Público na América Latina**. Porto Alegre: Letra & Vida - Rede latino-americana do Ministério Público Ambiental

WAMBIER, Teresa Arruda Alvim. **Breves comentários ao Novo Código de Processo Civil**. São Paulo: Revista dos Tribunais, 2015.

O LICENCIAMENTO AMBIENTAL DE EMPREENDIMENTOS EÓLICOS E SEUS SISTEMAS ASSOCIADOS: JUNTOS OU SEPARADOS?

João Vidal da Cunha[1]

Marcos Abreu Torres[2]

1. Introdução

Este artigo analisa a legislação sobre licenciamento ambiental de parques eólicos e seus sistemas associados, destacando o processo de aprovação da Resolução Conama nº 462/2014.

Em seguida, será feita uma análise crítica deste ponto específico da Resolução, a partir da necessidade de uma interpretação razoável e sistêmica com a legislação regulatória, bem como da dinâmica complexa que envolve o setor elétrico.

Pretende-se, com isso, demonstrar a necessidade de se realizar uma interpretação conforme deste dispositivo da Resolução ou, no limite, alterar a sua redação.

2. A aprovação da Resolução Conama nº 462/2014

A Resolução Conama nº 462/2014 "estabelece procedimentos para o licenciamento ambiental de empreendimentos de geração de energia elétrica a partir de fonte eólica em superfície terrestre".

---

1 Advogado pela Universidade Católica do Salvador (UCSAL). Pós-Graduado em Direito Ambiental pela PUC-SP. Aluno do Executive MBA do IESE Business School – University of Navarra. Gerente de Meio Ambiente e Sustentabilidade na área de energias renováveis.

2 Advogado da Confederação Nacional da Indústria - CNI. Mestre em Constituição e Sociedade pelo IDP. Presidente do Comitê de Acompanhamento Legislativo da ABDEM - Associação Brasileira de Direito da Energia e Meio Ambiente.

Sua concepção partiu de uma demanda encaminhada pela Fundação Estadual de Proteção Ambiental Henrique Luiz Roessler (Órgão Ambiental do Estado do Rio Grande do Sul) ao Departamento de Apoio do Conselho Nacional do Meio Ambiente (CONAMA) em outubro de 2012.

A proposta encaminhada pela Fundação gaúcha narra que, diante da inserção de projetos eólicos na matriz energética brasileira e da crescente demanda de licenciamento ambiental destes projetos, a então existente Secretaria de Mudanças Climáticas e Qualidade Ambiental do Ministério do Meio Ambiente iniciou um processo de discussão da padronização destes procedimentos, resultando na assinatura da "Carta dos Ventos", em junho de 2009.

Entre outras deliberações, a Carta clamava pela definição de diretrizes para aperfeiçoar o processo de licenciamento ambiental do setor eólico.

Dentre outras consequências da Carta, os órgãos ambientais dos estados com potencial de geração de energia eólica (Rio Grande do Norte, Espírito Santo, Minas Gerais, Ceará, Sergipe, Bahia e Rio Grande do Sul) e os agentes governamentais envolvidos com este segmento do setor econômico (IBAMA, Ministério de Minas e Energias, Agência Nacional de Energia Elétrica e Empresa de Pesquisa Energética) reuniram-se e concluíram pela "necessidade do estabelecimento de procedimento específico, visando à harmonização do rito do licenciamento que tramita nos diferentes membros do SISNAMA". O melhor instrumento normativo para tanto seria uma resolução do Conama.

A discussão iniciou-se na Câmara Técnica de Controle Ambiental (CTCA) do Conama, mas logo se percebeu que sua complexidade, principalmente a regulamentação dos casos sujeitos ao licenciamento ambiental simplificado, demandaria o aprofundamento dos debates. Assim, foi criado, no âmbito da CTCA, o Grupo de Trabalho sobre Licenciamento Ambiental de Empreendimentos de Geração de Energia Elétrica a Partir de Fonte Eólica em Superfície Terrestre (GT).

O GT foi coordenado pelo Presidente da CTCA e contou com a participação de conselheiros das seguintes entidades: Entidades Ambientalistas da Região Sul (APROMAC), Governos dos Estados da Bahia e do Ceará e Ministérios da Agricultura, Pecuária e Abastecimento e do Meio Ambiente.

Após se reunir em três momentos entre 2013 e 2014, o GT encaminhou uma proposta de resolução para discussão na CTCA. Após aprovada nesta Câmara, a proposta foi discutida e aprovada na Câmara Técnica de Assuntos

Jurídicos do Conama (CTAJ), sendo, então, encaminhada para deliberação no Plenário do Conama.

Em junho de 2014, a proposta foi aprovada na 56ª reunião extraordinária do Plenário do Conama e no mês seguinte foi publicada a Resolução Conama nº 462.

Durante sua tramitação, desde que foi apresentada a minuta pelo órgão ambiental do Estado do Rio Grande do Sul até sua aprovação no Plenário, o texto foi substancialmente alterado. Os pontos da Resolução que interessam a nossa análise são os que cuidam do conceito de sistemas associados aos empreendimentos eólicos e o que disciplinava o licenciamento ambiental desses empreendimentos em conjunto ou separado dos seus sistemas associados.

A minuta de resolução então encaminhada trazia, no inciso V do art. 2º, o conceito de sistemas associados aos empreendimentos elétricos: "sistemas elétricos, subestações, linhas de transmissão, acessos e outras obras de infraestrutura comprovadamente necessárias à implantação e operação do empreendimento".

A redação final foi a seguinte: "sistemas elétricos, subestações, linhas de conexão de uso exclusivo ou compartilhado, em nível de tensão de distribuição ou de transmissão, acessos de serviço e outras obras de infraestrutura que compõem o empreendimento eólico, e que são necessárias à sua implantação, operação e monitoramento" (art. 2º, inciso III, da atual Resolução).

No outro ponto que por ora nos interessa, o art. 22 da primeira versão da proposta de resolução previa que "os sistemas associados aos empreendimentos elétricos poderão ser analisados conjuntamente aos empreendimentos principais".

O dispositivo foi objeto de diversas alterações, desde a sua supressão total à possibilidade de que o licenciamento ambiental do empreendimento eólico fosse realizado em conjunto ou separado de seus sistemas associados "quando solicitado pelo empreendedor".

Apenas no final das discussões promovidas pelo GT surgiu uma proposta que pretendia inverter o sentido da regra primordialmente prevista no art. 22. A sugestão da Apromac era de que "o licenciamento ambiental poderá ocorrer por parque eólico ou por complexo eólico, sempre de forma conjunta com seus respectivos sistemas associados".

Isto é, nas versões anteriores, o licenciamento ambiental dos empreendimentos eólicos poderia se dar em conjunto ou separado do dos seus sistemas associados, sendo uma escolha a critério do órgão licenciador ou do empreendedor principal. A nova redação foi acatada na CTCA, mantida pelo Plenário do Conama e incorporada na forma do art. 14, caput, da Resolução aprovada.

Ainda no Plenário, o representante do Ministério Público Federal, conselheiro especial com direito à voz, sugeriu a incorporação dos atuais §§ 1º e 2º ao art. 14, com a redação atualmente em vigor.

Como será visto no capítulo a seguir, a alteração na redação da regra que facultava a cada caso concreto licenciar os empreendimentos eólicos em conjunto ou separados dos seus sistemas associados, pode trazer consequências negativas para o setor e para o país, se interpretada de forma equivocadamente restritiva.

3. Possibilidade de Licenciamento Ambiental Conjunto ou Separado

A Resolução Conama nº 462/2014 contém inequívocos benefícios ao setor elétrico, trazendo elementos que garantem maior segurança jurídica, bem como disciplinando questões anteriormente relegadas amplamente à discricionariedade técnica.

A definição de critérios objetivos no enquadramento quanto ao impacto do empreendimento e exigência de estudo ambiental (se Relatório Ambiental Simplificado - RAS ou Estudo Prévio de Impacto Ambiental - EIA), bem como a possibilidade de o órgão licenciador adotar procedimentos simplificados (como, por exemplo, a emissão de uma única Licença Prévia - LP para a área total do empreendimento e posteriormente o desmembramento em outras licenças subsequentes com menor escopo), permitiram maior agilidade aos processos em andamento, além de transmitir maior segurança jurídica.

Ocorre, porém, que o Conama deixou de garantir a completa materialização dos princípios da eficiência e da finalidade, a que buscou a Resolução ao aprovar a atual versão da redação do art. 14 da norma, trazendo dúvidas quanto ao licenciamento ambiental de empreendimentos eólicos e seus sistemas associados.

É recorrente a exigência dos órgãos licenciadores, especialmente o federal, da emissão de termos de referência para estudos ambientais sob o entendimento oriundo do conceito previsto no art. 2º, inciso XXX, do Decreto nº 8.437/2015, o qual define que as instalações de uso exclusivo até a subestação compõem o sistema de geração de energia elétrica.

A Resolução Conama nº 462/2014, por seu turno, conceitua, em seu art. 2º, inciso III, sistemas associados da seguinte maneira:

> Sistemas elétricos, subestações, linhas de conexão de uso exclusivo ou compartilhado, em nível de tensão de distribuição ou de transmissão, acessos de serviço e outras obras de infraestrutura que compõem o empreendimento eólico, e que são necessárias a sua implantação, operação e monitoramento.

Em seguida, no já mencionado art. 14, a Resolução parece induzir à interpretação de que o licenciamento ambiental de empreendimentos eólicos deverá ser realizado de forma conjunta com seus respectivos sistemas associados, sempre na fase inicial do processo.

A referida Resolução tem como objetivo garantir a efetiva entrega da energia e operacionalização dos empreendimentos eólicos, todavia não pode ser lida descasada com as demais normas que disciplinam o licenciamento e a operação deste setor da infraestrutura, incluindo as normas regulatórias.

Com efeito, a Agência Nacional de Energia Elétrica (ANEEL) já se muniu de instrumentos regulatórios no intuito de evitar que empreendimentos eólicos sejam instalados e não possam escoar a energia produzida por ausência de linhas de transmissão, como chegou a ocorrer no início das atividades daquele setor de geração no Brasil.

Assim, seja no regime de concessões, seja na venda de energia através do mercado regulado (leilões de energia do Governo federal), o empreendedor é obrigado a garantir a conexão e a se responsabilizar pela mesma quando da entrada em operação comercial, sendo cobradas altas multas caso isso não ocorra. Assim, para comercializar a energia produzida é necessária a apresentação da licença ambiental prévia (LP) dos empreendimentos eólicos.

Vale acrescentar que uma mesma linha de transmissão pode ser utilizada por diversos empreendimentos de geração de energia e a avaliação da sua melhor localização deverá ser feita de maneira integrada, inclusive aproveitando linhas e subestações já existentes.

Ademais, o encaminhamento do traçado da linha de transmissão e a definição do ponto de conexão de um empreendimento eólico são muito sensíveis à margem de escoamento e às definições estratégicas do Governo federal para o sistema de transmissão e distribuição.

Como se sabe, a LP aprova a viabilidade ambiental do empreendimento, mas não autoriza qualquer ato interventivo na área licenciada. Além disso, apenas após a sua concessão pelos órgãos licenciadores é que se terá garantida a viabilidade financeira do empreendimento com a comercialização da energia produzida e a definição do encaminhamento da energia ao ponto de conexão elétrica.

Assim, fica demonstrado que a segregação dos licenciamentos prévio (LP) e de instalação (LI) torna-se plausível. Muitas vezes, quando do início de implantação de um parque eólico, a situação fundiária e, principalmente, a existência de margem para conexão da energia transmitida pelas linhas de distribuição existentes, já se alterou, dada a dinâmica e as diretrizes distintas entre os setores de transmissão e geração – que têm leilões distintos.

Some-se a isso o fato de que na fase de LP o empreendimento ainda conta com um projeto básico, que deverá ser refinado posteriormente e apresentado junto ao pedido de LI. Estabelecer na fase prévia o licenciamento conjunto (de empreendimentos eólicos com seus sistemas associados) seria forçar um retrabalho, indo na contramão da eficiência, pois é comum no detalhamento dos projetos ocorrerem modificações executivas capazes de alterar totalmente a localização das subestações coletoras e do traçado da linha de transmissão.

Há dificuldades operacionais e regulatórias em se definir o ponto de conexão do empreendimento na LP. Dado o dinamismo do setor elétrico, a definição da subestação onde o projeto irá se conectar não é um processo simples. A subestação geograficamente mais próxima ao projeto nem sempre é alternativa mais viável, devido a fatores como a entrada de novos acessantes no sistema, a alteração de cronogramas de implantação de linhas de transmissão, a realização de novos leilões de energia pela Aneel e a mudança na estratégia de implantação do empreendimento.

É nesse sentido, por exemplo, que a legislação regulatória prevê a possibilidade de alteração de características técnicas nos projetos – o que é muito comum no setor. Vejamos, por exemplo, o art. 15 da Portaria nº 222/2019 do Ministério de Minas e Energias, que trata das diretrizes do Leilão A-6 de 2019:

> Art. 15. Os empreendedores poderão modificar as características técnicas do empreendimento após a sua outorga, desde que as mudanças não comprometam o quantitativo de lotes negociados pelo respectivo empreendimento, observando- se ainda o disposto na Portaria MME nº 481, de 26 de novembro de 2018.

Outros dispositivos também preveem, especificamente, a possibilidade de alteração do ponto de conexão que, em consequência, exigem que as respectivas linhas de transmissão de interesse exclusivo também sejam alteradas em suas características. Vejamos, por exemplo, o art. 3º da Portaria nº 444/2016 do Ministério de Minas e Energias, que dispõe sobre Diretrizes gerais para definição de capacidade remanescente do Sistema Interligado Nacional - SIN para escoamento de geração de energia elétrica proveniente de leilões de energia nova, de fontes alternativas e de energia de reserva:

> Art. 3º (...)
>
> § 8º Para fins de participação no Leilão, o empreendedor poderá, por sua conta e risco, alterar junto à EPE a informação quanto ao ponto de conexão do empreendimento de geração ao SIN indicado no ato do Cadastramento, no prazo de cinco dias, contado da data de publicação da Nota Técnica de Quantitativos da Capacidade Remanescente do SIN para Escoamento de Geração.
>
> § 9º A alteração da informação quanto ao ponto de conexão do empreendimento de geração ao SIN, prevista no § 8º, estará limitada à substituição do ponto de conexão ao SIN indicado no ato do Cadastramento, por um dos pontos de conexão para os quais tenha sido publicada a capacidade remanescente para escoamento, elencados na Nota Técnica de Quantitativos da Capacidade Remanescente do SIN para Escoamento de Geração.

Destaca-se que o objetivo da regra prevista no art. 14 da Resolução Conama nº 462/2014 pode ser atendido levando em consideração que o licenciamento é trifásico (LP, LI e LO).

Vale ressaltar, por fim, que a separação de análise ambiental entre as linhas de transmissão e os empreendimentos eólicos é uma prática recorrente nos órgãos ambientais estaduais, que vêm lidando com o licenciamento de empreendimentos da mesma natureza. No Rio Grande do Norte, o licenciamento ambiental de linhas de transmissão, subestação e acessos externos é taxativamente exigido de forma separada; na Bahia, o Decreto estadual nº 14.024 (art. 150-A) dispõe que os projetos de linhas de transmissão ou de distribuição de energia elétrica não estão sujeitos à Licença de Operação (LO), devendo ser informado ao órgão ambiental o início de suas operações.

Assim, como se observa, mesmo após o cadastramento em um determinado leilão, onde as características dos empreendimentos devem estar definidas (e lançadas no Sistema de Acompanhamento de Empreendimentos Geradores de Energia Elétrica - Aege), a legislação permite expressamente que os pontos de conexão sejam alterados, no caso por restrições elétricas, o que determinará a modificação das respectivas linhas de transmissão de interesse restrito.

Logo, percebe-se que a definição da subestação e, consequentemente, a linha de transmissão que interliga o projeto a ela pode se alterar significativamente desde o início dos projetos até o início das obras de implementação.

Além disso, os procedimentos estabelecidos pelo Operador Nacional do Sistema (ONS) em relação ao processo de Acesso de Central Geradora (ACR), indicam que a definição e autorização do local de conexão de determinado empreendimento ocorrem somente após a realização do leilão de energia pela Empresa de Pesquisa Energética (EPE), quando se terá a real confirmação dos empreendimentos de geração a serem implantados, ressaltando-se, neste sentido, que é obrigatória a apresentação da LP da unidade geradora anteriormente à participação no leilão. Em outras palavras: a definição e autorização do local de conexão de determinado empreendimento ocorrem somente após a realização do leilão de energia pela Empresa de Pesquisa Energética (EPE), quando se terá a real confirmação dos empreendimentos de geração a serem implantados, ressaltando-se, neste sentido, que é obrigatória a apresentação da LP da unidade geradora anteriormente à participação no leilão.

Do ponto de vista ambiental e regulatório, entende-se que a legislação permite o licenciamento da linha de transmissão na próxima fase do licenciamento ambiental do empreendimento eólico (na LI). O Decreto nº 8.437/2015 estabelece a necessidade do licenciamento de forma conjunta, porém não especificando em qual etapa do processo licenciatório. Da mesma forma, a Resolução Conama nº 462/2014 não será prejudicada na hipótese de inclusão da linha de transmissão na fase de LI do empreendimento eólico, desde que garantida a avaliação conjunta de impactos ambientais em relação ao empreendimento licenciado, incluindo análise de sinergia e cumulatividade de impactos.

Vale ressaltar, ainda, que esta questão não tem sido obstáculo para os processos de licenciamento ambiental de projetos eólicos junto aos Estados. Isto é, a separação dos processos de licenciamento ambiental dos empreendimentos eólicos e seus sistemas associados é prática corrente nos órgãos ambientais estaduais.

Diante de tudo quanto exposto, uma interpretação equivocadamente restritiva da redação do art. 14 da Resolução Conama nº 462/2014 poderá inviabilizar o desenvolvimento de novos empreendimentos e a participação de parques eólicos nos leilões regulados realizados pelo poder concedente, haja vista que as regras dos leilões exigem que as licenças ambientais sejam compatíveis com as características técnicas do empreendimento, o que não será possível caso seja mantida a exigência dos órgãos licenciadores e a conexão venha a ter que ser alterada em função de restrições técnicas.

4. Conclusões

A Resolução Conama nº 462/2014 representou um avanço importante no marco regulatório do setor de geração de energia elétrica a partir de fontes eólicas.

Contudo, a redação do art. 14, que trata do licenciamento ambiental de empreendimentos eólicos e seus sistemas associados, foi aprovada com alterações que, se interpretadas de forma restritiva, podem gerar consequências negativas para o setor elétrico e para o país.

Devido ao dinamismo inerente ao setor e à complexidade dos fatores que envolvem a sua operacionalidade, é preciso conferir interpretação razoável e sistêmica ao referido dispositivo, para que não se inviabilize o desenvolvimento de novos empreendimentos eólicos e a sua participação nos próximos leilões.

A primeira leitura que se faz do dispositivo conduz à interpretação que exige o licenciamento ambiental de empreendimentos eólicos e seus sistemas associados de forma conjunta na fase preliminar, isto é, na LP.

No entanto, não se pode desconsiderar a hipótese de que os sistemas associados possam ser licenciados na fase seguinte do processo, ou seja, na LI, desde que mantida a competência no mesmo órgão licenciador. Como discutido neste artigo, não há vedação na legislação regulatória e nem na própria Resolução Conama em comento neste sentido.

PROGRAMA DE CONVERSÃO DE MULTAS DO IBAMA E O SETOR ELÉTRICO

Juliana Bruschi Martins[1]

1. Histórico

Em 2017, com ampla publicidade, o Instituto Brasileiro do Meio Ambiente e Recursos Naturais Renováveis ("IBAMA") lançou novas diretrizes para regulamentar a conversão de multas aplicadas pelos órgãos do Sistema Nacional do Meio Ambiente ("SISNAMA") em serviços voltados à preservação, melhoria e recuperação da qualidade ambiental ("Programa de Conversão de Multas" ou "Programa").

Apesar da aparente novidade, a conversão de multas ambientais já estava prevista desde o lançamento da Lei de Crimes Ambientais (Lei Federal nº 9.605/1998), com outras diretrizes e com pouca ou quase nenhuma divulgação para os autuados. Muito embora não se trate de uma inovação, muitos ambientalistas receberam as novas diretrizes do Programa como uma anistia para grandes poluidores, traçando severas críticas.

Para o IBAMA, o principal objetivo ao renovar as regras do Programa é arrecadatório, uma vez que, conforme divulgado pela mídia, apenas 5% das multas lavradas são efetivamente pagas[2]. O segundo objetivo do IBAMA ao renovar o Programa é permitir a destinação dos recursos angariados para atividades voltadas para a conservação do meio ambiente.

Nos termos do Decreto Federal 9.179/2017, o aperfeiçoamento do Programa teve como principal inovação a possibilidade de conversão das multas

[1] Advogada. MBA em Direito Empresarial pela FGV. MBA em Gestão Empresarial pela FGV. Graduação em Direito pela UNESP. Advogada na Interligação Elétrica do Madeira S.A.

[2] Dado obtido no site do Instituto Minere.

ambientais em duas modalidades, direta e indireta, com descontos de 35% e 60% da multa consolidada, respectivamente. Na primeira modalidade (conversão direta), o serviço ambiental será executado pelo próprio autuado, conforme projeto apresentado por ele. Na segunda modalidade (conversão indireta), o serviço ambiental será executado por terceiro, conforme projeto previamente selecionado pelo IBAMA através de chamamento público e escolhido pelo autuado através da adesão a "cotas" daquele projeto.

O IBAMA, desde então, tem se esforçado para divulgar amplamente seu Programa, primeiramente entre agentes do terceiro setor, que teriam capacidade técnica para executar os serviços ambientais, depois entre empresas que possuem autuações e que teriam interesse na adesão ao Programa na modalidade indireta.

Conforme diretrizes do Programa lançadas pelo IBAMA para o biênio 2019-2020, o principal objetivo dos serviços ambientais a serem executados com os fundos arrecadados com a conversão de multas está voltado para a recuperação de áreas de nascentes e de recarga de aquíferos, em bacias hidrográficas que já enfrentam grave crise hídrica, em especial, as Bacias do Rio São Francisco e do Rio Parnaíba.

Para a escolha dos projetos, foram lançados dois Chamamentos Públicos, sendo que, no primeiro chamamento, foram pré-selecionados 22 projetos voltados para serviços ambientais na Bacia do Rio São Francisco e 22 projetos para serviços ambientais voltados para a Bacia do Rio Parnaíba. Para o segundo Chamamento Público aberto pelo IBAMA, o objetivo foi direcionado para a recuperação da Mata Atlântica no Estado de Santa Catarina[3].

No entanto, em 2019, com a entrada do novo governo e novos dirigentes no IBAMA, houve nova mudança das regras do Programa de Conversão de Multas, conforme Decreto Federal 9.760/2019. Apesar do receio de muitos, o Programa continua válido, porém sofreu sensíveis mudanças[4].

---

3 Informações sobre as reuniões realizadas com o terceiro setor, interessados na adesão ao Programa, bem como informações sobre os chamamentos públicos estão disponíveis no site do IBAMA em <https://www.ibama.gov.br/conversao-multas-ambientais>.

4 Márcio Pereira alerta que "apesar da inovação trazida pelo Decreto nº 9.760/2019, alguns questionam a sua legalidade e defendem que se trata de uma anistia aos infratores ambientais. Neste contexto, o partido Rede Sustentabilidade ajuizou a arguição de descumprimento de preceito fundamental 592 em face do Decreto nº 9.760/2019, alegando que não cabe aos órgãos de fiscalização ambiental renunciar ao poder de polícia ambiental por

2. Novas Diretrizes dadas pelo Decreto Federal 9.760/2019

2.1. Introdução do Instituto da Conciliação para os Processos Sancionadores Ambientais

A principal novidade do Programa, introduzido pelo Decreto Federal 9.760/2019, foi a introdução do instituto da conciliação nos processos sancionadores ambientais. A exemplo das mudanças introduzidas no Código de Processo Civil, ao receber o Auto de Infração, o autuado será chamado a comparecer em audiência de conciliação ambiental, previamente agendada (art. 97-A).

Somente após a realização da audiência (e caso esta não seja frutífera), o prazo de vinte dias para apresentação de defesa passa a fluir (art. 113). Caso o autuado não compareça à audiência, o prazo para a apresentação de defesa também começará a fluir.

Outra inovação introduzida é a possibilidade de recebimento do Auto de Infração por meio eletrônico, desde que haja concordância do autuado e tecnologia compatível (art. 96, § 4º). De igual forma, a audiência também poderá ser feita por meio eletrônico (art. 98-B, §5º). Tais medidas visam diminuir custo e trazer mais celeridade para o moroso processo administrativo.

O Núcleo de Conciliação será composto por dois servidores efetivos, sendo um deles integrante do órgão responsável pela lavratura do auto de infração. No entanto, tal servidor não poderá presidir a sessão. O Núcleo de Conciliação foi regulamentado pela Portaria Conjunta nº 1/2019, mas, apesar da previsão legal de que os termos de conciliação devem ser divulgados no site do órgão sancionador, ainda não há nenhum termo disponível, o que leva a crer que o Núcleo de Conciliação ainda não foi efetivamente instalado.

O Núcleo de Conciliação terá como função principal analisar eventuais vícios do Auto de Infração, após a manifestação da Procuradoria, podendo

opção do poluidor, sendo que a conciliação ou transação seria possível somente se autorizada por lei. Além disso, o Projeto de Decreto Legislativo nº 114/2019, em tramitação na Câmara dos Deputados, visa sustar o Decreto nº 9.760/2014 sob a justificativa de que a Lei de Crimes Ambientais (Lei nº 9.605/1998) não prevê o instituto da conciliação ambiental criada pelo Decreto e de que a proibição de o servidor da entidade que lavrou o auto de infração presidir o NUCAM configuraria uma situação de comprometimento da autonomia da referida entidade". (PEREIRA et al, on-line)

convalidá-lo ou anulá-lo. Também será função do Núcleo de Conciliação decidir sobre questões de ordem pública, como prescrição, por exemplo[5].

Uma importante função atribuída ao Núcleo de Conciliação é a análise das medidas administrativas impostas contra o autuado juntamente com o auto de infração, previstas no art. 101, do Decreto Federal 6.514/2008. Desta forma, caberá ao Núcleo de Conciliação analisar eventual pedido de desembargo de área ou liberação de equipamentos apreendidos na prática de ilícitos ambientais, o que poderá trazer benefícios aos administrados, caso as audiências de conciliação sejam marcadas em prazo razoável e haja razoabilidade entre os integrantes do Núcleo no julgamento de tais pedidos.

Um parêntese deve ser feito sobre a questão da apreensão de bens: conforme inovação trazida pelo Decreto 9.760/2019, há clara indicação que "a apreensão de produtos, subprodutos, instrumentos, petrechos e veículos de qualquer natureza de que trata o caput independe de sua fabricação ou utilização exclusiva para a prática de atividades ilícitas" (art. 98-D, § único). Desta forma, o órgão sancionador não precisará mais demonstrar que os bens apreendidos são destinados para o cometimento de infrações ambientais para manutenção da apreensão dos bens ou produtos.

Tal dispositivo legal está em consonância com a novel decisão exarada no AResp 1084396[6], do Superior Tribunal de Justiça, que mudou o entendi-

---

[5] Eduardo de Campos Ferreira recebe com certa desconfiança a criação do Núcleo de Conciliação, em função do difícil diálogo com os órgãos ambientais. Conforme suas palavras, "é notório que a audiência de conciliação pode ser uma etapa produtiva e esclarecedora para o processo administrativo, tendo em vista que as questões ambientais são bastante complexas. Aliás, interessante aguardar o funcionamento do NCA para verificar sua efetividade, inclusive pela atribuição de competências para cancelamento de autuações por nulidade e de convalidação de autos de infração, quando apresentarem vícios sanáveis". (FERREIRA et al, on-line)

[6] Importante destacar alguns trechos do mencionado acórdão do STJ, de relatoria do Ministro Og Fernandes: "2. Os arts. 25 e 72, IV, da Lei n. 9.605/1998 estabelecem como efeito imediato da infração a apreensão dos bens e instrumentos utilizados na prática do ilícito ambiental. A exigência de requisito não expressamente previsto na legislação de regência para a aplicação dessas sanções compromete a eficácia dissuasória inerente à medida, consistindo em incentivo, sob a perspectiva da teoria econômica do crime, às condutas lesivas ao meio ambiente.

3. Ademais, exigir que a autoridade ambiental comprove que o veículo é utilizado específica, exclusiva, reiterada ou rotineiramente para a prática de delito ambiental caracteriza verdadeira prova diabólica, tornando letra morta a legislação que ampara a atividade fiscalizatória". (STJ – 2ª Turma - AResp 1.084.396/ RO – Relator: Ministro Og Fernandes – Publicação: 18/10/2019)

mento jurisprudencial consolidado até então. Conforme tal decisão, a comprovação de uso exclusivo de materiais e equipamentos para crimes ambientais tratar-se-ia de prova diabólica para a administração pública e seria contra os princípios de proteção ambiental, sendo válida a apreensão de bens flagrados em crimes ambientais, ainda que não usados reiteradamente e exclusivamente para atividades ilícitas.

O Núcleo de Conciliação também será responsável por apresentar as alternativas legais possíveis para o Auto de Infração, tais como o desconto para pagamento, o parcelamento e a conversão da multa em serviços de preservação, melhoria e recuperação da qualidade do meio ambiente.

Uma vez manifestado o interesse em conciliar, o autuado, além de indicar a solução legal escolhida, também deverá desistir de eventual recurso administrativo ou judicial e de quaisquer direitos que possam basear tais impugnações, se comprometendo a protocolar o pedido de desistência na esfera judicial em até 15 dias após a realização da conciliação.

Deve-se atentar que a conciliação ambiental também não excluirá o dever de reparar o dano ambiental causado (art. 98-C, §2º), reforçando a ideia da responsabilidade ambiental tripla (administrativa, cível e penal).

Por fim, deve-se ressaltar que, em casos excepcionais, poderá ser dispensada a audiência de conciliação, sendo que tal dispositivo ainda está pendente de regulamentação.

2.2. Novas Regras para o Programa de Conversão de Multas

Nos termos do art. 139, parágrafo único, do Decreto 9.760/2019, as multas simples podem ser convertidas em serviços de preservação, melhoria e recuperação da qualidade do meio ambiente, excetuadas as multas decorrentes de infrações ambientais que tenham provocado mortes humanas[7].

---

[7] Essa exceção é uma clara alusão aos acidentes ambientais que envolveram recentemente o rompimento das barragens de rejeitos de minério. A IN 006/2018, no parágrafo único do artigo 10, ainda traz as seguintes hipóteses adicionais de indeferimento do pedido de conversão: (i) o autuado constar no cadastro oficial de empregadores que tenham submetido trabalhadores a condições análogas às de escravo; (ii) no ato de fiscalização forem constatados indícios de que o autuado explore trabalho infantil; (iii) a infração for praticada mediante o emprego de métodos cruéis para abate ou captura de animais; (iv) a infração for praticada por agente público no exercício do cargo ou função; (v) essa medida se mostrar inapta a cumprir com a função de desincentivo à prática de infrações ambientais; (vi) o serviço ambiental proposto pelo autuado na conversão direta se mostrar incompatível com

Conforme momento processual da solicitação do pedido de conversão, haverá o escalonamento do desconto sobre a multa consolidada, a saber: (i) se aderido na audiência de conciliação - 60% de desconto; (ii) se aderido até a decisão de primeira instância – 50% de desconto; (iii) se aderido até a decisão de segunda instância – 40% de desconto.

Neste sentido, conforme novas diretrizes do Programa, sua adesão pode ocorrer em qualquer fase processual, sendo que a primeira oportunidade de adesão ocorrerá por ocasião da audiência de conciliação. De igual forma, o desconto concedido não depende mais da modalidade de conversão escolhida, mas da fase processual em que ocorre a escolha da adesão ao Programa.

Outra alteração inserida pelo Decreto 9.760/2019 está no âmbito da escolha da modalidade da conversão. As modalidades de conversão direta e indireta ainda permanecem válidas, mas sua escolha agora cabe à administração pública, sendo que a modalidade indireta somente será cabível se os procedimentos operacionais necessários para esse fim estiverem consolidados. Os recursos advindos do Programa serão aplicados prioritariamente no Estado onde ocorreu a infração (art. 142-A, §3º).

O pedido de conversão de multa será julgado pelo Núcleo de Conciliação, autoridade julgadora ou autoridade superior, a depender do estágio em que se encontra o processo. No entanto, o deferimento do pedido está no âmbito da discricionariedade da autoridade ambiental, que considerará as peculiaridades do caso concreto, os antecedentes do infrator e o efeito dissuasório da multa ambiental, conforme art. 145, §1º[8].

Caso o pedido de conversão seja julgado improcedente, caberá recurso à autoridade julgadora (se a decisão advir do Núcleo de Conciliação) ou à autoridade superior (se a decisão advir da autoridade julgadora).

---

o PNCMI ou o PECMI; ou (vii) quando o autuado deixa de atender, em prazo predefinido, à determinação da autoridade julgadora para que sejam procedidas complementações ou ajustes no projeto apresentado, inclusive com o propósito de adequá-lo ao valor consolidado da multa a ser convertida. Não há indicação de revogação destas condições para deferimento do pedido de conversão.

[8] Alexandre Burmann defende que, muito embora a norma fale em ato discricionário, o deferimento é direito subjetivo do administrado. Conforme seu entendimento, "mantemos o posicionamento de que a conversão da multa simples em serviços ambientais é direito subjetivo do autuado: sendo este cumpridor de todos os requisitos e não existindo óbice legal, não pode ter seu direito ceifado pelo órgão ambiental". (BURMANN, on-line)

2.3. Regras de Transição

Para aqueles que solicitaram a adesão ao Programa de Conversão de Multas sob a égide do Decreto 9.179/2017, houve o estabelecimento de regras de transição.

Nos termos do art. 98-D, do Decreto nº 9.760/2019, para aqueles que não optaram pela adesão ao Programa na vigência do Decreto 9.179/2017, tal pedido poderá ser feito eletronicamente, observados os descontos previstos para cada fase do processo administrativo, nos termos do art. 143, §2º.

Para aqueles que fizeram a adesão ao Programa na vigência do Decreto 9.179/2017, haverá necessidade de: (i) readequação do pedido, no prazo de 90 dias a contar de 08 de outubro de 2019, sendo garantido o desconto de 60%; ou (ii) desistência do pedido de conversão, mas ainda com opção pelo desconto de 30% para pagamento à vista (art. 113, §2º) ou parcelamento do auto de infração.

Deve-se destacar que o Decreto 9.760/2019 é lacônico sobre quais são os requisitos para a readequação do pedido de conversão, sendo prudente, para aqueles que fizerem a readequação, a observância dos requisitos do art. 98-C, IV, a saber: (i) indicação da solução legal (no caso, o pedido de conversão da multa em serviços ambientais); (ii) a desistência de qualquer impugnação administrativa ou judicial e renúncia a qualquer direito que fundamente tal impugnação.

2.4. Pontos de Atenção sobre o Programa de Conversão de Multa

Apesar de não discorrer sobre o tema, é importante verificar que o Decreto 9.760/2019 nada tratou sobre a questão da reincidência, sendo que também não está claro como o Núcleo de Conciliação tratará tal assunto em audiência.

Para aqueles que desejam conciliar e aderir às modalidades propostas pelo Núcleo de Conciliação, incluindo adesão ao Programa, que tem o percentual de desconto sobre a multa aplicada mais atrativo (60%), deve ser observado que não estão afastados os efeitos da reincidência previstos no art. 11, do Decreto 6.514/2008[9].

---

[9] Alexandre Burmann alerta que "desde já deve ficar claro que qualquer das opções assumidas pelo infrator junto ao NCA não acabarão por encerrar o processo, como supostamente se pretende. Isso porque o auto de infração, quando pago, parcelado ou convertido em serviços ambientais, deverá ser obrigatoriamente julgado. Poderá ser um julgamento formal ou mesmo realizado a título declaratório, mas obrigatório – pois somente o julgamento

Desta forma, para aqueles que desejam aderir ao Programa, é importante avaliar o impacto que a adesão trará para autuações futuras, em função da regra de aumento do valor da autuação por reincidência (aplicação de multa em triplo para o caso de reincidência específica e em dobro para reincidência em infração distinta).

Um dos principais pontos de insegurança no Programa se encontra no fato de que a quitação do auto de infração somente se dará ao final da realização do projeto para o qual o recurso foi destinado, ficando o processo administrativo suspenso até o recebimento do projeto pelo IBAMA.

Para o caso da modalidade indireta, como a execução é confiada a terceiro, o autuado corria o risco de cumprir com suas obrigações, disponibilizando o recurso, mas não obter a quitação ao final, por culpa do terceiro executor do projeto. Coube à recém-publicada Medida Provisória nº 900/2019 dirimir tal questão, trazendo mais segurança aos administrados sobre esse ponto.

Essa medida provisória, além de autorizar a União, por intermédio do Ministério do Meio Ambiente, a contratar instituição financeira para criar e gerir fundo privado constituído por recursos decorrentes da conversão de multa, também determinou que "o aporte integral do valor fixado pela autoridade competente, no fundo de que trata esta Medida Provisória, desonera o autuado contemplado com a conversão de multa ambiental de qualquer responsabilidade relacionada aos serviços a serem executados" (art. 3º).

Outro ponto importante é que a adesão ao Programa não afasta a responsabilidade civil e penal, conforme já dito anteriormente. Como o autuado, na conciliação, deverá renunciar quaisquer alegações de direito, os efeitos desta renúncia devem ser analisados nas outras esferas da responsabilidade ambiental, conforme caso concreto.

3. Programa de Conversão de Multas e o Setor Elétrico

Devido às características do setor elétrico, houve o surgimento de diversas sociedades de propósito específico ("SPE"), criadas unicamente para im-

do auto de infração gerará os efeitos da reincidência (artigo 11 c/c 124 do Decreto federal 6.514/08), como já alteraram outros especialistas da área". (BURMANN, on-line)

plantar determinados empreendimentos licitados pela União ou para participar de determinados leilões de energia[10].

De forma genérica, a rotina ambiental de uma SPE do setor elétrico possui duas fases marcantes: (i) uma fase pré-operacional, em que está concentrada grande parte das intercorrências ambientais, decorrentes da construção do empreendimento; (ii) uma fase operacional, com poucas intercorrências ambientais, marcada somente pela gestão das condicionantes ambientais remanescentes.

Diante de tais características, é relativamente comum que as SPE do setor elétrico recebam autuações durante a fase da licença de implantação, por descumprimento de suas condicionantes, mas tenham uma vida operacional livre de autuações ambientais.

Considerando que um dos requisitos para estabelecimento da multa ambiental acima do patamar mínimo definido em lei recaí sobre a receita bruta do autuado (Quadros nº 2 a 4 da IN 10/2012) e que a maioria das SPE do setor elétrico se enquadram como "empresa de grande porte", nos termos da IN 10/2012, as multas aplicadas às SPE do setor elétrico, em geral, possuem valor substancial, criando um grande passivo financeiro-ambiental.

Para SPE que tenham um grande passivo financeiro-ambiental, o Programa de Conversão de Multa se torna uma ótima opção para resolução de tal contingência, em especial, se analisado o atrativo desconto de até 60% sobre o valor da multa consolidada. Ademais, como o valor das autuações será revertido para serviços ambientais, é uma forma de contribuir para a criação de uma imagem positiva da SPE perante seus *stakeholders*[11].

---

[10] José Coimbra explica que "os leilões da Agência Nacional de Energia Elétrica - ANEEL, para o segmento de geração no período de 2004 a 2016, contemplam nos seus editais a participação de empresas isoladamente ou reunidas em Consórcio. A constituição de SPE era uma opção e a partir do leilão 008/2015 tornou-se uma obrigação. Para o segmento de transmissão é obrigatória a formação de SPE". (COIMBRA, on-line)

[11] Talden Farias, em entrevista para o Nexo Jornal, complementa que "para o interessado, a vantagem é a obtenção do desconto. Para o órgão ambiental, a vantagem é abreviar a discussão na esfera administrativa e evitar a discussão judicial, o que costuma levar anos e gerar bastante despesa para a administração pública — muitas vezes sem nenhuma efetividade, uma vez que grande parte dos débitos não são pagos. E, para a coletividade, a vantagem é a utilização desse dinheiro em projetos ambientais de interesse coletivo, sendo importante destacar que o interessado não poderá destinar a verba para o dano objeto do auto de infração, posto que a obrigação de fazer a recuperação independe de qualquer outra coisa". (FARIAS apud VICK, on-line)

No entanto, muitos especialistas não recomendam a adesão ao Programa, considerando os seguintes pontos:

a) **A adesão ao Programa implica em reincidência** - Considerando que a adesão ao Programa implica em renúncia a eventual direito de defesa, bem como implica em julgamento do processo administrativo, os efeitos da reincidência serão aplicáveis para autuações futuras. Caso os argumentos de defesa ao auto de infração lavrado forem baseados somente em dosimetria da pena aplicada, o desconto concedido pelo Programa pode ser mais atrativo do que eventual êxito obtido no julgamento da defesa apresentada no auto de infração, em especial, se observado que a reincidência será inevitável em ambos os casos (adesão ao Programa ou julgamento da defesa).

b) **A adesão ao Programa não afasta as responsabilidades civil e penal ambiental** - Conforme já dito anteriormente, a adesão ao Programa não afasta as responsabilidades civil e penal decorrentes do ilícito ambiental. De igual forma, como é requisito para a adesão ao Programa a desistência das alegações que fundem os recursos administrativos ou ações judiciais, deve ser avaliado se tal desistência não trará maiores implicações para as esferas civil e penal, diante das peculiaridades do caso concreto. Para as SPE do setor elétrico, como muitas das vezes os autos de infração têm como fundamento somente o descumprimento de condicionantes da licença de instalação, que podem não trazer danos ao meio ambiente (como a realização de atividades em áreas já antropizadas) ou situações em que os danos são reparados no decorrer do próprio curso do licenciamento ambiental, a questão da responsabilização civil, por si só, não pode ser um empecilho para a adesão ao Programa.

c) **O pagamento à vista também implica em desconto sobre o valor consolidado da multa em 30%** - Para as SPE do setor elétrico, em que as autuações facilmente atingem patamares milionários, sob o ponto de vista financeiro, a diferença entre os descontos dados para pagamento à vista e os descontos dados para a adesão ao Programa torna-se significativa. Muito embora o pagamento à vista seja uma alternativa mais "fácil", em especial, se considerado que o Programa de Conversão de Multas ainda é uma novidade, cujos desdobramentos ainda são desconhecidos, o benefício financeiro trazido pelo Programa pode compensar tal risco[12].

---

[12] Eduardo de Campos Ferreira destaca que "a criação do NCA gera grande expectativa para os operadores do Direito Ambiental. Contudo, é certo que ainda existem temas de extrema importância que precisam ser melhor definidos e debatidos, para o efetivo encerramento

3. Conclusão

O Programa de Conversão de Multa ainda é recente, sendo que somente a prática demonstrará se os esforços para implementação do Programa trarão resultados positivos para os administrados e para o meio ambiente.

Para as SPE do setor elétrico que eventualmente carreguem uma contingência significativa em multas ambientais, a adesão ao Programa deve ser considerada como uma alternativa bastante atrativa para resolução do passivo, com descontos significativos, com o diferencial de ainda contribuir para a conservação do meio ambiente e com possibilidade de melhoria da imagem da SPE perante seus *stakeholders*.

A escolha pela adesão ao Programa não é simples, em especial, se verificada todas as consequências que envolvem tal decisão. No entanto, uma análise apurada e realista das chances de êxito das defesas administrativas e consequências para as demais esferas de responsabilidade ambiental, se comparados com os benefícios econômicos trazidos pela adesão ao Programa, poderão trazer o conforto que a SPE necessita para fazer a melhor escolha para resolução de seu passivo ambiental.

4. Referências Bibliográficas

BURMANN, Alexandre. A conversão das multas em serviços ambientais e as mudanças dos decretos. **Revista Consultor Jurídico**, São Paulo, 27 jan. 2018. Disponível em: https://www.conjur.com.br/2018-jan-27/alexandre-burmann-conversao-multas-servicos-ambientais. Acesso em: 10 out. 2019.

BURMANN, Alexandre. Uma análise do Decreto 6.514/08, que altera regras para multas ambientais. **Revista Consultor Jurídico**, São Paulo, 01 jun. 2019. Disponível em: https://www.conjur.com.br/2019-jun-01/alexandre-burmann-analise-decreto-multas-ambientais. Acesso em: 10 out. 2019.

COIMBRA, José. Eletrobrás – Melhorias na Governança e Gestão de Negócios em SPE. **Fundação Getúlio Vargas**, Rio de Janeiro, nov. 2018. Caderno Opinião. Disponível em: https://fgvenergia.fgv.br/sites/fgvenergia.fgv.br/files/coluna_opiniao_novembro_-_eletrobras_-_jose.pdf. Acesso em: 29 out. 2019.

e diminuição dos processos administrativos ambientais. É de se acompanhar de perto o funcionamento do NCA para verificar a efetividade de proposta de conciliação na esfera administrativa ambiental". (FERREIRA et al, on-line)

FERREIRA, Eduardo de Campos; BRANCO, Carolina de Almeida Castelo. O Decreto Federal nº 9.760 e a criação do Núcleo de Conciliação Ambiental. **Revista Consultor Jurídico**, São Paulo, 08 set. 2019. Disponível em: https://www.conjur.com.br/2019-set-08/opiniao-vantagens-desvantagens-nucleo-conciliacao-ambiental. Acesso em: 11 out. 2019.

IBAMA. Conversão de multas do Ibama em serviços ambientais. **Ministério do Meio Ambiente**, Brasília, 21 fev. 2018. Disponível em: https://www.ibama.gov.br/conversao-multas-ambientais. Acesso em: 11 out. 2019.

INSTITUTO MINERE. Multas Ambientais: O que muda com o novo decreto?. **Instituto Minere**, Belo Horizonte, 15 abr. 2019. Disponível em: https://institutominere.com.br/blog/multas-ambientais-o-que-muda-com-o-novo-decreto. Acesso em: 11 out. 2019.

PEREIRA, Márcio; MACIEL, Marina da Silva Pinto. Conciliação para Resolução de Infrações Ambientais. **Barbosa Müssnich Aragão**, Brasília, 26 set. 2019. Disponível em: https://www.bmalaw.com.br/conteudo/blog/conciliacao-para-resolucao-de-infracoes-ambientais. Acesso em: 01 nov. 2019.

VICK, Mariana. O que muda com o decreto de Bolsonaro sobre multas ambientais. **Nexo Jornal**, São Paulo, 14 abr. 2019. Disponível em: https://www.nexojornal.com.br/expresso/2019/04/14/O-que-muda-com-o-decreto-de-Bolsonaro-sobre-multas-ambientais. Acesso em: 22 out. 2019.

DIREITO AMBIENTAL E SUA APLICABILIDADE NO SETOR ELÉTRICO (ODS 7 - ENERGIA ACESSÍVEL E LIMPA)

Lucíola Maria de Aquino Cabral[1]

1. Introdução

O tema deste trabalho - Direito Ambiental E Sua Aplicabilidade No Setor Elétrico - está relacionado ao direito ao desenvolvimento sustentável previsto no art. 3º da Constituição de 1988.

O princípio do desenvolvimento sustentável, afirmado pela Declaração sobre o Direito ao Desenvolvimento, de 1986, ordena que o meio ambiente e o desenvolvimento sejam enfocados conjuntamente, vez que estes são indivisíveis e afetos ao interesse comum da humanidade.[2] Além disto, requerem sejam atendidas necessidades básicas tais como alimentação, saúde, moradia, educação, um meio ambiente sadio, além da liberdade e da segurança das pessoas.[3] Não há dúvida de que o princípio do desenvolvimento sustentável influenciou o legislador constituinte de 1988. Essa influência pode ser mais claramente percebida nas normas dos artigos 170, 182 e 225 do texto constitucional.

Assegurar o atendimento das necessidades dos cidadãos no tocante à qualidade de vida, à justiça social e ao desenvolvimento de atividades econômicas constitui objetivo do direito ao desenvolvimento.

---

1 Procuradora do Município de Fortaleza. Doutora e Mestre em Direito Constitucional pela Universidade de Fortaleza. Doutora em Ciências Juridicas y Sociales – Universidad Del Museo Social Argentino - UMSA. Pós-Graduação em Direito Público pela Universidade Federal do Ceará - UFC. Graduação em Direito pela Universidade de Fortaleza.

2 CANÇADO TRINDADE. Antônio Augusto. Direitos Humanos e Meio Ambiente: paralelo dos sistemas de proteção internacional. Porto Alegre: Sérgio Fabris Editor, 1993, p. 165-166.

3 CANÇADO TRINDADE, Antônio Augusto. Ob. cit., p. 178-179.

Todavia, como assevera Silva, toda obra humana produz um impacto no meio ambiente.[4] Nesta perspectiva, é necessário considerar que o direito ao desenvolvimento com sustentabilidade dependerá também da construção de uma infraestrutura adequada para que a população das localidades tenha condições de vida digna.

De forma mais detalhada, o art. 2º do Estatuto da Cidade dispõe que a política urbana tem por objetivo ordenar o pleno desenvolvimento das funções sociais da cidade e da propriedade urbana, em conformidade com as diretrizes arroladas em seus incisos.

Evidencia-se, por conseguinte, que as diretrizes estabelecidas para uma política urbana eficiente deverão considerar aspectos relacionados ao uso dos recursos naturais, ao adequado ordenamento territorial e políticas econômicas locais, considerando-se que grande parte dos problemas ambientais, urbanísticos e sociais desenvolvem-se na esfera local, para onde convergem mais imediatamente as necessidades da população em termos de serviços públicos como habitação, saúde, educação, saneamento, transporte, assistência à pobreza, meio ambiente e planejamento urbano.

Por outro lado, o direito fundamental ao meio ambiente ecologicamente equilibrado, conforme previsto no art. 225, da Constituição Federal brasileira de 1988, decorrente da cláusula de abertura consubstanciada no §2º, art. 5º, da Carta da República, é um direito reconhecido internacionalmente, constante da Declaração do Meio Ambiente adotada pela Conferência das Nações Unidas realizada em Estocolmo, em junho de 1972, conhecida como Conferência de Estocolmo e que resultou em dois fatos muito importantes para o reconhecimento do direito ao meio ambiente como um direito transnacional: a) instituição de 26 princípios considerados prolongamento da Declaração Universal dos Direitos do Homem[5]; b) criação do Programa das Nações Unidas para o Meio Ambiente - PNUMA.[6]

---

4 SILVA, Luis Fernando Villares e. Direito e Infraestrutura. Coordenação: Leonardo Toledo da Silva. São Paulo: Saraiva, 2012, p. 331.

5 SILVA, José Afonso da. Direito Ambiental Constitucional. São Paulo: Malheiros Editores, 4ª edição, 2ª tiragem, 2003, p. 54.

6 SÉGUIN, Elida. O Direito Ambiental: Nossa Casa Planetária. Rio de Janeiro: Editora Forense, 2ª edição, 2002, p. 111.

Santiago Felgueras salienta que o direito ao meio ambiente são foi reconhecido pela primeira vez em 1972, traduzindo-se no Princípio I da Declaração de Estocolmo, que alude ao direito fundamental do homem de desfrutar de condições de vida adequadas em meio ambiente de qualidade:

> *El hombre tiene el derecho fundamental a la libertad, la igualdad y el desfrute de condiciones de vida adecuadas en un medio de calidad tal que le permita llevar una vida digna y gozar de bienestar, y tiene la solemne obligación de proteger y mejorar el medio para las generaciones presentes y futuras*[7].

Observa-se que a norma do art. 225 da Constituição Federal brasileira de 1988 reproduziu quase que integralmente o conteúdo do Princípio I descrito acima, deixando claro que o bem jurídico tutelado é o direito ao meio ambiente ecologicamente equilibrado, ora colocado como pressuposto essencial para a sadia qualidade de vida. A norma objetiva assegurar, às presentes e futuras gerações, o direito de usar, gozar e ter acesso ao patrimônio natural, mantendo a harmonia nas relações entre o homem e a natureza. Infere-se, portanto, que o citado princípio carrega a preocupação não só com a proteção do meio ambiente, mas também com os direitos humanos.

Cançado Trindade ressalta a necessidade de que seja conferido um tratamento sistematizado à questão da relação entre a proteção dos direitos humanos e a proteção do meio ambiente, tendo em vista sua relevância nos dias atuais e por configurarem os principais desafios de nosso tempo.[8] O citado autor afirma, ainda, que o direito à vida é básico ou fundamental porque constitui condição necessária do gozo de todos os demais direitos humanos.[9]

Os argumentos ora trazidos à colação remetem à conclusão no sentido de que o direito ao meio ambiente sadio ou de qualidade é inerente ao próprio direito à vida, haja vista a impossibilidade de dissociar-se um do outro. Assim, o direito ao meio ambiente adequado, como direito fundamental, justifica-se por viabilizar sua utilização como instrumento de realização e de proteção do

---

7 FELGUERAS, Santiago. Derechos Humanos y Médio Ambiente. Buenos Aires: Ad-Hoc SRL, 1996, p. 31-32.

8 CANÇADO TRINDADE, Antônio Augusto. Direitos Humanos e Meio Ambiente – Paralelo dos Sistemas de Proteção Internacional. Porto Alegre: Fabris Editor, 1993, p. 23.

9 CANÇADO TRINDADE, Antônio Augusto. Ob. cit., p. 71.

direito à vida, destinando-se, ainda, a garantir a sadia qualidade de vida ao homem.[10]

Por tais razões depreende-se a importância do Direito Ambiental para os diversos setores da economia, notadamente para aqueles que se utilizam dos recursos naturais como sua principal força motriz, como é o caso do setor elétrico.

Salienta-se que a metodologia utilizada neste estudo tem como base a pesquisa bibliográfica com abordagem qualitativa, utilizando-se de publicações em meio impresso e digital, periódicos, artigos científicos, monografias e dissertações. Salienta-se, no entanto, que este estudo não tem como finalidade tratar do planejamento do setor elétrico, mas apenas de aspectos relacionados a aplicabilidade das normas ambientais. Isto se justifica pelo fato de que muitos dos entraves verificados nesta área são imputados as exigências ambientais, que impactam diretamente no custo do projeto e inviabilizam a implantação de políticas públicas de planejamento para o setor elétrico.

Vale ressaltar que o processo de licenciamento ambiental é considerado um dos maiores obstáculos a ser vencido no âmbito da implantação de um projeto para o setor elétrico. Assim, se faz necessário discutir formas de aperfeiçoamento capaz de resultar em maior agilidade e menor custo, haja vista que o custo total do investimento repercutirá em alguma medida para o consumidor final.

Este estudo traz algumas considerações sobre o panorama atual, considerando as particularidades do Direito Ambiental e a relevância da produção de energia para o desenvolvimento do país e a melhoria da qualidade de vida da população.

2. Contextualização do Tema no Brasil

No contexto sócio-jurídico do país atualmente, uma das questões mais latentes – até mesmo em um contexto global – é a da proteção ao bem público ambiental e sua reserva de aplicabilidade nas diversas áreas. Quase que de forma desassociada, o contexto fático da realidade praticamente exige uma maior

[10] TESSLER, Luciane Gonçalves. Tutelas Jurisdicionais do Meio Ambiente: tutela inibitória, tutela de remoção, tutela do ressarcimento na forma específica. São Paulo: Editora Revista dos Tribunais, 2004, p. 77.

demanda de produção pelo setor elétrico, em vistas ao aumento da produtividade e da exigência que o crescimento populacional enseja, notadamente no cenário brasileiro.

Em primeiro plano, essencial é que se destaque a energia e o direito ao meio ambiente como setores claramente distintos, mas que se tutele aquela como um bem ambiental, assim como definido no texto da Constituição Federal de 1988, e norteado que é por normas legais, nas diferentes formas, em busca do melhor aproveitamento das fontes energéticas.

Feita a aproximação é que se tem em mente a necessidade de coexistência pacífica e também de densidade de aplicação que as normas de Direito Ambiental devem apresentar nos mais diversos setores, sendo o âmbito energético e elétrico um destes. Ora, é que a própria Carta Constitucional realça o princípio do desenvolvimento sustentável, na proporção em que, se de um lado o meio ambiente deve ser preservado, o setor de produção – que depende intimamente da base produzida pelo setor elétrico – precisa ser estimulado.

Não é por acaso que o texto constitucional, ao inaugurar a ordem econômica e financeira do país, estabelecendo os princípios norteadores de quaisquer atividades econômicas nacionais, assenta que a ordem econômica deve necessariamente obedecer à baliza da defesa do meio ambiente. Literis:

> Art. 170. A ordem econômica, fundada na valorização do trabalho humano e na livre iniciativa, tem por fim assegurar a todos existência digna, conforme os ditames da justiça social, observados os seguintes princípios:
>
> VI - defesa do meio ambiente, inclusive mediante tratamento diferenciado conforme o impacto ambiental dos produtos e serviços e de seus processos de elaboração e prestação; (Redação dada pela Emenda Constitucional nº 42, de 19.12.2003)

Nesse sentido, Maisa Machado Saldanha[11], em análise de vanguarda acerca da relação entre os dois âmbitos, define que é um dever imprescindível de que a política energética do país, notadamente no que diz respeito à produção elétrica, esteja submetida ao Estado. Este, por sua vez, deve prezar pela adoção de desenvolvimento econômico sustentável:

---

[11] SALDANHA, Maísa Machado. Energia elétrica e meio ambiente: um novo paradigma para o desenvolvimento. "Direito em Debate". Ano XXI nº 38, jul.-dez. 2012. p. 123-150.

> A matriz energética brasileira depende dos rumos que o desenvolvimento econômico do país quer seguir. Assim, torna-se imprescindível uma política energética que reconheça esse fato como de fundamental importância, visto que parte do sistema energético foi privatizado e depende, portanto, de investimentos não governamentais que não ocorrerão a não ser que regras claras, impostas pelo Estado, enquanto poder concedente, sejam estabelecidas. Dessa forma, a saída para o impasse entre desenvolvimento e meio ambiente é a concretização do princípio do desenvolvimento sustentável. Assim, torna-se imprescindível a adoção de um modelo de desenvolvimento econômico diferente, que inclua em seus projetos a variante do meio ambiente, analisando os impactos que serão causados à natureza em decorrência de uma ou outra atividade.

É nesse ponto que se percebe o elo de conexão íntimo entre as normas-regras do Direito Ambiental e a necessidade que o setor de produção de energia elétrica – matriz para o desenvolvimento de produção do país – encontrem-se em perfeita harmonia e tutelados pela ordem constitucional-ambiental.

Ora, sob a ótica do desenvolvimento sustentável é que o setor elétrico do país deve se submeter às normas e aos princípios de Direito Ambiental, nos termos em que a Constituição Federal de 1988 assegurou, em que se pese a harmonia necessária para a plena satisfação do contexto programática do Constituinte. É, por assim dizer, em termos simples, que o setor elétrico deverá necessariamente se subordinar a ordem ambiental vigente. E, *a contrario sensu*, é estabelecer que as normas de Direito Ambiental devem ser aplicadas amplamente no setor elétrico.

Isto não significa, porém, criar entraves a ampliação e modernização do sistema, entendendo-se ser necessário o estabelecimento de regras próprias, em razão da fundamentalidade do produto/serviço ofertado ao consumidor e dada sua importância para o desenvolvimento econômico do país.

Nesta senda é que a legislação federal deve pautar, no âmbito constitucionalmente estatuído, pela aplicação de políticas públicas nacionais que prezem pelo crescimento do setor energético e que reserve a preservação do meio-ambiente. Assim estabelece a Lei federal 9.478/97:

> Art. 1º As políticas nacionais para o aproveitamento racional das fontes de energia visarão aos seguintes objetivos:
>
> I - preservar o interesse nacional;
>
> II - promover o desenvolvimento, ampliar o mercado de trabalho e valorizar os recursos energéticos;

> III - proteger os interesses do consumidor quanto a preço, qualidade e oferta dos produtos;
>
> IV - proteger o meio ambiente e promover a conservação de energia;

Certamente, no setor elétrico também deverá haver tutela do Direito Ambiental, na medida em que nesse relevante setor, do qual depende intimamente a produção de todos os setores econômicos do país, existe vasta utilização de recursos biológicos e naturais, seja das bacias hidrográficas, seja da luz solar, seja do potencial dos ventos ou mesmo seja em relação aos impactos produzidos por combustíveis fosseis e usinas nucleares.

É assim que se depreende que falar de energia elétrica é falar de meio ambiente. E ao se mencionar o meio ambiente é que se entende da necessidade de proteção legal, visto à sensibilidade dos seus recursos, muitas vezes finitos e alvo de intensa depredação humana.

Em um país com proporções continentais e considerável população, na casa de duas centenas de milhões, a produção de energia elétrica deve ser a mais estimulada, de modo que atenda com conforto às demandas populacionais, urbanas e rurais, domésticas ou empresariais. Embora exista certa dependência à utilização de usinas hidrelétricas (64% da matriz energética), cada vez mais se utiliza de outros meios, como eólicas (9%), biomassa (9%) e fóssil (8%).

Independente de qual seja o setor, incontroversa a percepção de que a produção de energia elétrica certamente impacta – em maior ou menor escala – os recursos ambientais e é neste ponto que se mostra vital a existência de legislação capaz de regular como se dará essa exploração e eventual responsabilização por aqueles que realizarem ilícito ambiental.

Ora, o âmbito de influência do Direito Ambiental, como se tem conhecimento, é bem extenso e deve escapar a visão tradicional de delimitação restrita. O Direito Ambiental, para doutrina moderna, refere-se a verdadeiro conjunto complexo de tutela de recursos naturais ao qual se busca juridicamente proteger. Nesse sentido, Sidney e Sergio Guerra em seu Curso de Direito Ambiental:

> Como se vê, o conceito de meio ambiente não pode apresentar uma visão simplista e reduzida. Ao contrário, devem estar inseridos a natureza original e artificial, bem como os bens culturais correlatos, compreendendo, portanto, o solo, a agua, o ar, a flora, as belezas naturais, patrimônio histórico, artístico, turístico, paisagístico e arqueológico, e o meio ambiente do trabalho. No mesmo diapasão, Celso Fiorillo adverte que a Lei no 6.938/81 quando define meio ambiente traz uma concepção mais

> ampla que abarca tanto o meio ambiente natural (solo, agua, ar atmosférico, flora, fauna), como o artificial (espaço urbano construído – ruas, praças, áreas verdes e demais assentamentos de reflexos urbanísticos), o cultural (patrimônio histórico, cultural, artístico, paisagístico e arqueológico) e o do trabalho (relações entre o local de trabalho e o meio externo em face da saúde/incolumidade físico-psíquica das pessoas).

O fato é que toda e qualquer atividade humana acarretará impacto ao meio ambiente, de forma negativa ou positiva, não significando, porém, a impossibilidade de eventual reparação.

3. Jurisprudência Brasileira

Neste conceito mais alargado é que a jurisprudência pátria já vem adotando entendimento da proteção ambiental e aplicação da respectiva legislação federal aos casos de produção de energia elétrica que impactem o meio-ambiente. Entendem os tribunais, em sentido crescente, pela coerência harmônica dessas duas áreas aparentemente conflitantes, mas com a prevalência lógica do melhor entendimento constitucional:

> Com efeito, não se desconhece que a defesa e preservação do meio ambiente é um dos mais altos valores atuais. Dessa forma, a exploração de qualquer atividade econômica deve se dar de forma equilibrada a fim de preservá-lo para as presentes e futuras gerações. Por outro lado, como se sabe também, o aproveitamento do riquíssimo potencial hidrelétrico do País constitui imperativo de ordem prática, que não pode ser desprezado em uma sociedade em desenvolvimento como a nossa, cuja demanda por energia cresce dia a dia de forma exponencial. Afinal, não se pode olvidar a crise registrada no setor elétrico que ocorreu em 2001, a qual tantos transtornos causou aos brasileiros. Caso mantida a medida liminar, tal como deferida, não se poderá excluir a necessidade de buscar-se outras fontes energéticas com vistas a suprir aquela produzida pelo empreendimento UHE Teles Pires. Ocorre que a substituição não se faria sem danos ao meio ambiente, pois, como é cediço, até mesmo as chamadas "fontes alternativas renováveis" causam malefícios à natureza. Ademais, a paralisação da obra que se encontra em pleno andamento poderá causar prejuízos econômicos de difícil reparação ao Estado e também aos particulares envolvidos na empreitada, acarretando, inclusive, a possível e indesejável demissão de trabalhadores que nela são empregados. O Poder Público tem incumbência constitucional de exigir do empreendedor, em princípio, ESTUDO PRÉVIO DE IMPACTO AMBIENTAL, a que se dará publicidade não só em obediência ao que determina o art. 225, § 1o, IV, da Constituição Federal, mas em

atendimento aos objetivos da Lei n. 9.478/97 fixados em seu art. 1º e já apontados anteriormente. (STF: SL 722, Relator Ministro RICARDO LEWANDOWSKI, DJe 01/10/2013).

PROCESSUAL CIVIL E ADMINISTRATIVO. RECURSO ESPECIAIS SUBMETIDOS AO ENUNCIADO ADMINISTRATIVO 2/STJ. AÇÃO CIVIL PÚBLICA OBJETIVANDO A RECUPERAÇÃO DE ÁREA DE PRESERVAÇÃO PERMANENTE LOCALIZADA ÀS MARGENS DE RESERVATÓRIO ARTIFICIAL DESTINADO À GERAÇÃO DE ENERGIA ELÉTRICA. 1. Os recursos especiais ora em exame decorrem de ação civil pública objetivando a completa recuperação de área que sofreu degradação ambiental, localizada às margens de reservatório artificial voltado à geração de energia elétrica. A Corte de origem reformou a sentença de improcedência do pedido para condenar os réus (pessoas físicas) a promoverem a recuperação da mata ciliar, todavia, invocando os princípios da razoabilidade e da proporcionalidade, autorizou a permanência das edificações existentes dentro da área de preservação permanente, considerando se a distância mínima de 100 metros da Resolução CONAMA 4/1985 - o que está condicionada ao cumprimento em prazo certo de obrigações de fazer e não fazer determinadas pelo Tribunal de origem. No mais, decidiu que os outros réus da ação civil pública (AES Tietê S/A e Município de Cardoso/SP) não podem ser responsabilizados pelos danos ambientais em discussão. Parágrafo final resumindo. RECURSO ESPECIAL NÃO CONHECIDO. (STJ – Resp 1440762 SP, Relator Ministro Mauro Campbell Marques, SEGUNDA TURMA, DJe 26/02/2019).

AGRAVO DE INSTRUMENTO. MEIO AMBIENTE. DECISÃO ANTECIPATÓRIA DOS EFEITOS DA TUTELA. DEFERIMENTO DA INSTALAÇÃO DE MEDIDOR E DE FORNECIMENTO DE ENERGIA ELÉTRICA A IMÓVEL SITUADO EM ÁREA DE PROTEÇÃO AMBIENTAL SEM LICENÇA DO AGRAVANTE. DESCABIMENTO. PROBABILIDADE DO DIREITO NÃO DEMONSTRADA. Deferimento de instalação de medidor e consequente fornecimento de energia elétrica em imóvel situado em área de proteção ambiental sem licença do órgão fiscalizador. Prestação do serviço de fornecimento de energia elétrica a imóveis na localidade que não pode servir de fundamento à pretensão do administrado. Ponderação entre o direito fundamental ao meio ambiente equilibrado, que impõe a observância de restrições em áreas de proteção ambiental e o direito individual de acesso a serviço essencial. Não demonstrada a probabilidade do direito a impor a manutenção da decisão concessiva da tutela provisória, não se justifica a análise quanto à reversibilidade dos efeitos de decisão agravada. Conhecimento e provimento do recurso. (TJ-RJ – AI: 00113562620198190000, Relator: Des. ROGÉRIO DE OLIVEIRA SOUZA, Julgamento: 07/05/2019, VIGÉSIMA SEGUNDA CÂMRA CÍVEL).

Se de um lado, isso implica que os processos de produção de energia elétrica deverão respeitar estudo prévio de impacto ambiental, a que se dará publicidade e até mesmo o controle da produção e emprego de técnicas que tragam potencial risco ao meio ambiente, à luz da Constituição Federal de 1988, art. 225, incisos IV e V, por outro, significa compreender que a implantação de empreendimentos de energia elétrica que desrespeitarem a ordem constitucional-ambiental ensejarão responsabilidade civil, sendo esta inclusive objetiva.

Implica, de mais a mais, que o setor energético brasileiro se submete aos princípios do Direito ambiental, como da prevenção, da precaução, da informação, da oportunidade para participação pública, do desenvolvimento sustentável e do planejamento racional.

A pesquisa permitiu concluir que o modelo de licenciamento ambiental para o setor elétrico não atende as necessidades nem do Estado, nem de empreendedores e nem da sociedade, considerando-se os inumeráveis entraves para a obtenção das licenças ambientais.

4. Conclusão

Como se percebe, a título de arremate, necessária e oportuna a intervenção da legislação ambiental e das normas e princípios do Direito Ambiental no âmbito de aplicação da energia elétrica no país, a fim de cumprir o que a Constituição de 1988 priorizou em seu art. 3º, na medida em que incluiu o desenvolvimento nacional como um dos objetivos do Brasil.

O setor elétrico brasileiro é bastante complexo e constituído por diversos agentes, com objetivos e competências distintas, possibilitando a convivência em ambiente de contratação regulada e ambiente de contratação livre, tudo de modo a permitir a ampla universalização do acesso e do uso dos serviços.

No entanto, o caminho para o desenvolvimento sustentável nacional não é seguro, haja vista a existência de uma alta gama de indefinições, como por exemplo, a ausência de base legal para estudos relevantes como é o caso da Avaliação Ambiental Integrada – AAI e a Avaliação Ambiental Estratégica, o que resulta em surpresas durante o procedimento de licenciamento ambiental, conforme atesta o estudo da Confederação Nacional da Indústria – CNI.[12]

---

[12] PROPOSTA DA INDÚSTRIA PARA O APRIMORAMENTO DO LICENCIAMENTO AMBIENTAL: SETOR ELÉTRICO. CONFEDERAÇÃO NACIONAL DA INDÚSTRIA – CNI – Gerência Executiva de Meio Ambiente e Sustentabilidade, 2015, p. 25/26.

As regras constantes da Lei Complementar 140/2011 são insuficientes e inapropriadas para dar solução aos graves conflitos ambientais existentes em todo o país, em geral resultantes de problemas relacionados as competências administrativas dos diversos órgãos licenciadores. O licenciamento ambiental prévio, não garante ao investidor, a implantação de seu projeto e esta incerteza gera custos adicionais.

O problema se torna ainda mais grave quando se trata de licenciar empreendimentos de grande porte ou de porte excepcional, como são os equipamentos de infraestrutura do setor elétrico, portos e aeroportos, por exemplo.

Entendo ser de extrema importância a revisão da legislação ambiental, visando adaptá-la de forma a prevenir conflitos, notadamente quando concernentes as obras de infraestrutura essenciais e de interesse nacional.

Observa-se que o licenciamento ambiental, embora necessário e relevante, precisa ser ajustado, no sentido de prescrever regras claras que possam contribuir para a efetivação de políticas do setor elétrico, visando não só atender as necessidades do mercado, sua demanda, as mudanças das várias tecnologias, mas também aquilo que é essencial ao cidadão, condições de vida digna.

5. Referências Bibliográficas

CANÇADO TRINDADE. Antônio Augusto. **Direitos Humanos e Meio Ambiente: paralelo dos sistemas de proteção internacional**. Porto Alegre: Sérgio Fabris Editor, 1993.

FELGUERAS, Santiago. **Derechos Humanos y Médio Ambiente**, Buenos Aires: Ad-Hoc SRL, 1996.

MATRIZ ENERGÉTICA NACIONAL/2030. **Ministério das Minas e Energia; Colaboração Empresa de Pesquisa Energética**, Brasília, MME:EPE, 2007.

PROPOSTA DA INDÚSTRIA PARA O APRIMORAMENTO DO LICENCIAMENTO AMBIENTAL: SETOR ELÉTRICO. CONFEDERAÇÃO NACIONAL DA INDÚSTRIA – CNI – Gerência Executiva de Meio Ambiente e Sustentabilidade, 2015.

RESENHA ENERGÉTICA BRASILEIRA, Exercício de 2018, Edição de Maio de 2019.

SALDANHA, Maísa Machado. **Energia elétrica e meio ambiente: um novo paradigma para o desenvolvimento. "Direito em Debate". Ano XXI** nº 38, jul.-dez. 2012.

SÉGUIN, Elida. **O Direito Ambiental: Nossa Casa Planetária**. Rio de Janeiro: Editora Forense, 2ª edição, 2014.

SILVA, José Afonso da. **Direito Ambiental Constitucional**. São Paulo: Malheiros Editores, 4ª edição, 2ª tiragem, 2013.

SILVA, Luis Fernando Villares e. **Direito e Infraestrutura. Coordenação: Leonardo Toledo da Silva**. São Paulo: Saraiva, 2012.

TESSLER, Luciane Gonçalves. **Tutelas Jurisdicionais do Meio Ambiente: tutela inibitória, tutela de remoção, tutela do ressarcimento na forma específica**. São Paulo: Editora Revista dos Tribunais, 2014.

NOVAS CONSIDERAÇÕES SOBRE A REGULAÇÃO DO SETOR ELÉTRICO DO BRASIL

Lucyléa Gonçalves França[1]

1. Introdução

A investigação, o debate, e a análise do setor elétrico no século XXI, ademais de permitir a avaliação dessa atividade como serviço, passou a referenciar o processo de evolução da produção de energia como um labor de natureza essencialmente econômico, complexo, mas também fundamental ao atendimento das garantias individuais e coletivas, e da satisfação das necessidades humanas.

O Brasil historicamente obedeceu ao modelo majoritariamente interventor nos serviços públicos, conforme ditado pelas economias liberais predominantes durante a primeira metade do século XX, ampliou sua função estratégica no período compreendido entre a primeira e segunda guerra mundial.

Esse modelo hegemônico solidificou importantes e progressivos *estandares* de tecnologia que impulsionaram o desenvolvimento social e econômico mundial. Dentro do campo dos serviços públicos econômicos, os serviços de energia, e o setor elétrico, ou serviço públicos domiciliários, representaram, dentre todos, o mais vital, razão pela qual seu estudo se baseia no binômio busca da eficiência *econômica-energética* x oferta sustentável de serviços de boa qualidade.

---

[1] Doutora em Direito pela Universidade de Salamanca (Espanha), Mestre em Direito pela Universidade Federal de Pernambuco (Brasil). Professora do curso de Direito da Universidade Federal do Maranhão (Brasil). Email:lucyfranca03@hotmail.com

No Brasil, o setor elétrico, era o único serviço público econômico cujas infra- estruturas e atividades estiveram sempre em mãos da administração pública indireta. Até a reforma gerencial do Estado de 1998, especialmente com a lei de criação da Agencia Nacional de Energia Elétrica (ANEEL), pela lei nº 9.427/96 e do Decreto nº. 2.335/97, não se passa ao setor privado nem sequer o setor de transporte, cujo modelo de privatização foi inaugurado a partir de então.

Ademais de controlado pelo Estado, o setor elétrico estava estritamente integrado verticalmente, de modo que as empresas públicas produtoras de energia eram, ao mesmo tempo, titulares das redes de transporte, como também se ocupavam diretamente da distribuição e fornecimento aos consumidores finais.

Portanto, a abertura do mercado também se viu implicada pela necessidade de desintegração vertical e do aprimoramento tecnológico, além do estabelecimento de medidas legislativas e logísticas que permitissem que qualquer operador, em partes distintas do país, e transportando através de redes distintas, pudessem comercializar adquirir ou produzir a energia levada ao consumidor final.

A abertura da concorrência imaginada na fase preliminar do processo de privatização do setor, não se sedimenta por completo, mas permite a implantação de novas instalações elétricas, afetando a comercialização da produção e do consumo.

Neste artigo se descreve e analisa os conceitos teóricos básicos sobre a regulação do setor elétrico brasileiro, ademais, da observação dos conceitos de qualidade regulatória dos agentes públicos se podem verificar a aplicação desses mecanismos no mercado do setor de energia e, portanto, como as reformas estruturais implantadas afetaram, dando um novo perfil, mais moderno e amplo, ao direito administrativo pós-moderno sobre a matéria.

Nesta análise se inclui a caracterização geral do setor para sinalar quais perspectivas futuras podem ser apontadas pelo ente regulador energético do Brasil.

2. Breve estudo sobre as competências do setor elétrico brasileiro: antecedentes e regime vigente

A primeira parte do movimento de abertura do setor elétrico brasileiro tem início na década de 90 quando o país rompeu paradigmas históricos[2] ao desverticalizar a transmissão e distribuição, abrindo à livre concorrência a geração e comercialização da energia elétrica, em uma espécie de "sistema independente", onde a lei deveria regular as formas distintas de produzir, transportar e fornecer a energia, podendo, cada uma dessas etapas se desenvolverem simultaneamente e de formas distintas.

A ideia inicial de liberalização consistia em que um comprador de energia elétrica poderia, no marco do modelo independente, negociar preços e fixar condições de comercialização, ao passo que em realidade o modelo estabelecido se sedimentou de modo restrito e limitado, onde a regulação norteou um modelo implantado e submetido à Administração pública estatal.

A importante novidade trazida pela abertura do setor foi a criação da agência nacional de energia, autarquia qualificada como ente regulador, com competência para velar pela objetividade e transparência[3], encarregada de supervisar de maneira objetiva e neutra, o funcionamento do setor, formado por empresas públicas ou privadas[4], além de fiscalizar as regras de regulação e as garantias aos consumidores.

De acordo com o operador Nacional do Sistema Eletrico (NOS) o Brasil possui quatro subsistemas responsáveis pela manutenção do fornecimento de energia elétrica, divididos em subsistema sul, sudeste/centro-oeste, nordeste e norte, onde todos, formam o Sistema Integrado Nacional (SIN), abastecido

---

2 SAUER, I. Um novo modelo para o setor elétrico brasileiro. São Paulo: Programa de Interunidades de Pós-graduação de Energia/USP, 2002.

3 Lei 9.427/1996, e Decreto nº 2.335/1996, cujo objetivo é criar um ambiente estável de regulação, sem interferências políticas, e, consequentemente, aumentar a confiança dos investidores privados para realização de investimentos, e de outro realizar uma regulação com base em critérios técnicos, de modo a propiciar uma tarifa justa aos consumidores.

4 No setor de distribuição de energia: Grupo ENEL (Ceará, RJ, SP, GO) Grupo Neoenergia (PE, BA, SP, RN) Grupo Energisa (diversos estados) Grupo Equatorial (diversos estados) Grupo CPFL (diversos estados) Grupo EDP (SP, ES) CEMIG (MG)

por uma matriz *hidro-termo-eólico*, onde, predominantemente assume o protagonismo a matriz hidráulica[5].

Embora tenha sido o setor que inaugurou o programa nacional de desestatização em 1995, com a inclusão do sistema Eletrobrás, iniciando com a privatização da ESCELSA[6], primeira distribuidora de energia elétrica do país, seguindo por diversas companhias geradoras controladas pela Eletrobrás, nas décadas seguintes a liberalização do setor se deu a passos lentos, em franco descompasso com o ritmo empreendido em outros países [7].

Eis que o perfil do setor elétrico brasileiro na atualidade sofreu poucos câmbios comparados a última década[8]. Apresenta assim traços típicos de um mercado emergente, embora o consumo de energia elétrica tenha se incrementado considerável e significativamente ao longo dos últimos vinte anos[9].

Os empreendimentos de geração elétrica podem ser enquadrados como concessionários de serviço público e de geração de serviços, sendo produtores independentes e auto-produtores, onde os concessionários executam os serviços de modo exclusivo, ofertando energia somente para as distribuidoras, sendo a tarifa regulada, assim como o método de regulação[10] de preços e investimentos assim como acompanhamento de custos e gastos operativos.

---

5 Maiores players na geração de energia: Eletrobras (CHESF, Furnas, Eletronorte), Norte Energia, Itaipu, Petrobras, Engie, Copel, Rio Paraná, ESBR, Santo Antônio, ENEVA, Neoenergia, EDP. Para transmissão de energia: Eletrobras (CHESF, Eletronorte, Eletrosul, Furnas) TAESA (Cemig) ISA CTEEP State Grid. Para a empresa de pesquisas energéticas (EPE), no balanço energético nacional , a matriz hidráulica é majoritária, com 65,2%, seguida de gás natural (10,5%) e biomassa (8,2%). Portanto, as energias renováveis não convencionais ganham protagonismo no cenário nacional, apontado pelo Plano Decenal de Energia. Fonte: PDE 2027 (EPE, 2018). Conforme estimativas ocasionadas principalmente com novos leilões, avanço tecnológico e novos investimentos no mercado ocorrerão a expansão de parques eólicos na região nordeste pode chegar a 800 MW até 2020, enquanto a geração de energia solar fotovoltaica poderia alcançar até 1 GW até 2020.

6 Ministério de Minas e Energia (2002): Balanço Energético Nacional. Brasília. Brasil.

7 CEPAL (2003) Proyecciones de América Latina y el Caribe, 2003, Serie estudios estadísticos y prospectivos, Naciones Unidas, Santiago. Chile

8 Quando teve sucessivos aumentos na conta de energia, a fim de se diminuir o consumo. Silveira Neto e Celestino (2012)

9 BECKER ZUAZUA, Fernando. La generación y distribución de energía eléctrica en Brasil. ICE Brasil. Octure-noviemre, 2003, número 810. Pg. 158

10 Tais métodos de regulação, baseados em taxas de retorno predominaram no mundo, sobretudo nos Estados Unidos na década de 80, em seguida sobressaiu a regulação de preços máximos. Sobre o tema García Rendón, John Jairo y Cadavid Herrera, José Vicente.

Na condição de geradores independentes ocorre uma maior flexibilidade em relação ao valor pactuado no contrato de remuneração, não sendo estes obrigados a fornecer para as distribuidoras, podendo ainda optar por "escolher livremente" seus compradores, constituindo assim um ambiente mais liberalizado de compra e venda, limitando, a atuação do ente regulador nos aspectos operacionais do serviço. Outra hipótese são os auto-produtores de energia[11], de consumo próprio, sendo garantido, nos marcos vigentes, a possibilidade de revenda do excedente da gestação, com maior liberdade de negociação de preço.

Quanto a transmissão[12], distribuição[13] e comercialização[14], em todas as etapas o processo privatizador empreendido sofreu um grande retrocesso pelo recuo dos governos, desde o início da década de 2000 até os dias atuais, quanto a liberalização em definitiva desses ativos. Como conseqüência, temos um modelo ainda interventor, onde o parque gerador segue sob o controle estatal, que controla mais de 90% da geração, e quase 30% [15]da distribuição de energia.

A comercialização da energia elétrica está sob a responsabilidade de regulação e fiscalização da Agência Nacional de energia elétrica. Sendo que em 2004, através da Lei nº 10.848, foi criada a Câmara de Comercialização de Energia Elétrica (CCEE) cujo objetivo consiste em viabilizar a comercialização de energia elétrica, com atribuições previstas pela Resolução Normativa nº109/2004, para a promoção de leilões de compra e venda de energia, registros de contratos celebrados e outras atribuições previstas no instrumento regulador e dirigidos essencialmente aos concessionários, permissionários e

Análisis de los criterios de eficiencia económica y calidad para la determinación de las tarifas del sector eléctrico en Colombia. Ecos de Economía No. 21 Medellín, octubre 2005, pg. 100-101

11 A partir de 2012, pela Resolução Normativa nº 482 da Agencia nacional de energia elétrica - ANEEL, foi reconhecida a possibilidade do consumidor gerar sua própria energia, estabelecendo a modalidade de geração distribuída, sendo desnecessário a realização e contrato de geração. Nos termos dessa resolução as modalidades foram definidas como miro e mini geração, diferenciadas pela potencia a ser instalada na propriedade, além da previsão do excedente ser injetado na rede, fazendo com que essa energia possa ser compensada em outra unidade consumidora do mesmo proprietário, cuja energia poderá ser consumida em até sessenta meses.

12 Resolução normativa 270/2007

13 Resolução normativa 414/2010

14 Mercado atacadista de Energia (MAE), na Lei nº 9.648/1998, Lei nº10.848/2004, Câmara de Comercialização de Energia Elétrica e Resolução Normativa nº 109/2004

15 Ministério de Minas e Energia (2002): Balanço energético nacional, Brasília. Brasil.

autorizados de geração de energia, importadores e exportadores, bem como consumidores livres, concessionários, permissionários ou autorizados de distribuição, dentre outros.

Em síntese, tratar das atividades de geração, transporte e distribuição de forma separada só se limita por fatores contábeis, já que em regra, implica a não exigência de separação de negócios para atribuição de titularidade e gestão a pessoas jurídicas distintas.

A característica mais destacável do setor no Brasil consiste na alta geração de energia limpa, notadamente a hidráulica, no que converte o país no mais dependente desse sistema para o fornecimento de energia elétrica.

Em outra via, o Brasil optou, no modelo Constitucional, pelo sistema capitalista, em defesa da propriedade privada e da livre concorrência e da livre iniciativa, com ênfase nos direitos fundamentais (SILVA, 2007), nesse sentido, a Constituição da República do Brasil estabeleceu, por força da Emenda Constitucional 19/98, que Ressalvados os casos previstos nesta Constituição, a exploração direta de atividade econômica pelo Estado só será permitida quando necessária aos imperativos da segurança nacional ou a relevante interesse coletivo.

O texto constitucional brasileiro, assume, final da década de 90, o ambiente estratégico mundial de reformas estruturais do Estado, na onda da expansão do direito administrativo mais além da órbita subjetivada Administração pública[16].

Assim, as privativações como espécies de "idéia-força"[17], surgiram como marco de transferência de uma função estatal à sociedade (desestatização e deslegalização), ou adotar fórmulas organizativas e de gestão privadas ou de adotar fórmulas organizativas e de gestão privada, retirando certas atividades dos rigores do direito público.

Nesse sentido, no Brasil, as mudanças legislativas oportunizaram o surgir de um novo modelo em direção à descentralização e menor intervenção da Administração sobre os serviços públicos econômicos.

---

[16] Expressão utilizada por J. ESTEVE PARDO (2012). La extensión del Derecho Público. Una reacción necesaria. *Revista de Administración Pública. Espanha*, p. 11

[17] Nesse sentido, FIGUEIREDO MOREIRA NETO, Diogo.(2005). Mutações dos serviços públicos. Revista eletrônica de direito administrativo. nº01, fev.mar.abr.2005. Salvador, Bahia. p. 4

3. Situação atual da regulação do setor elétrico e perspectivas de futuro

Em regra a onda regulatória dos anos 90 alcançou o setor elétrico brasileiro como um grande *tsunami*, convertido nos anos seguintes em um conjunto de ondas pouco relevantes, esparsas e desconexas, sem ritmo e incapaz de gerar consequências semelhantes a outros modelos mais avançados de liberalização.

Para entendermos o sistema de regulação dos serviços públicos no Brasil há que se reconhecer que se trata das consequências do modelo de administração pública implantado no país a partir do final da década dos anos sessenta, com as bases no Decreto Lei 200/67, ainda vigente.

A grande tradição centralizadora do Governo Federal, responsável por construir, operar e distribuir as instalações, ou seja, a geração, transporte e fornecimento de energia restringiu as capacidades dos estados membros a meros distribuidores de energia, gerando um modelo concentrado e obsoleto.

Os efeitos das privatizações dos anos noventa não foram impeditivos para a crise e o colapso do sistema nos anos noventa[18], como conseqüência, principalmente, da utilização do setor como instrumento de política econômica de preços e fonte de recursos estatais.

Em 2001 se desencadeou outra crise energética, mais profunda e complexa, combinando fatores históricos e ambientais, como redução de chuvas que reduziram a capacidade de produção de maioria da energia hidráulica, além da ampliação da demanda de consumo, insuficiência da capacidade do parque gerador, e da rede de transporte, tendo essencialmente como pano de fundo, o baixo ritmo de investimentos públicos e privados, mesmo com o recém instalado programa de privatizações.

Com o programa nacional de desestatização, se cria em 1996 a Agencia Nacional de Energia Elétrica – ANEEL – com a função essencial de servir de autarquia especial reguladora capaz de conceder direitos de exploração a novos agentes ingressantes, formatando assim, um modo modelo de mercado,

[18] O consumo total se multiplicou de forma constante desde a década de setenta. Segundo dados do IBGE e da ELETROBRÁS, em termos de consumo por habitante, o crescimento experimentado foi notável, passando de 425KWh/hab em 1970 para superar 1.950, por KMh/hab no início do anos 90.

mais eficiente e com a introdução de elementos como a concorrência e a participação da iniciativa privada.

Os principais e complementares agentes responsáveis pela regulação da política energética brasileira[19] Os principais agentes do setor são:Ministério de Minas e Energia, ANEEL – Agência Nacional de Energia Elétrica, 1996, CMSE – Comitê de Monitoramento do Setor Elétrico, 2004, ONS – Operador Nacional do Sistema Elétrico, responsável pelo sistema integrado nacional (SIN), 2004, EPE – Empresa de Pesquisa Energética, 2004, CCEE – Câmara de Comercialização de Energia Elétrica, 2004.

Assim, a partir de 1996 se estabeleceram os mecanismos inaugurais de criação de um sistema energético pensado para o regime de livre concorrência. Além de instrumentos legislativos e regulamentares, com a criação do órgão regulador - antes inexistente – alguns sujeitos passaram a assumir protagonismo no sistema tais como: os terceiros com acesso à rede, o comercializador, pessoas jurídicas diversas, intervenientes em atividades separadas. Em todo o caso, o ritmo das regulações foram erráticos e não se produziram da mesma maneira nos países que adotaram esse novo modelo de geração, distribuição e comercialização de energia.

O descompasso entre o ideal liberalizador do mercado e a condução da política energética gerou um grave problema de regulação, embora essa questão tenha afetado tanto países industrializados como em desenvolvimento[20].

Entretanto, o modelo de regulação brasileiro, concebido com diversas falhas, tem extraordinário potencial evolutivo, em direção a uma estabilidade ainda não alcançada, graças a um histórico de experiências acumuladas no Brasil, e observadas em outros países e ainda, as mais amplas possibilidades de ampliação a outras matrizes energéticas com as potencialidades da produção de energia do território brasileiro.

[19] Lei 10.848/2004 regula: Universalização do acesso e do uso dos serviços Justa remuneração, definida em contrato de concessão, autorização ou permissão, para os investimentos; Leilões para outorga da expansão da geração / transmissão; Contratação de energia via contratos bilaterais; Contabilização e liquidação centralizada dos contratos; Monitoração permanente das condições de atendimento; Operação sistêmica da Rede Básica de Transmissão e despacho centralizado da geração; Mecanismos regulados de fiscalização e avaliação.

[20] Sobre o setor energético e o sistema de regulação e a livre concorrência. Muñoz Machado, Santiago. Introdução ao setor energético: regulação pública y libre competencia. Volume III. Setor Energético. Coleção Derecho de la Regulación Económica. Iustel, Madrid, 2009.

A regulação energética foi feita de modo gradual ao longo dos últimos trinta anos, e o processo de reestruturação do setor ocorre, inegavelmente a passos lentos. Há que se ressaltar o surgimento tardio do marco legal e do sistema de leis, com a criação da ANEEL apenas após as privatizações já terem sido iniciadas.

Os investimentos no setor não alcançaram o ritmo esperado, não se confirmando as expectativas de um mercado ideal, vesticalizado e liberalizado. O planejamento inicial não se confirmou com a separação das atividades de transmissão e distribuição, com ampla concentração de mercado e pouco estímulo à competição e alto índice de tributação do serviço, acrescida com uma política de preços dirigida pelo governo.

Os fatores regulatórios mais relevantes são: a) a matriz energética segue sendo dependente da energia hidráulica; b) a concentração do setor, sem possibilidades imediatas de aumento de geração elétrica; c) ambiente regulatório incerto, com excesso de intervenção governamental e menor capacidade dos agentes regulatórios.

4. Conclusões

A segunda metade do século XX representou a era da regulação, inaugurado por um modelo de privatizações seguido por muitos países, de vários continentes. Tais mudanças estruturais ampliaram os serviços públicos econômicos, incorporando novas dinâmicas na execução e universalização de atividades essenciais para a sociedade em geral.

O setor elétrico brasileiro observou o surgimento de um perfil regulador semelhante ao de outros países, mas que substancialmente vivenciou características internas próprias, inerentes ao ritmo do desenvolvimento de suas instituições e de sua indústria, com resultados muito peculiares, oriundos das experiências internas e de externalidades próprias que se construíram ao longo dos últimos vinte anos.

Em primeiro lugar, em termos gerais, a legislação do setor elétrico sofreu grandes mudanças e ampliou as potencialidades do mercado mas não logrou construir a plena liberalização das atividades afins.

A verticalização do setor não permitiu que empresas diversas atuassem em áreas distintas como de geração, transporte, distribuição, ou até mesmo os atividades de geração e de comercialização, em muitos casos, dificultando sobremaneira, pela concentração do mercado, a geração de novos investimentos privados.

Outro elemento de destaque no avanço do processo de regulação foi a permanente protagonismo da matriz energética, majoritariamente hidráulica há mais de quarenta décadas, e sem perspectivas de ampliação significativa no futuro próximo.

Nessa mesma toada reduz-se as margens de acordos possíveis entre os produtores e os adquirente do mercado energético brasileiro, gerando dificuldades operacionais e inviabilizando novos estudos de custos ou até mesmo nova política de preços aos consumidores.

A criação da Agencia nacional de energia elétrica, logo após inaugurado o processo de privatizações e após a fixação do marco regulatório do setor sinalizou as enormes dificuldades de desenvolvimento de um sistema elétrico moderno, com segurança jurídica, transparência e sustentabilidade.

No novo contexto do século XX, onde as demandas por energia se incrementam, será fundamental o desenvolvimento de um marco regulatório idôneo para atrair recursos financeiros e, ao mesmo tempo assegurar os interesses dos usuários do setor, com o fortalecimento de uma regulação livre, independente e eficaz.

5. Referências Bibliográficas

BONAVIDES, Paulo. **Curso de Direito Constitucional**. 12. ed. São Paulo: Malheiros, 2002.

BRASIL. Agência Nacional de Energia Elétrica. **Resolução Normativa ANEEL nº 482/2012**. Brasília, 17 de maio de 2012.

BRASIL. Ministério de Minas e Energia. **Plano Nacional de Energia 2030 / Ministério de Minas e Energia; colaboração Empresa de Pesquisa Energética**. Brasília: MME: EPE, 2007.

BRASIL. Ministério de Minas e Energia. **Empresa de Pesquisa Energética. Série Estudos de demanda nota técnica DEA 26/14. Avaliação da Eficiência Energética e Geração Distribuída para os próximos 10 anos (2014-2023).** Rio de Janeiro: Dezembro de 2014.

BECKER ZUAZUA, Fernando. **La generación y distribución de energía eléctrica en Brasil**. ICE Brasil. Octure-noviemre, 2003, número 810. Pg. 158

J. ESTEVE PARDO (2012), **La extensión del Derecho Público. Una reacción necesaria.** *Revista de Administración Pública. Madrid.*, 189

MUÑOZ MACHADO, Santiago. **Introdução ao setor energético: regulação pública y libre competencia**. Volume III. Setor Energético. Coleção Derecho de la Regulación Económica. Iustel, Madrid, 2009.

Ministério de Minas e Energia (2002): **Balanço Energético Nacional**. Brasília. Brasil.

CEPAL (2003) **Proyecciones de América Latina y el Caribe, 2003, Serie estudios estadísticos y prospectivos**, Naciones Unidas, Santiago. Chile

SILVA, José Afonso da. **Curso de direito constitucional positivo**. 29. ed. São Paulo: Malheiros, 2007.

SILVEIRA NETO, Otacílio dos Santos. CELESTINO, Maxwell dos Santos. **A Legislação Tributária e o Setor de Petróleo, Gás Natural e Biocombustíveis.** In: SILVA, José Dionísio Gomes da. SILVEIRA NETO, Otacílio dos Santos (Orgs). Reflexões sobre os aspectos Financeiros, societários e tributários do setor de petróleo, gás e biocombustíveis. Natal, RN: Polyprint, 2012.

SAUER, I. **Um novo modelo para o setor elétrico brasileiro**. São Paulo: Programa de Interunidades de Pós-graduação de Energia/USP, 2002.

APONTAMENTOS SOBRE O REGIME JURÍDICO DAS LINHAS DE TRANSMISSÃO EM UNIDADES DE CONSERVAÇÃO

Marcelo Kokke[1]

Virgínia Araújo de Oliveira[2]

1. Introdução

Os impactos ambientais ligados ao setor energético geralmente são tratados em termos de efeitos positivos e negativos provocados pelo empreendimento em si de geração de energia. Os efeitos são geralmente tematizados em termos de supressão de vegetação e definição de áreas diretamente afetadas, áreas de influência indireta e direta, em uma expansão de variáveis e atributos para repercutir não somente no diagnóstico ambiental, mas também em termos de condicionantes e compensação ambiental.

Entretanto, o tipo de empreendimento e a categoria da fonte de energia podem também abrir espaço para outras expressões de impacto ambiental ligadas à transmissão e à distribuição da energia. A problemática de transmissão e distribuição é complexa. O empreendimento pode deixar de ter viabilidade econômica em virtude do *modus operandi* da transmissão e da distribuição ou pode assumir inclusive potenciais de impacto extravagantes, se não houver planejamento e estudo ambiental precisos. É nesse cenário de composições que se encontram os empreendimentos geradores de energia elétrica no Brasil.

---

1 Procurador Federal na Advocacia Geral da União - AGU. Pós-doutorado em Direito Público Ambiental pela Universidad Santiago de Compostela na Espanha. Doutor e Mestre em Direito Constitucional pela PUC-Rio. Professor de Pós-graduação da PUC-MG. Professor Colaborador da Escola da Advocacia Geral da União.

2 Procuradora-chefe da Procuradoria Federal Especializada junto ao ICMBio. Pós-Graduação em Processo Civil pela Universidade Anhanguera Uniderp. Pós-Graduação em Direito Público pela Universidade de Brasília - Unb.

Não basta considerar os impactos ambientais em termos de geração da energia. A transmissão da energia elétrica precisa ser posta em questão, fator que reclama atenção ao impacto ambiental provocado pelas linhas de transmissão. O nível de complexidade e conflituosidade se eleva quando é posta em questão a possibilidade de linhas de transmissão de energia elétrica cruzarem unidades de conservação, regidas em sua proteção pela Lei n. 9.985/2000.

Aqui se encontra o tema proposto para abordagem: o marco regulatório para autorização de passagem de redes de transmissão de energia elétrica em unidades de conservação federal. A confrontação entre a tutela do espaço ambientalmente protegido e a necessidade social de energia, quanto mais de uma energia renovável, atinge níveis conflitivos ímpares em um contexto de contínua busca de alternativas em face dos combustíveis fósseis e do aquecimento global.

Esse contexto de avaliação de impacto precisa ir além do empreendimento em si, avaliando o sistema de demanda energética como um todo. O fato vem a significar também que na consideração de impactos devem ser considerados os benefícios positivos na geração de energia renovável, que em escala mediata permitem menor consumo e demanda por energia fóssil. Em outros termos, a avaliação dos custos e impactos do setor de energia elétrica remetem necessariamente a uma consideração dos efeitos de não-uso sobre potenciais de energia fóssil aliados aos reclamos de necessidade energética nas coletividades internas, adjacentes e daquelas externas à unidade de conservação.

A partir de uma abordagem ligada à metodologia crítico-propositiva, o artigo aborda inicialmente a regência do marco regulatório das linhas de transmissão, seguindo, em segundo ponto, para análise de caso, relativa ao Parque Nacional de Jericoacoara. O tema abre espaço para diferenciadas compreensões relativas às linhas de transmissão de energia elétrica. Poderão, elas, serem utilizadas para deslocamento em si da energia ao longo da unidade de conservação ou poderão ser utilizadas para atendimento às próprias comunidades viventes na unidade de conservação ou mesmo para atendimento a coletividades adjacentes.

Propõe-se, a partir da análise do marco regulatório, uma diversificada interpretação da disciplina legal e suas implicações quanto à avaliação de compatibilidade e viabilidade ambiental de instalação e de operação das linhas de transmissão energética. A aferição dessa diversidade fortalece a coesão integrada de sustentabilidade que deve revestir a relação da coletividade para com as áreas ambientalmente protegidas.

2. Linhas de Transmissão em Unidades de Conservação

A passagem de sistemas de transmissão de energia elétrica em unidades de conservação federais possui, comumente, seus impactos ambientais restritos à implantação do empreendimento de transmissão. Após a implantação das redes de transmissão, os impactos são limitados e circunscritos, principalmente se houver adoção de alternativas técnicas e locacionais bem adaptadas. Há, assim, uma diversidade de impactos em relação ao empreendimento de geração de energia em si, pois esse, como salienta Edgard Pereira Cardoso, encontra na doutrina e na avaliação técnica uma diversidade de impactos arrolados[3].

Sob essa ótica, o empreendimento de geração em si da energia hidroelétrica, por exemplo, implica, dentre outros, impactos diretos na flora e na fauna. Naquela, "provoca perda de biodiversidade, perda de volume útil, elevada concentração de matéria orgânica e consequente diminuição do oxigênio, produzem gás sulfídrico e metano provocando odores e elevação de carbono na atmosfera, e eutrofiza as águas[4]". Já na fauna, "provoca perda da biodiversidade, implicam em resgate e realocação dos animais, somente animais de grande porte conseguem ser salvos, aves e invertebrados dificilmente são incluídos nos resgates, e provoca migração de peixes[5]."

O primeiro passo para avaliação da sistemática da transmissão de energia, portanto, é distingui-la do empreendimento de geração de energia. Isso não significa apartá-los, já que se interagem em um só complexo. Significa, sim, tornar por relevantes para análise ambiental cada uma das implicações em seus respectivos campos de produção de efeitos. Nessa senda, há uma diversidade de ponderações entre as alternativas quando se trata do modo de transmissão.

---

3 CARDOSO, Edgard Pereira. Produção de energia elétrica e a redução dos impactos ambientais sob a ótica da evolução tecnologia. In: CUSTÓDIO, Maraluce M. et al (Organizadores). Debates sobre a produção de energia: técnicas, processo e procedimentos. Rio de Janeiro: Lumen Juris, 2018. P. 93-120, p. 110-115.

4 CARDOSO, Edgard Pereira. Produção de energia elétrica e a redução dos impactos ambientais sob a ótica da evolução tecnologia. In: CUSTÓDIO, Maraluce M. et al (Organizadores). Debates sobre a produção de energia: técnicas, processo e procedimentos. Rio de Janeiro: Lumen Juris, 2018. P. 93-120, p. 114.

5 CARDOSO, Edgard Pereira. Produção de energia elétrica e a redução dos impactos ambientais sob a ótica da evolução tecnologia. In: CUSTÓDIO, Maraluce M. et al (Organizadores). Debates sobre a produção de energia: técnicas, processo e procedimentos. Rio de Janeiro: Lumen Juris, 2018. P. 93-120, p. 114.

A alternativa locacional é um dos primeiros fatores a serem considerados. A princípio, tende-se a pensar a alternativa locacional como propositiva da interrogação se é viável construir o sistema de transmissão de energia sem que venha ele a passar no interior da unidade de conservação. Em outros termos, havendo possibilidade de um sistema de transmissão que desvie suas redes da unidade de conservação, esta seria a opção preferencial.

Entretanto, este tipo de perspectiva é extremamente reducionista, recaindo em uma visão limitada do impacto ambiental e do contexto locacional da unidade de conservação. A unidade de conservação não está isolada no tempo e no espaço, pelo inverso, está em uma interação biótica e gênica para com as imediações que a circundam, em especial para com sua zona de amortecimento. Um projeto de alternativa locacional que pretenda dispor a linha de transmissão circundando a unidade de conservação e, por conseguinte, afetando a zona de amortecimento, pode resultar em uma área de impacto muito superior àquela que seria alcançada se o sistema de transmissão cruzasse a unidade de conservação.

Em outros termos, a alternativa locacional seria aparentemente mais favorável, mas em realidade iria impactar o contexto locacional da unidade de conservação em maior medida. O fator se torna ainda mais relevante se considerado o efeito de borda na unidade de conservação e o equilíbrio sistêmico nas interações ecológicas ligadas ao território.[6] Os impactos na unidade de conservação devem, portanto, sob a perspectiva locacional, visualizar o todo de afetação e fragilização da unidade de conservação para efeitos da atuação antrópica, e não uma singela fixação de intocabilidade dos limites territoriais, fator que poderia gerar proteções aparentes.

O segundo dos fatores diz respeito ao tipo de alternativa técnica que se dispõe para fins da adoção da linha de transmissão. Essa alternativa técnica deve ter em conta tanto a instalação quanto a operacionalização de controle para fins de manutenção. A ideia de senso comum remete a pensar as linhas de transmissão como gigantescas torres instaladas com cabeamentos a se prolongar indefinidamente. Entretanto, as disposições tecnológicas permitem que se projetem linhas de transmissão instaladas subterraneamente, ao que sequer

---

6 LEFF, Enrique. Ecologia, capital e cultura: a territorialização da racionalidade ambiental. Trad. Jorge E. Silva. Rev. Carlos Walter Porto-Gonçalves. Petrópolis: Editora Vozes, 2009. Título original: Ecología y capital.

haveria impacto paisagístico na unidade de conservação, além de evitar riscos para espécimes, principalmente aves. O tipo de revestimento no cabeamento subterrâneo pode sem dúvidas mitigar em extrema intensidade o impacto ambiental, sendo, portanto, matéria de condicionante ambiental e mitigação do impacto.

A alternativa técnica assumida, combinada com a alternativa locacional, poderão resultar em menores impactos ambientais na passagem de um sistema de transmissão pelo interior de uma unidade de conservação, do que poderiam ser os impactos em trajetos outros. Mais uma vez a necessidade de apuração de afetação da função ecológica em relação ao caso concreto se expõe como determinante, não obstante uma ideia errônea, por vezes abraçada no Direito brasileiro, de definir abstratamente as potencialidades de impacto e intervenção, sem considerar as variáveis efetivamente ligadas ao caso concreto.

O Decreto n. 7.154, de 9 de abril de 2010, propõe-se a abordar a disciplina da autorização para estudos técnicos sobre sistemas de transmissão e distribuição de energia, além de também reger aqueles sobre os potenciais de energia hidráulica. A norma é nucelar na disposição do marco regulatório brasileiro. O primeiro fator que consta em sua delimitação da norma é a direcionada circunscrição às unidades de conservação de uso sustentável, em uma intelecção que faz crer pela inviabilidade abstrata de situarem-se as linhas de transmissão em unidades de proteção integral.

A demanda pela autorização de realização do estudo técnico, e consecutiva implantação, se aprovado, compete ao Instituto Chico Mendes de Conservação da Biodiversidade – ICMBio. A demanda deve ser instruída em processo administrativo próprio e possui por pressuposto que o interessado já detenha registro ativo junto à Agência Nacional de Energia Elétrica – ANEEL. Entretanto, não são todas as unidades de uso sustentável que exigem o estudo e a autorização. Considerando o tipo de unidade e seu marco regulatório, são, aqueles, dispensados em caso de se tratar de Área de Proteção Ambiental – APA e Reserva Particular do Patrimônio Natural – RPPN.

O artigo 4º do Decreto determina, ainda, que os estudos devem ser, no mínimo, afetos à viabilidade técnica, social, econômica e ambiental. Aqui se integram as referências anteriores às alternativas técnica e locacional. Não basta aos estudos avaliar a técnica e proposição locacional inicial, é necessário expressar alternativas e possibilidades de modo a buscar expor conjunturas e cenários de potencialidade. A viabilidade técnica é, portanto, não aquela simplesmente apresentada pelo empreendedor para as linhas de transmissão, mas implica os cenários que podem ser extraídos em todas as conjunturas de possibilidades do empreendimento.

Os efeitos sociais das linhas de transmissão também entram aqui em questão, pois o empreendimento irá repercutir nas coletividades pelas quais ocorre a transmissão da energia, tanto no momento da implantação, quanto no momento da operação. Em especial, devem ser consideradas comunidades originárias e tradicionais, principalmente em relação à intervenção em seu modo de vida e impacto no território[7].

Sobreleva-se em importância a forma como se pretende desenvolver o empreendimento, tendo em relevo que será o tipo de alternativa técnica e locacional selecionado que irá graduar os impactos e efeitos na área afetada. Igual medida se observa nas repercussões econômicas. Ponto que deve restar claro e objetivo ao empreendedor, desde o início, é a certeza das demandas a ele dirigidas a fim de aferir a que ponto se resta viável o empreendimento sob o ângulo financeiro, tendo em vista os custos decorrentes do cumprimento de condicionantes e compensações. Lado outro, não pode fugir de consideração, pelo Poder Público, o todo social em sua demanda energética, aqui considerando o denominado princípio do aprovisionamento energético[8].

A viabilidade ambiental diz respeito aos níveis de comprometimento ecológico para a unidade de conservação, tanto do ponto de vista de geração de impactos ambientais quanto do ponto de vista de geração de riscos em análise e gestão de ameaças.[9] A viabilidade ambiental possui variáveis de análise que dizem respeito aos atributos da unidade de conservação federal. Se os efeitos adversos sobre os atributos da unidade de conservação não forem reversíveis e não forem passíveis de mitigação, o empreendimento será inviável.

---

7 PIERRÉ-CAPS, Stéphane. O direito das minorias. In: ROULAND, Norbert (org.). O direito das minorias e dos povos autóctones. Trad. Ane Lize Spaltemberg. Brasília: Editora Universidade de Brasília, 2004. Título original: Droit des minorités et des peuples autochtones.

8 SIMIONI, Rafael Lazzarotto. O princípio da segurança no aprovisionamento energético. In: CUSTÓDIO, Maraluce M. (Organizadora). Energia e direito: perspectivas para um diálogo de sustentabilidade. Vol. III. Rio de Janeiro: Lumen Juris, 2016, p. 21-38, p. 26.

9 CARVALHO, Délton Winter de. Desastres ambientais e sua regulação jurídica: deveres de prevenção, resposta e compensação ambiental. São Paulo: Ed. Revista dos Tribunais, 2015.

Tem-se aqui a alternativa zero dentre as avaliações de possibilidade de concretização do empreendimento. Conforme assinala Eduardo Fortunato Bim, "esta alternativa deve conter a avaliação do que ocorreria se o empreendimento não se realizasse. É na alternativa zero que se coloca a possibilidade de se alcançar os mesmos objetivos, sem executar o empreendimento[10]". Robustece-se, assim, a necessidade de que a autorização para os estudos se dê mediante a apresentação de plano de trabalho discriminando das atividades que se pretende realizar, metodologia de sua elaboração e período pretendido.

Após a realização dos estudos de compatibilidade, o empreendedor terá sua proposição de intervenção na unidade de uso sustentável avaliada pelo ICMBio, que poderá expedir a autorização desde que atendidos requisitos mínimos dispostos no próprio Decreto n. 7.152. Isso significa que podem, os estudos de compatibilidade, agregar outros requisitos, desde que fundamentadamente e coligados para com os eixos técnico, social, econômico e ambiental.

Os requisitos mínimos compreendem inicialmente a vedação de descaracterização do conjunto dos atributos ambientais que determinaram a criação e manutenção da unidade de conservação. Além disso, as linhas de transmissão não podem afetar as atividades previstas tanto em lei, quanto no plano diretor da unidade de conservação impactada. Lado outro, exige-se, como requisito formal, a manifestação do Conselho da Unidade, sem caráter vinculante. Ao ponderar todos os estudos e elementos postos como requisitos e deliberando pela emissão, a autorização será acompanhada de medidas de mitigação, controle e monitoramento, discriminados em condicionantes.

Mas não se pode, nesse crivo, ignorar um fator decisivo quando se questiona o uso energético. Os impactos com a transmissão devem levar em conta as contribuições do setor energético em termos de geração de energia e demanda a partir de vias renováveis, escapando, em decorrência, aos impactos e efeitos dos combustíveis fósseis. Embora o ponto não seja previsto diretamente, não pode deixar de ser colocado em questão. Afinal, a demanda de energia continuará mesmo que se negue a transmissão de energia.

---

10 BIM, Eduardo Fortunato. Licenciamento ambiental. Rio de Janeiro: Lumen Juris, 2014, p. 110.

A questão que se abre é como a sociedade irá tender a resolver o problema dos reflexos do modelo de desenvolvimento assumido[11]. Negativas simplistas podem alimentar o uso de combustíveis fósseis ou gerações poluidoras, resultando, em escala final, em maiores efeitos e implicações negativas ao meio ambiente.

Embora não haja compensação financeira pela realização dos estudos, haverá compensação a ser fixada pela implantação das linhas de transmissão, mesmo que em um cenário do menor impacto possível em termos de alternativas técnica e locacional. A transparência e clareza do órgão ambiental para com o empreendedor é ponto central. Há que se adotar, perante o empreendedor do setor energético, assim como para com qualquer outro, uma vedação de surpresa, ao intento de que não seja aquele surpreendido com deliberações imprevisíveis e que lhe afetem as decisões já tomadas ou compromissos já firmados na programação do empreendimento.

Deve haver contundência na aplicação das normas ambientais de tutela das funções e dos processos ecológicos, mas contundência não se confunde com obscuridade ou arbitrariedade.

Se o contexto de autorização das linhas de transmissão enfrenta esta lógica operacional quando se trata de passagem de linhas de transmissão para destinatários diversos, externos à eventual população que habite a unidade de conservação, a questão muda de figura quando se trata de linhas de transmissão para atender à população que a habita ou esteja adjacente à área protegida. Se as linhas de transmissão são voltadas para atender coletividades que estão no interior ou adjacências da unidade de conservação, está-se a tratar de acesso a serviços ligados à qualidade de vida e a direitos fundamentais.

O acesso à energia elétrica se constrói como meio para efetivo exercício de direitos e alcance de qualidade de vida. Deve, assim, a tutela da unidade de conservação, sob o aspecto ecológico, compatibilizar-se com as vias de inclusão ao acesso à energia elétrica dos habitantes da unidade. É nesse ponto que se aplica o disposto no artigo 46 da Lei do SNUC.

---

11 GIDDENS, Anthony. A vida em uma sociedade pós-tradicional. In: BECK, Ulrich et al. Modernização reflexiva: política, tradição e estética na ordem social moderna. Trad. Magda Lopes. Revisão Técnica: Cibele Saliba Rizek. São Paulo: Ed. Unesp, 2012.

A Lei n. 9.985/2000 (Lei do SNUC) dispõe que a instalação de redes de abastecimento de água, esgoto, energia e infraestrutura urbana em geral, em unidades de conservação onde estes equipamentos são admitidos, depende de prévia aprovação do órgão responsável por sua administração, sem prejuízo da necessidade de elaboração de estudos de impacto ambiental e outras exigências legais. O traço distintivo em relação ao caso anterior é que a hipótese se aplica tanto às unidades de uso sustentável, quanto às unidades de proteção integral. A abertura é indicada no próprio parágrafo único do artigo 46, quando prevê aplicação à zona de amortecimento das unidades do Grupo de Proteção Integral, bem como às áreas de propriedade privada inseridas nos limites dessas unidades e ainda não indenizadas.

Entretanto, hipótese peculiar é prevista nos artigos 8º e 12 do Decreto n. 7.154. O artigo 8º prevê que o concessionário, permissionário ou autorizado responsável pela distribuição ou transmissão de energia elétrica poderá requerer autorização para instalação desses empreendimentos nas unidades de conservação federais de uso sustentável por meio de processo administrativo próprio requerido pelo interessado junto ao Instituto Chico Mendes. Nessa situação, a instalação dependerá da celebração de cessão de uso onerosa.

A cessão de uso onerosa está prevista no artigo 18 da lei n. 9.636, de 15 de maio de 1998. O dispositivo prevê que imóveis federais possam ser cedidos a pessoas jurídicas em se tratando de interesse público ou social, ou mesmo em caso de aproveitamento econômico de interesse nacional. O Decreto n. 7.154 aqui se integra para determinar que o contrato deve fazer constar o prazo previsto para a exploração dos serviços de distribuição ou de transmissão de energia elétrica. O valor da cessão será fixado pela Secretaria do Patrimônio da União, conforme parâmetros definidos em ato conjunto dos Ministros de Estado do Planejamento, Orçamento e Gestão, atualmente Economia, do Meio Ambiente e de Minas e Energia, devendo ser destinado à própria unidade de conservação.

É nesse contexto normativo de aplicação das normas de transmissão de energia elétrica que se situam as polêmicas de instalação e operação em unidades de conservação, tais como os parques nacionais. Mas uma outra situação não prevista diretamente na lei se abre, relativa às disciplinas legais de acesso à energia elétrica por parte de comunidades adjacentes impactadas pela criação de unidades de conservação. É este o caso ocorrido no Parque de Jericoacoara.

3. Linhas de Transmissão no Parque de Jericoacoara

O Parque Nacional de Jericoacoara foi criado por meio do Decreto S/Nº, de 4 de fevereiro de 2002, com os objetivos de proteger e preservar amostras dos ecossistemas costeiros, assegurar a preservação de seus recursos naturais e proporcionar oportunidades controladas para o uso público, educação e pesquisa científica.

Conforme se depreende das normas ambientais incidentes sobre essa categoria de unidade de conservação, em especial os artigos 7º, 11 e 28 da Lei nº 9.985/2000, para os Parques Nacionais, os objetivos básicos definidos na Lei são "a preservação de ecossistemas naturais de grande relevância ecológica e beleza cênica, possibilitando a realização de pesquisas científicas e o desenvolvimento de atividades de educação e interpretação ambiental, de recreação em contato com a natureza e de turismo ecológico". Os Parques Nacionais, portanto, não admitem, como regra, estruturas de linhas de transmissão ou de distribuição de energia elétrica em seu interior, considerando seu status de unidades de proteção integral.

É importante um registro sobre o atual posicionamento do Instituto Chico Mendes de Conservação da Biodiversidade - ICMBio quanto à autorização para licenciamento ambiental dessas estruturas em caso de população tradicional residente dentro de Unidade de Conservação onde não é permitida sua permanência, tais como os Parques Nacionais, bem como no caso de população não tradicional residente em terras de domínio público para as quais ainda está pendente a devida regularização fundiária para consolidação do Parque. Ainda, que, a título de excepcionalidade e de transitoriedade, para garantia de acesso a direitos fundamentais, o ICMBio tem autorizado o licenciamento nessas hipóteses, dentro da ótica normativa presente no artigo 46 da Lei do SNUC.

O caso do Parque Nacional de Jericoacoara se apresenta como específico nesse contexto. Nas adjacências do Parque existe uma concentração populacional, população não tradicional, que restou "ilhada", cercada, pelos limites do Parque após a sua criação. Nos termos do que consta no Plano de Manejo dessa Unidade, a Vila de Jericoacoara, "embora esteja fora dos limites do parque, está completamente cercada e isolada pela unidade de conservação", de "forma que qualquer acesso terrestre à citada vila só pode ser feito atravessando os limites do parque[12]".

A criação dessa Unidade de Conservação em 2002, posterior à existência dessa Vila, deixou de considerá-la como parte legalmente integrante do Parque Nacional. Contudo, constata-se em fato que a Vila de Jericoacoara é parte do Parque, encontrando-se em uma nítida relação de interdependência para com o modus vivendi projetado pela unidade de conservação. Por outro lado, as áreas da Vila não estão submetidas ao regime de desapropriação das áreas particulares incluídas em seus limites, uma vez que é nessa Vila que estão concentrados os hotéis e pousadas que atendem ao turismo da região, o que justificaria até mesmo uma decisão político-social à época da criação da Unidade de Conservação pela não inclusão.

Assim, a Vila de Jericoacoara vive em função do Parque Nacional criado ao seu redor, devendo ser ressaltado que a comunidade ali residente já é atendida por uma rede de distribuição de energia, que não mais suporta suas necessidades, pois está em sobrecarga, o que pode vir a comprometer os níveis de segurança da rede elétrica existente bem como sua confiabilidade e a qualidade de seus serviços de fornecimento.

Diante de tal quadro, poderia ou deveria o ICMBio autorizar o licenciamento ambiental para ampliação da linha de distribuição para atender à população cercada por um Parque Nacional, que é unidade de conservação de proteção integral?

Como já mencionado, a exceção que foi criada com o isolamento da área da Vila de Jericoacoara é compreensível, já que não seria possível, nem mesmo a longo prazo, desapropriar aquela área compreendida pela Vila, caso inserida dentro do Parque, em razão de seu potencial crescimento turístico, que já era intenso em 2002, conforme consta nos relatórios do Plano de Manejo. Contudo, não houve o tratamento jurídico adequado ao caso, pois não se previu qualquer exceção estabelecida para a área ou para o seu entorno quando de sua criação.

---

12 BRASIL. Instituto Chico Mendes de Conservação da Biodiversidade – ICMBio. Plano de Manejo – Parque Nacional de Jericoacoara. Encarte 2. Brasília: ICMBio, 2011. Disponível em: <http://www.icmbio.gov.br/portal/unidadesdeconservacao/biomas-brasileiros/marinho/unidades-de-conservacao-marinho/2261-parna-de-jericoacoara>. Acesso em: 10 nov. 2019, p. 5.

Mesmo que o ICMBio já admita a existência de um regime de transitoriedade para os casos de empreendimentos pré-existentes à criação das Unidades de Conservação que são com estas incompatíveis, buscando-se o equilíbrio entre a proteção ambiental e o direito de propriedade ou para com o acesso a serviços afetos a direitos fundamentais, não seria o caso de aplicação de uma ótica restrita e abstrata na aplicação jurídica regente na avaliação de ampliação das linhas de distribuição de energia elétrica no Parque de Jericoacoara.

Por óbvio que os fundamentos utilizados pela Autarquia ambiental para permitir, ainda que transitoriamente, o licenciamento de estruturas de energia elétrica em Unidades de proteção integral, mediante a devida ponderação entre os direitos constitucionais fundamentais em questão, são aplicáveis também ao caso em tela. Afinal, devem ser considerados tanto o direito público coletivo ao meio ambiente equilibrado do artigo 225 da Constituição, quanto o direito à dignidade das pessoas que precisam ser atendidas pelo serviço público, que por definição é essencial.

Contudo, deve-se averiguar a adequação jurídica e a conveniência de aplicação de um regime jurídico de transitoriedade ao caso em comento, já que as propriedades fora do Parque, mais especificamente a área da Vila de Jericoacoara, não estão sujeitas a uma desapropriação ainda não ultimada. Em outras palavras, por se tratar de área que hoje não está legalmente inserida na Unidade de Conservação, as áreas da Vila não serão desapropriadas, o que nos leva ao questionamento específico quanto à possibilidade de definitividade de instalação do empreendimento de energia elétrica.

Para que o ponto da definitividade seja solucionado, entende-se necessária a demonstração de que o serviço a ser prestado é inerente à Unidade de Conservação, de acordo com os objetivos da categoria em estudo. Dessa forma, considerando os objetivos do Parque Nacional, presentes na Lei do SNUC, as estruturas permitidas são, portanto, aquelas afetas à implementação das atividades de uso comum do público, tais como visitação, recreação e turismo da própria Unidade de Conservação, conforme previsto no artigo 25 do Decreto nº. 4.030/2002.

Nesse contexto, sob uma perspectiva restritiva, eventuais linhas de distribuição de energia elétrica que cortem o Parque Nacional de Jericoacoara somente devem ser permitidas se estiverem relacionadas aos serviços inerentes à Unidade, atendidas as normas do Plano de Manejo e desde que tecnicamente sejam aprovadas e cumpridas condicionantes porventura postas para o licenciamento da atividade.

Não há dúvidas de que o direito à energia elétrica constitui direito básico do cidadão, devendo a Administração ambiental buscar, para a solução do caso concreto, a ponderação dos direitos conflitantes, que jamais pode ser dada em tese, senão com um olhar cuidadoso sobre os fatos e centrada em estudos ambientais desenvolvidos in concreto. Se há necessidade de melhoria e ampliação da prestação do serviço de fornecimento de energia elétrica no interior do Parque, há de se perquirir acerca de como se deu a criação dessa Unidade, que cercou a área ocupada, que é essencial ao turismo na região, sendo que a mesma área está em total integração com o Parque Nacional, tanto que só se chega à Vila por meio de travessia pelo Parque.

Assim, deve ser considerado que a melhor solução não passe pela desocupação da área da Vila, já que não inserida política e legalmente no interior do Parque. Contudo, tendo em vista o regime de proteção integral dessa categoria, é regra inafastável que os Parques Nacionais devem restar livres de instalações do tipo das linhas de transmissão de energia elétrica, com exceção daquelas que visam atender à própria Unidade.

Registre-se, ademais, que o acesso ao recurso energético, todavia, não pode ocorrer à semelhança do verificado em locais que não sejam objeto de afetação ambiental, sendo necessário redobrado cuidado na avaliação da adequação ambiental do projeto, bem como na fixação de condicionantes. Em outras palavras, ainda que a vedação apriorística de uso direto do recurso natural em unidades de Proteção Integral ceda diante da necessidade de garantir acesso a serviços ligados a direitos fundamentais das populações residentes, cabe à Autarquia ambiental verificar se os impactos decorrentes da instalação da rede de distribuição são suportáveis pelo ecossistema local, sem prejuízo de sua estabilidade, sendo, ainda, necessário prever as condicionantes adequadas.

Não é possível colocar, de modo absoluto e apriorístico, a proteção ambiental acima indicada como desatada do acesso a serviços ligados ao exercício de direitos fundamentais e, em certa medida, até mesmo ao direito à propriedade privada das populações que vivem em área não regularizada de unidade de conservação ou em área enclausurada por esta última. A situação se aguça quando a área sequer é passível de desapropriação, como no caso de Jericoacoara.

Nesse âmbito, outra solução não seria possível que não a autorização para licenciamento da ampliação da linha de distribuição de energia elétrica para atender a população da Vila, sob pena de privação de acesso ao serviço de energia elétrica de uma comunidade que sequer se encontra no interior da unidade de conservação. Aplica-se, portanto, a previsão do artigo 46 em graus de analogia para resguardar o acesso à energia elétrica e, em consequência, a legitimidade de linhas de transmissão.

A fim de suprir as bases de analogia, mostra-se possível a adoção dos estudos e avaliações já previstos no Decreto 7.154, com ampliação dos referenciais do regime jurídico de regulação de impactos de linhas de transmissão em unidades de conservação federais.

4. Conclusão

O regime jurídico de regência das linhas de transmissão de empreendimentos energéticos passa por diversos contextos de aplicação. Em todos esses contextos, deve-se ter em conta a avaliação de compatibilidade de linhas de transmissão segundo o tipo de unidade de conservação. A análise de compatibilidade irá variar segundo se trate de unidade de uso sustentável ou unidade de proteção integral, com incidência de maior restrição em relação à última.

Além da diferenciação em relação ao tipo de unidade de conservação, a projeção de destinação da energia que exige a operação por meio das linhas de transmissão irá repercutir no regime jurídico regulador da viabilidade ambiental e econômica. Por decorrência, não é possível aplicar a mesma base reguladora para diversas situações de destinatários da transmissão. O fator de distinção passa pelo nível de necessidade social no acesso à energia, elemento que confronta as balizas dos fatores positivos e negativos dos impactos.

Quando se trata de destinação de energia para coletividades inseridas na unidade de conservação, ou mesmo para a própria gestão da unidade de conservação, há maior abertura normativa para a alocação dos sistemas de transmissão, sempre em consonância com estudos voltados para garantir o maior nível possível de mitigação.

Situação própria é assumida quando há coletividades que, embora fora da unidade de conservação, somente podem ter o acesso à energia a partir do sistema de transmissão que passa pela área especialmente protegida. Nesta última hipótese, o marco regulatório tende a aproximar o cenário daquele primeiro, a fim de viabilizar o acesso à energia e evitar, inclusive, focos de conflito nos quais a unidade de conservação passe a ser entendida como um obstáculo social, e não um ganho ecológico para a sociedade.

As hipóteses de transmissão de energia para localidades outras, em que a passagem da energia seja voltada para atendimento a coletividades alheias em si à unidade de conservação, ganham maior nível de rigidez normativo. Entretanto, mesmo nesta hipótese, não se deve descartar a priori a passagem. A análise de alternativas técnicas e locacionais é um passo decisivo, inclusive para fins de computar os custos ambientais, sociais e econômicos da não passagem da transmissão pela unidade de conservação, fator que pode, em escala final, resultar inclusive em maiores passivos ambientais.

A importância da geração de energia caminha ao lado do planejamento efetivo, comprometido ambientalmente com projeções de sustentabilidade. Tão relevante quanto a geração é amparar a modalidade de transmissão e a forma como ela se opera. Sobre esses trilhos, dotar de densidade termos de referência e clareza para desenvolvimento dos estudos sociais, ambientais e econômicos para avaliação de viabilidade da instalação e da operação de linhas de transmissão de energia em unidades de conservação é passo inarredável para planejamento e gestão ambiental eficazes e efetivos.

5. Referências Bibliográficas

BIM, Eduardo Fortunato. **Licenciamento ambiental**. Rio de Janeiro: Lumen Juris, 2014.

BRASIL. Instituto Chico Mendes de Conservação da Biodiversidade – ICMBio. Plano de Manejo – **Parque Nacional de Jericoacoara**. Encarte 2. Brasília: ICMBio, 2011. Disponível em: < http://www.icmbio.gov.br/portal/unidadesdeconservacao/biomas-brasileiros/marinho/unidades de conservacao marinho/2261 parna de jericoacoara>. Acesso em: 10 nov. 2019.

CARDOSO, Edgard Pereira. **Produção de energia elétrica e a redução dos impactos ambientais sob a ótica da evolução tecnologia**. In: CUSTÓDIO, Maraluce M. et al (Organizadores). Debates sobre a produção de energia: técnicas, processo e procedimentos. Rio de Janeiro: Lumen Juris, 2018.

CARVALHO, Délton Winter de. **Desastres ambientais e sua regulação jurídica: deveres de prevenção, resposta e compensação ambiental**. São Paulo: Ed. Revista dos Tribunais, 2015.

GIDDENS, Anthony. **A vida em uma sociedade pós-tradicional. In: BECK, Ulrich et al. Modernização reflexiva: política**, tradição e estética na ordem social moderna. Trad. Magda Lopes. Revisão Técnica: Cibele Saliba Rizek. São Paulo: Ed. Unesp, 2012.

LEFF, Enrique. **Ecologia, capital e cultura: a territorialização da racionalidade ambiental**. Trad. Jorge E. Silva. Rev. Carlos Walter Porto-Gonçalves. Petrópolis: Editora Vozes, 2009. Título original: Ecología y capital.

PIERRÉ-CAPS, Stéphane. **O direito das minorias. In: ROULAND, Norbert (org.). O direito das minorias e dos povos autóctones**. Trad. Ane Lize Spaltemberg. Brasília: Editora Universidade de Brasília, 2004. Título original: Droit des minorités et des peuples autochtones.

SIMIONI, Rafael Lazzarotto. **O princípio da segurança no aprovisionamento energético.** In: CUSTÓDIO, Maraluce M. (Organizadora). Energia e direito: perspectivas para um diálogo de sustentabilidade. Vol. III. Rio de Janeiro: Lumen Juris, 2016.

A APLICABILIDADE DO CADASTRO AMBIENTAL RURAL AOS IMÓVEIS DESTINADOS AOS EMPREENDIMENTOS DO SETOR ELÉTRICO

Maria Gravina Ogata[1]
Ney Maron de Freitas[2]

1. Introdução

A atual política pública de proteção da vegetação brasileira foi instituída pela Lei nº 12.651, que entrou em vigência em 25 de maio de 2012. Esse importante instrumento legal estabelece normas gerais de proteção da vegetação, de exploração florestal e de controle e prevenção dos incêndios florestais. Além disso, prevê os instrumentos econômicos e financeiros que buscam alcançar os objetivos dessa política pública.

A referida Lei, também conhecida como Novo Código Florestal, traz um capítulo específico sobre o Cadastro Ambiental Rural (CAR), que se constitui em um registro público eletrônico de âmbito nacional, obrigatório para todos os imóveis rurais, visando integrar as informações ambientais das propriedades e posses rurais, compondo uma base de dados para controle, monitoramento, planejamento ambiental e econômico e combate ao desmatamento.

A implantação do CAR trouxe inúmeras consequências para o setor elétrico quando do requerimento da Licença Ambiental de seus empreendimentos de geração, transmissão e distribuição de energia, visto que a maior parte deles se implanta em imóveis localizados fora da área urbana.

---

1 Advogada e Geógrafa. Doutora em Administração Pública pela Universidade Complutense de Madrid na Espanha. Mestre em Geografia Física pela Universidade de São Paulo – USP.

2 Advogado e Engenheiro Civil. Formação em Direito pela Universidade Católica de Salvador e Engenharia Civil pela Universidade Federal da Bahia. Conselheiro Fiscal da ABDEM - Associação Brasileira de Direito da Energia e Meio Ambiente.

Diante das dificuldades encontradas, este artigo analisa a legislação vigente buscando identificar se, do modo como ela se encontra, cabe a aplicação do CAR aos imóveis onde se inserem os empreendimentos do setor elétrico, considerado de uso industrial. Além disso, há que se considerar a especificidade desse setor, já que alguns empreendimentos são passíveis de Declaração de Utilidade Pública (DUP) por parte da Agência Nacional de Energia Elétrica (ANEEL) para fins de desapropriação ou instituição de servidão administrativa das áreas necessárias à implantação de instalações de concessionários, permissionários e autorizados de energia elétrica[3].

Vale ainda lembrar que os empreendimentos de infraestrutura, dentre os quais se inserem os do setor energético, foram considerados de utilidade pública pelo próprio Código Florestal, fazendo com que eles possam contar com algumas especificidades, que não são aplicáveis aos outros setores econômicos, como se verá neste estudo.

Da forma como vem sendo interpretada a legislação que ora se examina, muitos órgãos licenciadores vinculam a implantação dos empreendimentos do setor elétrico à existência do CAR dos imóveis em que se inserem, fato esse que envolve custos, especialmente quando se trata de uma grande quantidade de imóveis, como é o caso dos empreendimentos lineares (linhas de transmissão). Pelo tempo que se leva para viabilizar um empreendimento dessa natureza, caso se aplique a exigência do CAR nos processos de licenciamento ambiental, acaba se perdendo o objetivo da DUP, que é o seu diferencial em relação aos demais empreendimentos.

Nesse contexto, e na tentativa de compreender a inteligência dos atuais instrumentos gerenciais de cunho ambiental, serão examinados os seguintes aspectos: em que consiste o CAR; a quem cabe a responsabilidade de inscrever e registrar os imóveis rurais nesse cadastro; quais são as consequências da sua implantação; o que se entende por imóvel rural; quais são as dificuldades encontradas no processo de licenciamento ambiental de empreendimentos do setor elétrico; o posicionamento dos órgãos licenciadores frente aos problemas levantados; e a indicação de algumas possibilidades de interpretação da legislação no sentido de dar eficácia ao licenciamento ambiental de empreendimentos do setor elétrico.

---

[3] Conforme reza o art. 10 da Lei nº 9.074, de 7 de julho de 1995 (alterada pela Lei nº 9.648/98).

2. Histórico e Base Legal do Cadastro Ambiental Rural

Em que pese a criação do CAR pela Lei nº 12.561/2012, o histórico desse Cadastro remonta a 2009, quando ele foi instituído pelo Decreto nº 7.029, de 10 de dezembro de 2009, como um dos instrumentos do "Programa Mais Ambiente[4]". Naquela oportunidade, o CAR foi definido como sendo um sistema eletrônico de identificação georreferenciada da propriedade rural ou posse rural, contendo a delimitação das áreas de preservação permanente, da reserva legal e remanescentes de vegetação nativa localizadas no interior do imóvel, para fins de controle e monitoramento[5].

Depois da sua edição, o Novo Código Florestal foi alterado pelas Leis nº 12.727/2012; 13.295/2015; 13.335/2016; 13.465/2017; e 13.887/2019[6]. Esse Código foi regulamentado pelos Decretos nº 7.830, de 17 de outubro de 2012; nº 8.235, de 5 de maio de 2014; e nº 9.640, de 27 de dezembro de 2018. Os dois primeiros decretos dispõem sobre o Sistema de Cadastro Ambiental Rural (SICAR), o CAR (Cadastro Ambiental Rural), normas de caráter geral e complementares aos Programas de Regularização Ambiental, dos Estados e do Distrito Federal e institui o Programa Mais Ambiente Brasil. Por sua vez, o Decreto nº 9.640/2018 trata especificamente da Cota de Reserva Ambiental (CRA), instituída pelo art. 44 da Lei nº 12.651/2012.

De modo a operacionalizar o CAR, foi editada a Instrução Normativa do Ministério do Meio Ambiente nº 2, de 6 de maio de 2014, que definiu os procedimentos gerais e específicos para a integração, execução e compatibilização do Sistema de Cadastro Ambiental Rural (SICAR). Assim, após dois anos da recriação desse cadastro pela Lei nº 12.561/2012, considerou-se implantado o CAR em todo território nacional com a edição dessa IN MMA nº 2/2014[7].

4 Conforme se vê no inciso II do art. 3º e do art. 14 desse Decreto (revogado pelo Decreto nº 7.830, de 17 de outubro de 2012).

5 Conforme menciona o texto do inciso II do art. 3º do revogado Decreto nº 7.029/2009.

6 A Lei nº 12.651/2012 foi alterada pelas Leis nº 12.727/2012 (acresce arts. 1º-a, 11-a, 61-a, 61-b, 61-c, 78-a e altera arts. 3º, 4º, 5º, 6º, 10, 12, 14, 15, 16, 17, 18, 29, 35, 36, 41, 42, 58, 59, 66 e 83); nº 13.295/2015 (altera arts. 29 e 78-a); nº 13.335/2016 (altera o art. 59); nº 13.465/2017 (altera arts. 64, e 65) e pela Lei nº 13.887/2019 (altera os arts. 29 e 59).

7 Conforme determina o art. 64 dessa IN MMA.

3. Aplicabilidade do CAR

3.1. Definição e Objetivos do CAR

O Cadastro Ambiental Rural se constitui em "(...) registro público eletrônico de âmbito nacional, obrigatório para todos os imóveis rurais, com a finalidade de integrar as informações ambientais das propriedades e posses rurais, compondo base de dados para controle, monitoramento, planejamento ambiental e econômico e combate ao desmatamento", conforme esclarece o caput do art. 29 da Lei nº 12.561/2012. A redação dada pela recente Lei nº 13.887/2019 aos §§ 3º e 4º desse mesmo art. 29, reitera que a inscrição no CAR é obrigatória e por prazo indeterminado para todas as propriedades e posses rurais. Contudo, aqueles que inscreverem seus imóveis rurais no CAR, até o dia 31 de dezembro de 2020, terão direito à adesão ao Programa de Regularização Ambiental (PRA).

De modo a facilitar o alcance desses objetivos, a inscrição e o registro do imóvel rural nesse Cadastro são gratuitos e devem ser feitos pelo proprietário ou posseiro de imóvel rural[8].

É de grande importância ressaltar que o CAR se aplica, inclusive, aos imóveis com destinação rural que se localizam em área urbana, respeitando-se os mesmos índices de Reserva Legal legalmente previstos. Contudo, no caso de inclusão do imóvel rural em parcelamento ou expansão urbana, o proprietário ou possuidor rural deverá solicitar, junto ao órgão competente, a alteração do registro no CAR[9]. Isso reforça o entendimento de que, mesmo que o imóvel se situe em zona urbana, prevalece a destinação do imóvel como critério para se considerar se ele está submetido ao CAR[10].

3.2. Responsabilidade quanto à Inscrição do Imóvel Rural no CAR

A atribuição para inscrever o imóvel rural no CAR é do proprietário ou possuidor rural, devendo fazê-lo preferencialmente no órgão ambiental municipal ou estadual, constando as informações mencionadas no § 1º do art. 29 da referida Lei nº 12.651/2012.

[8] Conforme esclarece o texto do art. 13 da IN MMA 02/2014 e o § 5º do art. 3º do Decreto nº 8.235/2014.

[9] De acordo com o disposto no Parágrafo único do art. 35 IN MMA.

[10] Conforme disciplina o art. 35 da IN MMA nº 2/2014.

Uma vez implantado o CAR, a supressão de novas áreas de floresta ou outras formas de vegetação nativa somente será autorizada pelo órgão ambiental estadual integrante do Sistema Nacional do Meio Ambiente (SISNAMA) se o imóvel estiver inserido no mencionado cadastro, ressalvando-se o previsto no art. 30 do Código Florestal[11]. Isso significa que para empreender, caso haja a necessidade de suprimir novas áreas de florestas ou outras tipologias de vegetação nativa, o imóvel rural deve estar inscrito no CAR.

O Decreto nº 7.830/2012 é um dos instrumentos legais que regulamenta a Lei nº 12.651/2012 no que diz respeito ao CAR, esclarecendo que se trata de um instrumento de natureza declaratória e permanente, bem como elencando os dados do proprietário, possuidor ou responsável direto pelo imóvel que deverão constar desse Cadastro[12].

Diante do que se apresentou, a responsabilidade para registrar o imóvel rural no CAR é somente do proprietário ou possuidor do imóvel rural, ou representante legalmente constituído, independendo da contratação de técnico[13]. Contudo, nos casos de assentamentos de Reforma Agrária, a inscrição no CAR cabe ao órgão fundiário competente, desde não se tenha sido efetuada a inscrição individualizada dos lotes contidos nos assentamentos, ocasião em que os assentados poderão contar com o apoio do órgão fundiário competente para proceder aos respectivos cadastros no CAR[14]. Além dessa ressalva, abre-se a possibilidade de se efetuar essa inscrição por parte dos órgãos relacionados à gestão de áreas e territórios de uso coletivo, tituladas ou concedidas aos povos ou comunidades tradicionais; ocorrendo o mesmo em relação às terras indígenas[15].

Em razão da fragilidade financeira dos pequenos proprietários rurais, de assentamentos de Reforma Agrária e dos Povos e Comunidades Tradicionais (hipossuficiência econômica), há a possibilidade de fazer a inscrição no CAR

11 De acordo com o § 3º do art. 12 do Novo Código Florestal. A ressalva do art. 30, mencionada no § 3º do art. 12 do referido Código Florestal, se refere ao fato de que, alternativamente, o imóvel rural poderá contar com a averbação da Reserva Legal; ou termo de compromisso já firmado, nos casos de posse, devendo ser apresentada essa comprovação ao órgão ambiental competente.

12 Ver o conteúdo dos arts. 5º e 6º do Decreto nº 7.830/2012.

13 Conforme indica o § 5º do art. 3º do Decreto nº 8.235/2014.

14 De acordo com o estabelecido no § 2º do art. 52 da IN MMA nº 02/2014.

15 Nos termos dos arts. 58 e 59 da IN MMA nº 02/2014.

mediante procedimento simplificado[16]. Nesse caso, será obrigatória apenas a identificação do proprietário ou do possuidor rural e a comprovação da propriedade ou posse, além do croqui indicando o perímetro do imóvel, as Áreas de Preservação Permanente e os remanescentes que formam a Reserva Legal[17].

Assim, a inscrição e o registro no CAR cabem somente ao possuidor ou posseiro de imóvel rural, ou ainda àqueles legalmente por eles constituídos, ressalvando-se os casos anteriormente mencionados (a exemplo dos povos e comunidades tradicionais, assentamentos de reforma agrária), casos em que essa tarefa compete às instituições que os representam.

3.3. Consequências da Implantação do CAR

Quem inscreveu seu imóvel rural no CAR, seja proprietário ou posseiro:

a) poderá ser admitido o cômputo das Áreas de Preservação Permanente no cálculo do percentual da Reserva Legal do imóvel[18];

b) poderá utilizar a área excedente para fins de constituição de servidão ambiental, Cota de Reserva Ambiental e outros instrumentos congêneres, caso conte com Reserva Legal conservada e cuja área ultrapasse o mínimo exigido por Lei[19];

c) terá assegurado o direito de emissão de CRA[20];

d) se desobrigará da averbação no Cartório de Registro de Imóveis[21];

e) poderá requerer a supressão de vegetação nativa para uso alternativo do solo, tanto de domínio público como de domínio privado, mediante prévia autorização do órgão estadual competente do Sisnama[22];

f) dependerá de simples declaração ao órgão ambiental competente, a intervenção e a supressão de vegetação em Áreas de Preservação Permanente e de Reserva Legal, no caso das atividades eventuais ou de baixo impacto ambiental desenvolvidas em pequena propriedade ou posse rural familiarl[23];

---

[16] Conforme estabelecem os arts. 52 a 60 da IN MMA nº 02/2014.

[17] Como se vê no art. 8º do Decreto nº 7.830/2012.

[18] Nos termos do inciso III do art. 15 da Lei nº 12.651/2012.

[19] Conforme § 2º do art. 15, arts. 44 e 45 da Lei nº 12.651/2012.

[20] De acordo com as disposições do inciso I do art. 8º do Decreto nº 9.640/2018.

[21] Nos termos do § 4º do ar. 18 da Lei nº 12.651/2012.

[22] Conforme o texto do caput do art. 26 da Lei nº 12.561/2012.

[23] De acordo com o art. 52. da Lei nº 12.651/2012.

g) poderá aderir ao Programa de Regularização Ambiental (PRAs)[24];

j) poderá receber crédito agrícola das instituições financeiras, em quaisquer de suas modalidades[25];

k) poderá converter a multa simples em serviços de preservação, melhoria e recuperação da qualidade do meio ambiente, no bojo do Programa de Conversão de Multas Ambientais emitidas por órgãos e entidades da União integrantes do Sistema Nacional do Meio Ambiente (SISNAMA)[26].

Como se vê, muitas são as consequências decorrentes da inscrição do imóvel rural no CAR, que demandam atenção constante de quem tem o domínio ou a posse de imóvel rural, obrigando-se a atualizar as informações e a recuperar passivo ambiental relativo às Áreas de Preservação Permanente, de Reserva Legal e de uso restrito, mediante adesão aos Programas de Regularização Ambiental com ações de recuperação, recomposição, regeneração ou compensação.

De todas essas consequências, ressalta-se aquela elencada na alínea e) da lista que se acaba de apresentar como sendo a de maior impacto sobre o setor de energia: o empreendedor somente poderá requerer a supressão de vegetação nativa ao órgão competente, desde quando o imóvel conte com o respectivo registro no CAR[27].

Isso significa que as obras de infraestrutura destinadas às concessões e aos serviços públicos de energia[28], somente poderão se efetuar caso o proprietário ou possuidor do imóvel rural realize a inscrição e o registro do seu imóvel rural no CAR. Caso contrário, o empreendedor do setor elétrico pouco poderá fazer para viabilizar seu empreendimento, ainda que essas obras sejam consideradas de utilidade pública, mesmo que contem com a DUP.

---

24 Conforme dispõem o § 2º art. 59 da Lei nº 12.651/2012 e o caput do art. 2º do Decreto nº 8.235/2014.

25 De acordo com o texto do art. 78-A da Lei nº 12.651/2012 (com Redação dada pela Lei nº 13.295, de 2016).

26 Nos termos estabelecido nos arts. 139 e 140 do Decreto nº 6.514, de 22 de julho de 2008 (alterados pelo Decreto nº 9.179/2017).

27 Nos termos do caput do art. 26 e § 3º do art. 12 da Lei nº 12.561/2012.

28 Assim entendidas aquelas consideradas de utilidade publica pelo próprio Código Florestal, nos termos a alínea b do inciso VIII do seu art. 3º.

4. O Licenciamento Ambiental de Empreendimentos do Setor Elétrico

Todas essas dificuldades apontadas se dão por ocasião dos requerimentos das licenças ambientais. Os empreendimentos do setor elétrico estão sujeitos ao licenciamento ambiental, por exigência das normas que se seguem:

1) Resolução Conama nº 1/86: estabelece que dependerá de elaboração de Estudo de Impacto Ambiental (EIA) e respectivo relatório de impacto ambiental (RIMA), o licenciamento de linhas de transmissão de energia elétrica, acima de 230KV; as obras hidráulicas para exploração de recursos hídricos acima de 10MW; as usinas de geração de eletricidade, acima de 10MW; qualquer atividade que utilizar carvão vegetal em quantidade superior a dez toneladas por dia[29];

2) Resolução Conama nº 6/87: dispõe sobre o licenciamento ambiental de obras de infraestrutura de grande porte, especialmente aquelas nas quais a União tenha interesse relevante, como é o caso da geração de energia elétrica;

3) Resolução Conama nº 237/97: inclui as barragens e diques; bem como a produção de energia termoelétrica e transmissão de energia elétrica no rol de empreendimentos sujeitos ao licenciamento ambiental[30];

4) Resolução Conama nº 279/2001: estabelece procedimentos para o licenciamento ambiental simplificado de empreendimentos elétricos com pequeno potencial de impacto ambiental[31];

5) Resolução Conama nº 462/2014: estabelece procedimentos para o licenciamento ambiental de empreendimentos de geração de energia elétrica a partir de fonte eólica em superfície terrestre.

5. Definição de Imóvel Rural

As grandes dificuldades apontadas durante o processo de licenciamento ambiental decorrem do fato de que a Lei nº 12.651/2012 torna obrigatório o CAR para todos os imóveis rurais. Assim, é de se perguntar o que é imóvel rural? Na sua definição, prevalece a sua localização ou a destinação que lhe é dada?

---

29 Ver disposições dos incisos VI, VII, IX e XIV do art. 2º dessa Resolução CONAMA.

30 Ver as atividades sujeitas ao licenciamento ambiental apresentadas no Anexo I dessa Resolução.

31 Conforme o rol apresentado no art. 1º dessa Resolução.

As definições de imóvel rural podem ser encontradas no Estatuto da Terra, na legislação referente à Reforma Agrária e na legislação tributária.

O conceito de imóvel rural, nos termos trazidos pelo Estatuto da Terra (Lei nº 4.504/64), está apresentado no inciso I do seu art. 4º, nos seguintes termos: "(...)o prédio rústico, de área contínua, qualquer que seja a sua localização, que se destina à exploração extrativa agrícola, pecuária ou agro-industrial, quer através de planos públicos de valorização, quer através de iniciativa privada".

Esse conceito foi reapresentado quase trinta anos depois pela Lei nº 8.629/93, no seu art. 4º, ao regulamentar os dispositivos constitucionais relativos à Reforma Agrária. Por sua vez, a IN MMA nº 02/2014, ao disciplinar o CAR, se valeu da mesma definição apresentada anteriormente e acrescentou uma classificação do que se deve entender por pequena, media e grande propriedade/posse rural[32].

Ressalta-se que todos os conceitos adotados pela legislação pátria partem de premissa econômica fundada na exploração agrícola, pecuária, extrativa vegetal, florestal ou agroindustrial, independentemente da localização.

Além do âmbito agrário e ambiental, vale consultar como o Código Tributário Nacional e a Lei nº. 393, de 19 de dezembro de 1996, que tratam a tributação do Imóvel Rural, declaradamente expressam a incidência desse tributo sobre propriedades situadas fora das zonas urbanas[33]. Contudo, vale ressaltar que a alíquota utilizada para o cálculo desse imposto tem como base a área total do imóvel e o respectivo grau de utilização. Isso significa que, mesmo se encontrando em área não urbana, essa tributação considera a área efetivamente utilizada pela atividade rural e a área aproveitável do imóvel[34].

6. Posicionamentos adotados pelos Entes Federados

A despeito do aqui exposto, alguns órgãos ambientais têm exigido, em seus processos de licenciamento, a apresentação do CAR como condição precedente e obrigatória, mesmo sem ser, o requerente da licença, o detentor da posse ou propriedade.

---

[32] Conforme apresenta o texto do inciso I do art. 2º dessa Instrução Normativa do MMA.

[33] Ver as disposições do art. 29 do Código Tributário Nacional e do art. 1º da Lei nº 9.393/96.

[34] Conforme esclarecem os arts. 31 e 34 do Decreto Federal nº 4.382/2002.

Desde o ano de 2015, o Fórum de Meio Ambiente do Setor Elétrico (FMASE) tem buscado uma solução para esse problema, em interlocução com o Ministério do Meio Ambiente e com o Serviço Florestal Brasileiro (SFB).

Neste sentido vale ressaltar a manifestação da Assessoria Jurídica do SFB, que, em abril de 2016, expediu o Parecer nº 38/2016-AJUR-SFB/CONJUR-MMA/CGU/AGU, no qual conclui que: ..."a responsabilidade pela inscrição no CAR recai sobre o proprietário do imóvel rural onde se situa a servidão administrativa de passagem, instituída para a instalação dos empreendimentos de geração, transmissão e distribuição de energia, na forma de subestações, linhas de transmissão, usinas eólicas ou termelétricas, dentre outras".

Para tanto, embasa o seu entendimento com as seguintes observações:

a) o imóvel serviente, incluindo-se a área servienda, mantém sua natureza rural e, portanto, sujeita-se à inscrição no CAR;

b) a servidão de passagem não aparta a área servienda do imóvel, não a transforma em outro imóvel, apenas dá uma destinação específica a ela – implantação de um empreendimento para a realização de um serviço público ou de utilidade pública;

c) a propriedade e a posse do imóvel não se transferem à concessionária e o proprietário tem assegurado seu direito real de uso e gozo, o qual é afetado apenas parcialmente, para atendimento de normas de segurança;

d) a sujeição ao CAR é determinada em razão da caracterização do imóvel como rural. Já a responsabilidade de inscrição no CAR, para atendimento da IN nº 02/2014, do MMA, é do proprietário ou detentor da posse do imóvel.

Esse Parecer nº 38/2016-AJUR-SFB/CONJUR-MMA/CGU/AGU reiterou o entendimento da União em relação à aplicabilidade do CAR aos empreendimentos do setor elétrico, que havia sido expresso no Parecer nº 136/2015/AJUR-SBF/CONJUR-MMA/CGU/AGU, em resposta à demanda de uma empresa transmissora de energia elétrica.

Em 23 de maio de 2016, a Associação Brasileira de Energia Eólica (ABEEólica) apresentou ao SFB pedido de esclarecimento sobre o Parecer nº 38/2016, no que concerne à classificação jurídica do direito real à superfície, ferramenta legal necessária para utilizar áreas de terceiros para o desenvolvimento de usinas eólicas. Referido pedido motivou a apresentação do Parecer nº 523/2016/CONJUR-MMA/AGU, no qual ficou confirmada a equiparação do direito de superfície à servidão administrativa de passagem, já que em ambas não há transferência da propriedade do imóvel à superficiária, permanecendo o proprietário com seu direito de uso, gozo e fruição da parte do imóvel não afetada pela concessão. Restou mantida, portanto, a natureza rural do imóvel, devendo, entretanto, ser o proprietário o agente responsável pela sua inscrição no CAR.

A despeito de ter sido apresentada, reiteradamente, a manifestação da União no sentido de se aplicar o CAR aos imóveis em que se inserem os empreendimentos do setor elétrico, alguns órgãos ambientais estaduais passaram a não exigi-lo por absoluta condição de fazê-lo, do ponto de vista prático. Como se viu, as dificuldades são evidentes e, do modo como se encontra a situação legal e fática, a interpretação possível sobre essa matéria acabou recaindo sobre os órgãos licenciadores, que constataram a inviabilidade de se implantar um empreendimento de utilidade pública, com regras claras sobre a sua aplicabilidade e declarado pelo próprio Governo Federal.

A partir daí, o que se tem visto é que existem diferenças de entendimento entre os diversos órgãos licenciadores estaduais, deixando o empreendedor à mercê do entendimento de cada um.

Desta forma, o FMASE, buscando uniformizar o entendimento da não aplicabilidade da obrigação de inscrição no CAR dos imóveis utilizados nos empreendimentos de geração, transmissão e distribuição de energia elétrica, recentemente, solicitou do SFB a "reavaliação da IN MMA nº 02/2014, em especial dos artigos 18 e 20, para revogá-los ou alterar a sua redação, de forma que a sua interpretação não deixe espaço para o entendimento equivocado de que "os empreendimentos do Setor Elétrico também estão obrigados à inscrição de seus imóveis no CAR".

7. Considerações Gerais

Conforme se vê, há a necessidade de se esclarecer essa matéria para que os órgãos licenciadores possam exercer o seu papel de forma segura; para que o empreendedor possa ter segurança jurídica na implementação de importantes obras de infraestrutura; e para que a sociedade brasileira possa se beneficiar das obras de infraestrutura que colocam o país em um novo patamar de crescimento da economia, em médio e longo prazos.

Nesse sentido, há a necessidade imediata de se proceder às alterações legalmente possíveis, de modo a proporcionar a "compatibilização do desenvolvimento econômico-social com a preservação da qualidade do meio ambiente e do equilíbrio ecológico", nos termos estabelecidos no inciso I do art. 4º da Lei nº 6.938, de 31 de agosto de 1981, que instituiu a Política Nacional do Meio Ambiente.

8. Referências Legais

8.1. Leis

LEI Nº 4.504, DE 30 DE NOVEMBRO DE 1964. Dispõe sobre o Estatuto da Terra, e dá outras providências.

LEI Nº 5.172, DE 25 DE OUTUBRO DE 1966. Dispõe sobre o Sistema Tributário Nacional e institui normas gerais de direito tributário aplicáveis à União, Estados e Municípios.

LEI Nº 6.938, DE 31 DE AGOSTO DE 1981. Dispõe sobre a Política Nacional do Meio Ambiente, seus fins e mecanismos de formulação e aplicação, e dá outras providências.

LEI Nº 8.629, DE 25 DE FEVEREIRO DE 1993. Dispõe sobre a regulamentação dos dispositivos constitucionais relativos à reforma agrária, previstos no Capítulo III, Título VII, da Constituição Federal.

LEI Nº 9.074, DE 7 DE JULHO DE 1995. Estabelece normas para outorga e prorrogações das concessões e permissões de serviços públicos e dá outras providências (alterada pela Lei nº 9.648, de 27 de maio de 1998).

LEI Nº 9.393, DE 19 DE DEZEMBRO DE 1996. Dispõe sobre o Imposto sobre a Propriedade Territorial Rural - ITR, sobre pagamento da dívida representada por Títulos da Dívida Agrária e dá outras providências.

LEI Nº 12.651, DE 25 DE MAIO DE 2012. Dispõe sobre a proteção da vegetação nativa; altera as Leis nºs 6.938, de 31 de agosto de 1981, 9.393, de 19 de dezembro de 1996, e 11.428, de 22 de dezembro de 2006; revoga as Leis nºs 4.771, de 15 de setembro de 1965, e 7.754, de 14 de abril de 1989, e a Medida Provisória nº 2.166-67, de 24 de agosto de 2001; e dá outras providências (alterada pelas Leis nº 12.727/2012; nº 13.295/2015; nº 13.335/2016; nº 13.465/2017; e nº 13.887/2019).

8.2. Decretos e Instruções Normativas

DECRETO No 2.250, DE 11 DE JUNHO DE 1997. Dispõe sobre a vistoria em imóvel rural destinado a reforma agrária e dá outras providências.

DECRETO Nº 4.382, DE 19 DE SETEMBRO DE 2002. Regulamenta a tributação, fiscalização, arrecadação e administração do Imposto sobre a Propriedade Territorial Rural - ITR.

DECRETO Nº 6.514, DE 22 DE JULHO DE 2008. Dispõe sobre as infrações e sanções administrativas ao meio ambiente, estabelece o processo administrativo federal para apuração destas infrações, e dá outras providências.

DECRETO Nº 7.830, DE 17 DE OUTUBRO DE 2012. Dispõe sobre o Sistema de Cadastro Ambiental Rural, o Cadastro Ambiental Rural, estabelece normas de caráter geral aos Programas de Regularização Ambiental, de que trata a Lei nº 12.651, de 25 de maio de 2012, e dá outras providências.

DECRETO Nº 8.235, DE 5 DE MAIO DE 2014. Estabelece normas gerais complementares aos Programas de Regularização Ambiental dos Estados e do Distrito Federal, de que trata o Decreto nº 7.830, de 17 de outubro de 2012, institui o Programa Mais Ambiente Brasil, e dá outras providências.

INSTRUÇÃO NORMATIVA MMA nº 02, DE 6 DE MAIO DE 2014. Dispõe sobre os procedimentos para a integração, execução e compatibilização do Sistema de Cadastro Ambiental Rural- SICAR e define os procedimentos gerais do Cadastro Ambiental Rural-CAR.

DECRETO Nº 9.640, DE 27 DE DEZEMBRO DE 2018. Regulamenta a Cota de Reserva Ambiental, instituída pelo art. 44 da Lei nº 12.651, de 25 de maio de 2012.

8.3. Pareceres do Setor de Serviço Brasileiro Florestal

PARECER Nº 136/2015/AJUR-SBF/CONJUR-MMA/CGU/AGU

PARECER Nº 38/2016/AJUR-SBF/CONJUR-MMA/CGU/AGU

PARECER Nº 523/2016/AJUR-SBF/CONJUR-MMA/CGU/AGU

AVALIAÇÃO AMBIENTAL ESTRATÉGICA - AAE E A PRODUÇÃO DE ENERGIA RENOVÁVEL

Rafael Lima Daudt D'Oliveira[1]

1. Introdução

A avaliação ambiental estratégica ('AAE') é um importante procedimento informativo e participativo para a integração das questões ambientais nos planos, programas e políticas ('PPP") de governo, numa fase inicial dos procedimentos de tomada de decisão. Ao longo dos anos, a AAE vem sendo cada vez mais adotada na legislação de diversos países, tais como EUA, Canadá, Austrália, China[2], e União Europeia ('EU') - por meio da Diretiva nº 2001/42/CE, hoje já transposta para os 27 países que a compõem[3].

---

[1] Procurador do Estado do Rio de Janeiro. Procurador-chefe do INEA. Doutorando em Direito Público e Mestre em Direito Ambiental e Urbanístico pela Universidade de Coimbra, Portugal. Especialista em Direito Ambiental pela PUC-Rio. Sócio do escritório Daudt Advogados. Professor de Direito Ambiental da PUC-Rio. Professor de Direito Administrativo e Ambiental da ESAP - Escola Superior da Advocacia Pública. Conselheiro do CONAMA. Conselheiro do CONEMA-RJ. Membro da CECA - Comissão Estadual de Controle Ambiental.

[2] Cf. HAYASHI, Kiichiro et al. SEA in Asia Region. In: SADLER, Barry et al (ed.). Handbook of Strategic Environmental Assessment. Earthscan, 2011, pp. 89-107.

[3] No contexto da Convenção Internacional da Avaliação de Impacto Ambiental ao nível dos efeitos transfronteiriços assinada em Espoo (Finlândia) em 1991, à qual a UE aderiu em 1993, os Estados-membros e a própria UE assinaram, em 21 de maio de 2003 em Kiev (Ucrânia), o "Protocolo relativo à Avaliação Ambiental Estratégica à Convenção sobre a avaliação dos impactes ambientais num contexto transfronteiras", o qual passou a produzir efeitos a partir de julho de 2010. Neste protocolo a AAE é prevista para planos, programas e políticas, ao contrário da Diretiva da União Europeia que a prevê apenas para planos e programas.

Várias razões justificam a importância da AAE. A uma, porque ela possui capacidade de fornecer alternativas e suficiente flexibilidade às mudanças nos cenários iniciais. A duas, por sua aptidão de oferecer uma avaliação orientada pela qualidade, mediante procedimento participado, no qual existem múltiplos e complexos interesses em jogo. A três, por sua vocação para enfrentar questões de grande envergadura e de dimensão global (v.g., mudanças climáticas, efeitos sinérgicos e cumulativos na biodiversidade).

A AAE não conta com previsão legal no Brasil[4]. Consideramos relevante que o instituto seja legalmente introduzido no nosso ordenamento jurídico, de modo a torná-lo obrigatório para realização de alguns PPP, notadamente aqueles de infraestrutura e energia. Contudo, há hipóteses em que o procedimento da AAE é adotado, geralmente motivadas por iniciativas do Ministério Público ('MP') e resolvidas caso a caso na Justiça - o que causa forte insegurança jurídica.

Defendemos a edição de lei que torne a AAE obrigatória no Brasil em algumas situações, principalmente no âmbito da produção de energia renovável, o que pode contribuir com a sustentabilidade. Questões quanto à escolha da matriz enérgica, programas de grandes barragens, de amplos parques eólicos, de expressivos sistemas fotovoltaicos devem ser largamente debatidas com a sociedade, mediante um procedimento que traga aspectos ambientais, sociais e econômicos em consideração e para ponderação.

Neste trabalho, apresentamos o instituto da AAE, trazemos algumas experiências do direito comparado sobre ele e pretendemos demonstrar a sua importância para o direito brasileiro, especialmente no domínio da produção de energia renovável.

2. A Avaliação Ambiental Estratégica - AAE

O entendimento conceitual da natureza da AAE evoluiu graças a mudanças sobre quatro aspectos principais relacionados à sua implementação: (i) a necessidade de uma maior flexibilidade e adaptabilidade para lidar com as are-

---

4 Há e já houve projetos de lei sobre a AAE no Brasil. O PL 3274/2004, ainda em trâmite, versa sobre o licenciamento ambiental e a AAE. Já o PL 261/2011 e o PL 4336/2013, já arquivados, visavam tornar a AAE um instrumento da Política Nacional do Meio Ambiente. Mas até o momento não há nenhuma lei em vigor tratando da matéria.

nas de decisões complexas; (ii) a importância da implementação duma avaliação orientada pelo processo em vez de uma avaliação orientada pelo produto; (iii) o potencial de fortalecer capacidades governamentais e institucionais que apoiam o procedimento de PPP; e (iv) a contribuição para um diálogo colaborativo e construtivo no procedimento[5].

De acordo com Maria Partidário, podemos definir a AAE como "um processo sistemático e progressivo para, na fase mais antecipada do procedimento de tomada de decisão de responsabilidade pública, avaliar a qualidade ambiental e as consequências das propostas alternativas e das intenções de desenvolvimento incorporadas nas iniciativas de políticas, planos e programas garantindo a completa integração das considerações biofísicas, econômicas, sociais e políticas de relevância[6]".

Portanto, a AAE consiste numa "avaliação de como um conjunto de critérios de procedimento têm sido aplicados durante a decisão", destacando-se que "não é o resultado da decisão que necessita ser melhorado ambientalmente, senão o procedimento em si[7]".

É nesta fase que são tomadas as grandes decisões, onde o espaço de discricionariedade é maior e precisamente quando se deve ter também maior prudência em ponderar os diversos interesses em jogo. Distingue-se da Ava-

---

5 LOBOS, Víctor, PARTIDARIO, Maria. Theory versus practice in Strategic Environmental Assessment (SEA). In: Environmental Impact Assessment review, vol. 48,·2014. Disponível em: http://www.researchgate.net/publication/262678203. Acesso em 23/06/2015.

6 PARTIDÁRIO, Maria. Strategic environmental assessment — principles and potential. In: PETTS, J. (ed.). Handbook of environmental impact assessment, vol. 1. Oxford: Blackwell, 1999, pp. 60–73.

7 JILIBERTO, Rodrigo. Sentando las bases para una nueva aproximación a la EAE. In: CARATTI, Pietro; DALKMANN, Holger; JILIBERTO Rodrigo (ed.). Evaluación Ambiental Estratégica Analítica: hacia uma toma de decisiones sostenible. Mundi-Prensa, 2006, pp. 29-37. A ênfase, pois, deve estar no procedimento da AAE mais do que no produto por ela gerado. HAQ, Gary. Los Fundamentos teóricos de la EAEA. In: CARATTI, Pietro; DALKMANN, Holger; JILIBERTO Rodrigo (ed.). Evaluación Ambiental Estratégica Analítica: hacia uma toma de decisiones sostenible. Mundi-Prensa, 2006, pp. 19-27. Em sentido semelhante, cf: JILIBERTO, Rodrigo. Los conceptos de la Evaluación Ambiental Estratégica Analítica (EAEA). In: CARATTI, Pietro; DALKMANN, Holger; JILIBERTO Rodrigo (ed.). Evaluación Ambiental Estratégica Analítica: hacia uma toma de decisiones sostenible. Mundi-Prensa, 2006, pp. 55-61.

liação de Impacto Ambiental ('AIA')[8] do direito europeu e do licenciamento ambiental brasileiro, entre outros motivos, por ser exigida num momento anterior, "a montante, identificando as melhores opções numa fase precoce do planeamento, enquanto a AIA se situa a jusante, referindo-se aos projectos que serão realizados numa fase posterior[9]".

Ao longo do procedimento da AAE, o gestor público deve discutir as grandes opções de PPP com a sociedade e com os especialistas, na busca de uma maior legitimidade, consensualidade e tecnicidade da decisão. As opiniões da sociedade não vinculam o gestor em termos do conteúdo da decisão, mas o obrigam a motivá-la e a examinar as propostas e os argumentos apresentados. Essas opiniões devem ser consideradas na fase reservada à ponderação de interesses, momento em que as questões ambientais entram em tensão dialética com outros valores, tais como questões sociais e econômicas. As alternativas apresentadas deverão ser sopesadas e a decisão é devidamente fundamentada na busca da melhor solução que atenda ao interesse público[10].

Assim, assume importância que o gestor: (i) se pronuncie acerca das críticas relevantes aos PPP apresentados, (ii) considere as demais propostas alternativas viáveis oferecidas, (iii) mostre os critérios utilizados na sua decisão, em razão dos deveres de fundamentação, participação, informação e

---

8 A AIA de projetos foi criada pela Comunidade Europeia através da Diretiva no 85/337/CEE, posteriormente modificada pelas Diretivas nos 97/11/CE e 2003/35/CE. Finalmente, estas diretivas foram incorporadas num texto codificado pela Diretiva 2011/92/UE, alterada recentemente pela Diretiva 2014/52/EU, de 16 de abril de 2014. A AIA do direito europeu é o ato autorizativo correspondente às licenças ambientais prévia e de instalação do direito brasileiro.

9 MARQUES, Francisco Paes. A Avaliação de Impacto Ambiental e os seus múltiplos. In: GOMES, Carla Amado; ANTUNES, Tiago (coord.). Revisitando a avaliação de impacto ambiental. Disponível em: http://www.icjp.pt/sites/default/files/publicacoes/files/ebook aia.pdf. Acesso em 20/12/2014.

10 Nunca é demais lembrar, mesmo em se tratando de decisões discricionárias, que "o órgão administrativo está obrigado a escolher a melhor solução para a realização do interesse público", submetido a um princípio de racionalidade, tendo que respeitar e de assegurar a realização dos direitos, liberdades e garantias dos cidadãos. VIEIRA DE ANDRADE, José Carlos. O Dever de Fundamentação Expressa de Actos Administrativos. Coimbra: Almedina, 2007, p. 374.

transparência[11]. Em caso de descumprimento desses requisitos, os deveres de fundamentação expressa[12] e de informação[13] serão violados e o ato poderá ser anulado.

Importa, ainda aqui, referirmos a relação entre a AAE e o princípio da integração ambiental.[14] O princípio da integração "pressupõe que qualquer política sectorial – económica, social, cultural – deve tomar em consideração, desde logo na preparação e aprovação de programas e planos, a componente ambiental. As dimensões ambientais estendem-se assim, horizontalmente, a todos os sectores, devendo considerar-se elemento incontornável na ponderação de bens e interesses transportados pelas várias políticas sectoriais[15]".

Entendemos, pois, que a AAE é um dos instrumentos aplicativos do princípio da integração ambiental nos mais diversos domínios (ordenamento do terri-

---

[11] Segundo Vieira de Andrade, "o imperativo de fundamentação expressa se projecta no plano substancial como um instrumento específico de garantia da reflexão e ponderação da autoridade responsável pela decisão". Ibidem, p. 360.

[12] Anota Vieira de Andrade: "nas hipóteses de silêncio da Administração, em que não há a possibilidade de invocar vícios formais, a falta de fundamentação, quando revele uma indiscutível falta de exame ou de ponderação das circunstâncias do caso, poderá proporcionar uma base de invalidação substancial de decisões 'discricionárias'". Ibidem, pp. 355-356.

[13] "Na síntese de SCOVAZZI, 'o conceito de participação do público comporta alguns elementos substanciais irrenunciáveis: que o público conheça os dados da situação (direito à informação); que possa exprimir a sua opinião (direito de ser ouvido); que tal opinião seja tida em consideração pelo órgão decisor (direito a ser tido em consideração); que o público conheça o teor da decisão e os motivos que a determinaram (uma vez mais, direito à informação)'". Apud GOMES, Carla Amado. Risco e Modificação do Acto Autorizativo Concretizador de Deveres de Protecção do Ambiente. Coimbra: Coimbra Ed., 2007, p. 576.

[14] O princípio da integração ambiental é amplamente acolhido pela legislação comunitária e portuguesa. V. o exemplo do art. 11 do Tratado de Funcionamento da União Europeia ('TFUE'): "As exigências em matéria de proteção do ambiente devem ser integradas na definição e execução das políticas e ações da União, em especial com o objetivo de promover um desenvolvimento sustentável".

[15] CANOTILO, J.J. Gomes, MOREIRA, Vital. Constituição da República Portuguesa Anotada, vol. I. 4ª Ed. Coimbra: Coimbra Ed., 2014, pp. 851-852. Cf, ainda, sobre o princípio da integração: KRÄMER, Ludwig. EC Environmental Law. 6ª ed. London: Sweet & Maxwell, 2007, p. 21; MATEO, Ramón Martin. Manual de Derecho Ambiental, 3ª Ed. Navarra: Editorial Arazandi, 2003, pp. 35-36; DAUDT D'OLIVEIRA, Rafael Lima Daudt. O Princípio da Integração Ambiental e as Energias Renováveis. Dissertação (Mestrado na Área de Especialização em Ciências Jurídico-Políticas/Menção em Direito do Ordenamento, Urbanismo e Ambiente). Faculdade de Direito da Universidade de Coimbra, 2016.

tório e urbanismo, indústria, energia, agricultura etc), na medida em que impõe sejam levadas em consideração no seu procedimento as questões ambientais no processo de ponderação com os demais interesses e valores não ambientais[16].

3. A AAE no Direito Comparado

Passamos a discorrer sobre as experiências de alguns países com a AAE. A prática revela pontos fortes, mas também alguns pontos fracos da AAE no direito comparado. Isso não retira a importância do instituto, apenas recomenda a sua análise mais detida a fim de lhe extrair todas as potencialidades.

a. EUA

Os EUA foram o primeiro país a introduzir legalmente a avaliação de impacto ambiental obrigatória como parte da sua National Environmental Policy Act ('NEPA') de 1969[17], com a previsão de aplicação desse procedimento para ações maiores ao nível estratégico ou de não-projeto, comumente chamada de EIA programática (avaliações de impacto ambiental programáticas) pelas agências federais norte-americanas.[18] Portanto, tornou-se obrigatória a realização de avaliação de impacto para quaisquer grandes ações públicas em novas legislações, regulações, planos, programas ou projetos. O termo "grandes ações públicas" foi definido de forma bem abragente em 1978 pelas regulações do Council on Environmental Quality ('CEQ').[19]

---

16 No sentido da integração ambiental, a exposição de motivos da Lei espanhola 21/2013, de 9 de dezembro, que dispõe sobre a AAE e a AIA, também a prevê: "A avaliação ambiental resulta indispensável para a proteção do meio ambiente. Facilita a incorporação dos critérios de sustentabilidade na tomada de decisões estratégicas, através da avaliação de planos e programas. (...) A avaliação ambiental é um instrumento plenamente consolidado que acompanha o desenvolvimento, assegurando que este seja sustentável e integrador. (...) Os mencionados princípios são (...), participação pública, desenvolvimento sustentável e integração dos aspectos ambientais na tomada das decisões." Disponível em: «https://www.boe.es/diario_boe/txt.php?id=BOE-A-2013-12913», acesso em 17/06/2015.

17 Cf. o texto do NEPA em: http://www.epw.senate.gov/nepa69.pdf. Acesso em 24/06/2015.

18 Cf. OREA, Domingo Gómez; VILLARINO, Mauricio Gómez; VILLARINO, Maite Gómez. Los Orígenes de la Evaluacíon Ambiental Estratégica (EAE) y su relacíon com la Evaluación del Impacto Territorial (EIT). In: DASÍ, Joaquín Farinós (ed. y coord.). De la Evaluación Ambiental Estratégica a la Evaluación de Impacto Territorial: Reflexiones acerca de la tarea de evaluación. Universitat de València, 2011, pp. 167-210.

19 Cf. as Regulations for implementing the procedural provisions of the National Environmental Policy Act da CEQ in «http://energy.gov/sites/prod/files/NEPA-40CFR1500_1508.pdf. Acesso em 24/06/2015.

As regulações do CEQ determinam que todos os PPP devem ser avaliados pelos seus efeitos ambientais caso estes possam ser qualificados como significativos na qualidade do ambiente humano. No entanto, é raro uma agência preparar os chamados Programatic EIS e mais raro ainda preparar os Policy EIS - avaliações equivalentes à AAE de planos e programas e AAE de políticas, respectivamente.[20] Contudo, há o registro de casos de sucesso, como demonstram os exemplos do US-VISIT programme e do BPA - Bonneville Power Administration[21].

Com efeito, no início da década de 1990, a BPA precisava equilibrar as suas responsabilidades como um negócio e como uma agência federal, necessitando de um plano de negócios para competir no mercado de energia elétrica e continuar a financiar as suas responsabilidades públicas. Esse plano teve a intenção de definir a direção da política de preços, poder de marketing, transmissão e outras atividades necessárias, tais como a conservação e as atividades de administração de peixes e animais selvagens.

Desse modo, a submissão do plano de negócios a um EIS, levado a efeito pela BPA, foi um dos primeiros exemplos de sucesso na aplicação dos princípios da AAE[22]. Essa abordagem estratégica permitiu à BPA reduzir custo e tempo associados ao cumprimento do NEPA pelo enfrentamento antecipado de questões de longo prazo e pela desnecessidade de múltiplas análises ambientais a cada ano. A economia de custo e de tempo ganhou o apoio de gestores do programa relacionado ao procedimento do EIS, enquanto a abordagem estratégica garantiu adequada consideração dos potenciais impactos ambientais no início do processo de planejamento. [23]

---

20 CLARK, Ray, MAHONEY, Lisa, PIERCE, Kathy. SEA in the US. In: SADLER, Barry et al (ed.). Handbook of Strategic Environmental Assessment. Earthscan, 2011, pp. 74-88.

21 Ibidem.

22 O desafio enfrentado pela BPA foi de preparar o EIS considerando todas as diferentes variáveis existentes, a rápida mudança do ambiente afetado e a incompletude e a indisponibilidade de informação. A BPA enfrentou o desafio com sucesso por meio da preparação de um documento que teve um escopo amplo e incluiu uma variada gama de alternativas que forneceram suporte na hipótese de necessidade de posterior mudança da direção do negócio. Foi concebido para ser um documento vivo para acomodar as necessidades da BPA no mercado de energia elétrica e fornecer um guidance para futuras decisões.

23 Ibidem.

b. Austrália

Na Austrália, as disposições formais sobre AAE variam entre as jurisdições[24], existindo, entretanto, diversos exemplos de avaliações ambientais de PPP não explicitamente descritos como tal que são espécies do gênero AAE. O Environmental Protection and Biodiversity Conservation Act de 1999 (EPBC Act) é o principal ato normativo ao nível do governo federal.[25] De acordo com a Seção 146 do EPBC Act, o Ministro do Ambiente pode concordar com que, na adoção ou implementação de uma PPP, seja realizada uma avaliação de seus impactos envolvendo um dos sete assuntos de significado ambiental de âmbito nacional.

A natureza voluntária das disposições referentes à AAE, a dependência da discricionariedade ministerial e a limitação ao âmbito das questões ambientais são apontados como os pontos fracos da legislação federal australiana. Embora a vigência do EPBC Act tenha começado em julho de 2000, até junho de 2006 apenas duas avaliações estratégicas foram iniciadas no âmbito da Seção 146 e nenhuma delas foi completada.

A pouca utilização dessas previsões ocorreu pela percepção da falta de benefício para os proponentes e para o setor industrial, o que motivou o governo australiano a introduzir alterações no EPBC Act no final de 2006, concebidas, principalmente, para proporcionar incentivos às autoridades e aos proponentes a engajarem-se em avaliações estratégicas. A nova Seção 146B permite ao Ministro aprovar uma ação ou uma classe de ações sem nenhuma avaliação ambiental adicional, desde que tenha sido realizada uma avaliação estratégica no PPP[26].

Por fim, vale registrar que há casos de sucesso da AAE no âmbito da pesca (Parte 9, 13 e 13A do EPBC Act e Fisheries Management Act 1991), em parte porque as disposições são obrigatórias[27], mas também porque há incenti-

---

[24] Há o governo federal, seis governos estaduais e dois territórios com autogoverno.

[25] Cf. o Environmental Protection and Biodiversity Conservation Act. Disponível em: https://www.comlaw.gov.au/Details/C2015C00265. Acesso em 24/06/2015. Mas, no âmbito do governo federal australiano as avaliações estratégicas podem ser regidas por vários atos legislativos.

[26] ASHE, John, MARSDEN, Simon. SEA in Australia. In: SADLER, Barry et al (ed.). Handbook of Strategic Environmental Assessment. Earthscan, 2011, pp. 21-35.

[27] Simon Marsden advoga pela necessidade de exigências legais para a AAE em razão da objetividade, certeza, consistência e transparência que estas trazem. MARSDEN, Simon. Strategic Environmental Assessment in international and european law: a practitioner's guide. Earthscan, 2008, p. 13.

vos positivos por meio da facilitação da obtenção de certificados de exportação e em relação à interação com espécies protegidas.[28]

c. Canadá

O Canadá tornou-se o primeiro país a introduzir um sistema dedicado e formal sobre AAE de PPP (1990), separada da avaliação ambiental ao nível dos projetos. Nesse contexto, a EARP (Environmental Assessment and Review Process) foi substituída pelo Canadian Environmental Assessment Act (1992, em vigor de 1995 a 2012)[29], o qual se aplica apenas aos projetos. Já a Cabinet Directive estabeleceu outro procedimento de avaliação ambiental para políticas e programas propostos, utilizado por meio de um quadro não obrigatório para garantir a aplicação flexível da AAE a políticas e planos federais.[30]

Os pontos fortes do sistema canadense são a aplicação da AAE no mais alto nível de decisão política, sua ligação com a estratégia legal de desenvolvimento sustentável (em grande parte não realizada) e, acrescentamos, a existência de um guidance[31] de implementação.

Ao longo desse período, entretanto, houve registro da insatisfatória aplicação da AAE caracterizada: pelo pouco comprometimento de departamentos e agências federais com a utilização dessa ferramenta; pelo contínuo enfraquecimento dos sistemas em assegurar transparência e accountability; pela inconsistência na aplicação da AAE; pelas deficiências na elaboração de relatórios e avaliações de rastreamento; pela ausência de supervisão e de mecanismos de execução.

---

28 No âmbito dos estados e territórios, a experiência com avaliação estratégica é muito desigual: alguns estados tem uma série de mecanismos para avaliação de PPP; em outros estados e nos dois territórios há muito pouco para relatar. Cf. ASHE, John, MARSDEN, Simon. SEA in Australia. In: SADLER, Barry et al (ed.). Handbook of Strategic Environmental Assessment. Earthscan, 2011, pp. 21-35.

29 Hoje substituído pelo Canadian Environmental Assessment Act de 2012. Disponível em: «http://laws-lois.justice.gc.ca/PDF/C-15.21.pdf. Acesso em 20/06/2015.

30 Cf. SADLER, Barry. SEA in Canada. In: SADLER, Barry et al (ed.). Handbook of Strategic Environmental Assessment. Earthscan, 2011, pp. 36-58.

31 Este guidance prevê 7 princípios que devem nortear os departamentos e agências federais na condução da AAE: (i) integração precoce, (ii) exame das alternativas, (iii) flexibilidade, (iv) autoavaliação, (v) nível adequado de análises, (vi) accountability e (vii) utilização dos mecanismos existentes. Cf. GOVERNO DO CANADÁ. Guidelines for Implementing the Cabinet Directive on the Environmental Assessment of Policy, Plan and Program Proposals. Ottawa: Privy Council Office and the Canadian Environmental Assessment Agency, 2010.

Tais limitações têm comprometido a qualidade e a efetividade da AAE, bem como a sua contribuição no processo de tomada de decisões. Entretanto, alguns exemplos positivos podem ser encontrados, como o Britsh Columbia Offshore Oil and Gas Moratorium (ocorrido no início da década de 1970 e desde aí sujeito a uma série de revisões ambientais) e a AAE para o planejamento de uso da terra e gerenciamento de efeitos cumulativos em Alberta[32].

Em suma, o Canadá, que foi reconhecido inicialmente como um grande líder em termos de inovação em relação à AAE, agora está em nítida desvantagem na matéria em razão do inadequado cumprimento das disposições da AAE e do baixo desempenho dentro de um quadro não obrigatório que confia sobretudo na boa fé dos proponentes.[33]

d. União Europeia

A AAE foi introduzida no direito europeu por meio da Diretiva 2001/42/CE, do Parlamento e do Conselho, de 27 de junho, para planos e programas (e não para políticas). Os fundamentos desta Diretiva podem ser agrupados em três pilares: (i) lógica e objetivo; (ii) cobertura (ou abrangência) e escopo; e (iii) requisitos procedimentais para a realização da avaliação.[34]

Quanto à lógica e ao objetivo, colhe-se, tanto dos considerandos como do art. 1º da Diretiva, o seu compromisso com o estabelecimento de um nível elevado de proteção e de contribuição para "a integração das considerações ambientais na preparação e aprovação de planos e programas, com vista a promover um desenvolvimento sustentável" (art. 1º), consagrando, pois, os princípios da integração ambiental e da sustentabilidade.

No que respeita à abrangência e ao escopo, estes são descritos, respectivamente, nos arts. 2º e 3º da Diretiva. Com efeito, a abrangência da AAE engloba quaisquer planos e programas os quais sejam sujeitos "a preparação e/ou aprovação por uma autoridade a nível nacional, regional e local, ou que seja preparado por uma autoridade para aprovação, mediante procedimento legislativo, pelo seu Parlamento ou Governo", "seja exigido por disposições legislativas,

---

32 Cf. SADLER, Barry. SEA in Canada. In: SADLER, Barry et al (ed.). Handbook of Strategic Environmental Assessment. Earthscan, 2011, pp. 36-58.

33 Ibidem.

34 SADLER, Barry, JURKEVICIUTE, Ausra. SEA in the European Union. In: SADLER, Barry et al (ed.). Handbook of Strategic Environmental Assessment. Earthscan, 2011, pp. 121-150.

regulamentares ou administrativas" (art. 2º, alínea 'a') e sejam "susceptíveis de terem efeitos significativos no ambiente" (art. 3º/n.1).

Já o escopo da aplicação é delimitado no art. 3º/n.2, alíneas 'a' e 'b', para planos e programas que são preparados para ações e setores definidos (v.g., energia, indústria, transportes) e "que constituam enquadramento para a futura aprovaçao dos projectos enumerados nos anexos I e II da Directiva 85/337/CEE" – Diretiva AIA - ou "em relação aos quais, atendendo aos seus eventuais efeitos em sítios protegidos, tenha sido determinado que é necessária uma avaliação nos termos dos artigos 6º ou 7º da Directiva 92/43/CEE" – Diretiva Habitats.[35]

Os requisitos procedimentais para a avaliação ambiental compreendem "a elaboração de um relatório ambiental, a realização de consultas, a tomada em consideração do relatório ambiental e dos resultados das consultas na tomada de decisões e o fornecimento de informação sobre a decisão" (art. 2º, alínea 'b').

Podemos agrupar os 27 países da União Europeia em três grandes categorias, conforme a sua experiência em sede de AAE: (i) prática de AAE já desenvolvida e anterior à adoção da Diretiva 2001/42/EC (p.e., Finlândia, França, Alemanha, Holanda, Suécia e Inglaterra); (ii) prática da AAE num estágio relativamente inicial ou provisório de desenvolvimento e introduzido em resposta às obrigações da Diretiva (maioria dos países); (iii) prática da AAE limitada ou inexistente com dedicação apenas a seguir a transposição da Dirctiva (p.e., Chipre e Grécia).[36]

Por fim, apesar de a Diretiva incluir muitos tipos de planos e programas suscetíveis de causarem significativos efeitos ambientais, observam Barry Sadler e Ausra Jurkeviciute que ela exclui qualquer outro que não se enquadre na futura aprovação de projetos ou afete um sítio protegido, remanescendo áreas de incerteza sobre ações estratégicas que são sujeitas às obrigações da Diretiva. Além disso, questões continuam a emergir sobre como essa disposição vem sendo interpretada e aplicada pelos diferentes Estados-membros[37].

---

[35] SADLER, Barry, JURKEVICIUTE, Ausra. SEA in the European Union. In: SADLER, Barry et al (ed.). Handbook of Strategic Environmental Assessment. Earthscan, 2011, pp. 121-150.

[36] Ibidem.

[37] SADLER, Barry, JURKEVICIUTE, Ausra. SEA in the European Union. In: SADLER, Barry et al (ed.). Handbook of Strategic Environmental Assessment. Earthscan, 2011, pp. 121-150.

A AAE de planos e programas foi estabelecida pela já referida Diretiva no 2001/42/CE, a qual foi transposta para o direito interno português pelo Decreto-Lei nº 232/2007, de 15/06, alterado pelo Decreto-Lei no 58/2011, de 04/05.[38]

No que diz respeito ao sentido da expressão planos e programas que constituam enquadramento para a futura aprovação de projectos (constantes das alíneas 'a' e 'c' do no 1 do art.3º), o art. 3º/n.5 do Decreto-Lei nº 232/2007 estabelece que "consideram-se enquadramento de futuros projectos os planos e programas que contenham disposições relevantes para a subsequente tomada de decisões de aprovação, nomeadamente respeitantes à sua necessidade, dimensão, localização, natureza ou condições de operação".[39]

O procedimento da AAE relativo a planos e programas não territoriais é constituído por seis etapas. A primeira delas consiste na definição do âmbito da avaliação ambiental, na determinação do alcance e nível de pormenorização da informação a incluir no relatório ambiental, os quais cabem à entidade responsável pela elaboração do plano ou programa, nos termos do art. 5º/n.1 do Decreto-Lei 232/2007. A segunda etapa é estabelecida pela elaboração dum relatório ambiental pela autoridade responsável pelo plano ou programa. Este relatório "identifica, descreve e avalia os eventuais efeitos significativos no ambiente resultantes da aplicação do plano ou programa, as suas alternativas ra-

---

[38] Como bem observa Fernando Alves Correia, esta avaliação traduz uma aplicação mais antecipada do princípio da prevenção, "já que a análise e ponderação dos efeitos no ambiente têm lugar não apenas quando se decide concretizar um projecto, mas quando se elabora o plano ou programa em que esse projecto é previsto". CORREIA, Fernando Alves. Manual de Direito do Urbanismo, vol. I. 4.ª ed.. Coimbra: Almedina, 2008, p. 418.

[39] Há dois tipos de planos e programas que podem estar sujeitos a AAE: (i) os planos e programas de ordenamento territorial disciplinados pelas leis de ordenamento do território e do urbanismo; (ii) planos e programas que não são destinados ao ordenamento territorial e que não são regidos pelas leis de ordenamento do território e do urbanismo. Como exemplo desta segunda hipótese, podemos citar o Plano de Desenvolvimento e Investimento da Rede de Transporte de Electricidade 2012-2017, o qual submeteu-se a este procedimento de avaliação. Cf. REDE ELÉCTRICA NACIONAL, S.A.. Plano de Desenvolvimento e Investimento da Rede de Transporte de Electricidade 2012-2017, julho de 2011. Disponível em:http://www.centrodeinformacao.ren.pt/PT/publicacoes/PlanoInvestimentoRNT/PDIRT%202012-2017%20(2022)/PDIRT%202012-2017%20(2022)%20-%20Julho%202011.pdf. Acesso em 22/06/2015.

zoáveis que tenham em conta os objectivos e o âmbito de aplicação territorial respectivos" (art. 6º/n.1, Decreto-Lei 232/2007)[40].

A terceira etapa do procedimento da AAE é constituída por consultas às entidades com responsabilidades ambientais específicas e pela informação e participação do público interessado (art. 7º). A quarta etapa é composta pela ponderação e decisão. A ponderação deve levar em conta, na versão final do plano ou programa a aprovar, o relatório ambiental e o resultado de todas as consultas realizadas (técnicas e públicas) – art. 9º do Decreto-Lei nº 232/2007[41].

A quinta etapa é constituída pela elaboração de uma declaração ambiental depois da aprovação do plano ou programa a cargo da entidade por eles responsável (art. 10). A sexta etapa é composta pela avaliação e controle dos efeitos significativos da execução de planos e programas - o monitoramento (art. 11).[42]

Por fim, é importante mencionar que o diploma normativo em foco previu a articulação do procedimento da AAE de planos e programas com o procedimento da AIA de projetos (art. 13), mediante o aproveitamento de informações e dados da AAE no procedimento da AIA.

---

[40] Dele devem constar uma série de elementos descritos nas alíneas 'a' a 'i' do n.º 1 do art. 6º, valendo destacar "os eventuais efeitos significativos no ambiente decorrentes da aplicação do plano ou do programa, incluindo os efeitos secundários, cumulativos, sinergéticos, de curto, médio e longo prazos, permanentes e temporários, positivos e negativos, considerando questões como a biodiversidade, a população, a saúde humana, a fauna, a flora, o solo, a água, a atmosfera, os factores climáticos, os bens materiais, o património cultural, incluindo o património arquitectónico e arqueológico, a paisagem e a inter-relação entre os factores supracitados" (alínea 'e').

[41] Sobre a ponderação de interesses, cf: ARAGÃO, Alexandra. O Princípio do Nível Elevado de Protecção e a Renovação Ecológica do Direito do Ambiente e dos Resíduos. Coimbra: Almedina, 2006, pp. 215-216; e CANOTILHO, José Joaquim Gomes. Direito Constitucional e Teoria da Constituição. 7ª ed. Coimbra: Almedina, 2003, pp. 1236-1242.

[42] Cf. CORREIA, Fernando Alves. A avaliação ambiental de planos e programas: um instituto de reforço da protecção do ambiente no direito do urbanismo. Revista de Legislação e de Jurisprudência, nº 3946. Coimbra: Coimbra Editora, pp. 4-35, setembro-outubro 2007.

4. Produção de Energia Renovável e a AAE: Uma Forma de Contribuir para a Promoção da Sustentabilidade

A promoção das energias renováveis[43] é algo desejável, na medida em que apresenta como vantagens a contribuição para: (i) a segurança energética (pela diversificação do mix energético); (ii) a proteção do ambiente e do clima; (iii) o desenvolvimento econômico; e (iv) o desenvolvimento social.

É por isso mesmo que afirmamos noutra oportunidade[44] que a promoção das energias renováveis contribui para a concretização do princípio da sustentabilidade em seu triplo aspecto ecológico, econômico e social[45]. Em sua dimensão ecológica ou ambiental, pela contribuição para a proteção do clima (não produzem gases de efeito estufa ou, então, as emissões são muito menores que a dos combustíveis fósseis) e pelo não esgotamento dos recursos de que necessitam por serem renováveis (gestão racional dos recursos). Em sua dimensão econômico-financeira, em razão do fomento à economia, à criação de empregos, bem como pela redução do custo de importação de energia e pela economia de custos em comparação com as energias não renováveis em áreas distantes, remotas e em meios rurais pobres. Em sua dimensão social, pela redução da pobreza, inclusão social, aumento do acesso à energia e à eletricidade para parcelas da população e também pela criação de empregos[46].

---

43 Energia renovável é aquela que é derivada de processos naturais (v.g., luz do sol e vento) que são reabastecidos em uma taxa maior do que são consumidos. Solar, eólica, geotérmica, hidroelétrica, bioenergia e a força dos oceanos, por exemplo, são fontes de energia renovável. INTERNATIONAL ENERGY AGENCY-IEA. Renewables. Disponível em: http://www.iea.org/topics/renewables/. Acesso em 28/11/2015 (Tradução nossa).

44 DAUDT D'OLIVEIRA, Rafael Lima Daudt. O Princípio da Integração Ambiental e as Energias Renováveis. Dissertação (Mestrado na Área de Especialização em Ciências Jurídico-Políticas/Menção em Direito do Ordenamento, Urbanismo e Ambiente). Faculdade de Direito da Universidade de Coimbra, 2016.

45 Sobre as três dimensões da sustentabilidade, cf. CASALTA NABAIS, José. A crise do Estado fiscal. In: TAVARES DA SILVA, Suzana; RIBEIRO, Maria de Fátima. Trajectórias de sustentabilidade, tributação e investimento. Coimbra: Instituto Jurídico (FDUC), p. 19-59, 2014; CANOTILHO, J.J. Gomes. O Princípio da sustentabilidade como Princípio estruturante do Direito Constitucional. Revista de Estudos Politécnicos (Polytechnical Studies Review), vol VIII, nº 13, p. 7-18, 2010; ELKINGTON, John. Cannibals with Forks: Triple Bottom Line of 21st Century Business. Oxford: Capstone Publ., 1997.

46 IRENA. REmap: Roadmap for a Renewable Energy Future. Abu Dhabi, 2016. Disponível em: www.irena.org/remap. Acesso em 21/04/2016.

Por outro lado, a despeito de sua vocação ambiental benéfica, as renováveis também podem gerar problemas ambientais, sendo a análise de sua localização e das alternativas locacionais um fator crucial para "promover a sustentabilidade social, ambiental e energética"[47]. Assim se diz porque os impactos gerais mais frequentes das renováveis são associados à destruição e perturbação da biodiversidade (fauna e flora) e à modificação do uso da terra, além dos impactos adversos específicos de cada tipo de energia renovável.

Portanto, a AAE serve como relevante instrumento para a promoção das energias renováveis de forma sustentável, por condicionar a localização futura de atividades ou projetos, por trazer consigo um procedimento dialético com ampla participação popular e para tratar de outras questões pertinentes que vão influenciar todas as decisões subsequentes no procedimento de tomada de decisão (p.e., o tipo de energia renovável apropriada para cada localidade).

Nesse sentido, reafirmamos que o direito brasileiro carece da previsão expressa e obrigatória da realização da AAE pelo menos para alguns PPP no domínio da energia renovável[48]. Várias questões estratégicas poderiam ser resolvidas nessa fase, com uma maior integração das questões ambientais, tais como as alternativas locacionais e os impactos sinérgicos e cumulativos, deixando o empreendedor numa posição mais confortável quando do licenciamento ambiental, tendo em vista que essas questões seriam previamente superadas. A obrigatoriedade da AAE contribuiria, igualmente, para proporcionar uma proteção ambiental mais efetiva e para reforçar o caráter democrático da decisão. Infelizmente, a prática revela o contrário e não raro ocorrem sérios problemas jurídicos, eis que a fase da licença prévia (ou instrumento equivalente), cujo campo de apreciação é mais restrito, presta-se a analisar as atividades e empreendimentos individualmente considerados, e não os impactos

47 ARAGÃO, Alexandra. Energia renovável sustentável: como superar o paradoxo energético. In: TAVARES DA SILVA, Suzana (org.). Estudos de Direito da Energia. Coimbra: Instituto Jurídico/Faculdade de Direito da Universidade de Coimbra, 2014, p. 233 -258. Conforme alerta Alexandra Aragão, "não é por ser a energia renovável e 'amiga do ambiente' que vamos consentir a alocação de parques eólicos na cumeeira de qualquer montanha, que vamos autorizar a construção de barragens no leito de qualquer rio, que vamos viabilizar a perfuração para aproveitamento de geotermia em qualquer solo, que vamos instalar centrais fotovoltaicas em qualquer terreno ermo". Ibidem.

48 Nesse sentido, posiciona-se a doutrina nacional: MILARÉ, Édis. Direito do Ambiente. 11ª ed. São Paulo: Revista dos Tribunais, 2018. p. 898-899; BIM, Eduardo Fortunato. Licenciamento Ambiental. 3ª ed. Rio de Janeiro: Lumen Juris, 2016. p. 501-503.

sinérgicos e cumulativos desses em seu conjunto, entre outros aspectos relacionados à AAE (sociais e econômicos)[49].

Por outro lado, verifica-se a realização da AAE em algumas situações concretas, motivadas por iniciativas judiciais e extrajudiciais do Ministério Público e eventualmente decididas pelo Poder Judiciário, o que causa insegurança jurídica. O mesmo ocorre com a realização da chamada Avaliação Ambiental Integrada (AAI)[50], que também não conta com previsão legal, cinge-se às bacias hidrográficas e cujo escopo se limita à "análise ambiental de cenários e impactos na bacia dentro das políticas existentes ou planejadas"[51] - o que demonstra a sua insuficiência e abrangência diminuta em relação à AAE.

O quadro acima pintado mostra-se ainda mais preocupante no domínio da energia hidroelétrica. Explica-se. É comum que uma empresa vencedora de um leilão de energia seja demandada judicialmente pelo MP ou outros órgãos legitimados para atuarem na defesa do ambiente pelo fato de que não foram analisados os impactos sinérgicos e cumulativos de sua hidroelétrica em conjunto com as demais que estavam sendo licenciadas na mesma bacia hidrográfica, pleiteando a elaboração de AAE ou AAI. O problema é que esses instrumentos não contam com previsão normativa. Resultado: grave insegurança jurídica, principalmente em razão de não haver um entendimento uniforme do Poder Judiciário em relação à matéria, conforme demonstram os exemplos abaixo.

O TRF da 4ª Região já decidiu que há "necessidade da realização de Avaliação Ambiental Integrada da Bacia do Rio Tibagi como pré-requisito para a concessão de LA para construção de qualquer Usina Hidrelétrica nessa Bacia Hidrográfica, exceção feita à UHE de Mauá" que já estava em fase final de obras[52].

---

49 Embora a Resolução CONAMA 1/86 preveja que o EIA/RIMA deve contemplar os impactos sinérgicos e cumulativos (art. 6º, II), entendemos que essa disposição deve ser interpretada no sentido de que os impactos sinérgicos e cumulativos se referem à própria atividade licenciada.

50 Cf. a definição em: MMA-MINISTÉRIO DO MEIO AMBIENTE DO BRASIL. Programa Nacional de Capacitação de gestores ambientais: licenciamento ambiental. Brasília, 2009, p. 19. Disponível em: http://www.mma.gov.br/estruturas/dai_pnc/_arquivos/pnc_caderno_licenciamento_ambiental_01_76.pdf. Acesso em 21/02/2016.

51 Ibidem.

52 AC 1999.70.01.007514-6 – TRF 4ª Região/ 3ª Turma –Rel. Des. Fernando Quadros da Silva - D.E. 03/05/2011.

Por outro lado, o TRF da 3ª Região decidiu que a AAE não conta com previsão no ordenamento jurídico brasileiro e que "não se justifica possa ser exigido dos empreendedores e das esferas de poder local, regional e federal outros instrumentos fora daqueles previstos na lei e nas Resoluções ambientais expedidas pelo CONAMA"[53].

Noutro caso, decidiu o Presidente do Superior Tribunal de Justiça (STJ) que "ciente de que cada um dos empreendimentos será precedido de EIA, não me parece razoável - ao contrário, parece-me mesmo desproporcional - exigir avaliação ambiental integrada prévia como condição para a concessão de licença de instalação", e, ainda, que tal exigência significaria "impor um atraso à geração de eletricidade que o país poderá não suportar"[54].

O instrumento que vem sendo utilizado para pacificar este tipo de controvérsia é o Termo de Ajustamento de Conduta (TAC), previsto no art. 5º, § 6°, da Lei 7.437/85. Vejamos alguns exemplos. A 1ª Promotoria de Justiça de Tutela Coletiva do Núcleo Cordeiro do MP do Estado do Rio de Janeiro instaurou o Inquérito Civil 12/2002 para investigar o licenciamento ambiental de 12 PCHs[55] no rio Grande, afluente à margem direita do Rio Paraíba do Sul, Estado do Rio de Janeiro, tendo em vista a ausência de estudos prévios ambientais que levassem em conta seus impactos sinérgicos e cumulativos. Em 2 de Junho de 2010, foi celebrado um TAC[56] pelo qual o INEA se comprometeu a proceder à elaboração da AAI dos referidos aproveitamentos hidroelétricos, levando em conta seus impactos sinérgicos e cumulativos, bem como a cancelar as licenças expedidas e a indeferir o pedido daquelas em curso, caso ficasse demonstrada a inviabilidade ambiental de um ou mais empreendimentos na AAI.

---

53 AI nº 0006389-25.2013.4.03.0000/MS – TRF 3ª Região/ 4ª Turma – Rel. Desembargadora Federal Marli Ferreira - j. em 07/11/2013 – DJF 19/11/2013.

54 SS 001863/PR – STJ/ Presidência – Rel. Ministro Humberto Gomes de Barros – j. em 18/07/2008 – Publicação 04/08/2008.

55 Na realidade, havia os Inquéritos Civis 12/2002, 15/2004, 17/2004, 16/2008, 133/2008 e 39/2009, que passaram a tramitar todos no âmbito do IC 12/2002. Os autos destes Inquéritos Civis foram gentilmente cedidos para cópia pelo ilustre Promotor de Justiça Dr. Daniel Lima Ribeiro.

56 À época, na condição de Procurador-chefe do INEA, eu e minha equipe tivemos a oportunidade de participar da elaboração e chancelar a minuta do TAC, o qual representou uma importante ferramenta para o controle ambiental dos impactos sinérgicos e cumulativos no rio Grande.

Noutro caso, referente a aproveitamentos de potencial hidroelétrico ao longo de todo o rio Verde, afluente do rio Paraná, no Estado do Mato Grosso do Sul, compreendendo diversas Usinas Hidroelétricas (UHEs) e algumas PCHs, percebeu-se a necessidade da realização de uma AAE previamente ao licenciamento ambiental individual de quaisquer daqueles aproveitamentos, tanto pela sinergia dos impactos ambientais produzidos durante a instalação e operação das atividades, como pela necessidade de inclusão de aspectos sociais e econômicos. Daí, em 5 de março de 2010, foi firmado um TAC, pelo qual ficou vedado o início da instalação ou operação dos empreendimentos de aproveitamento de potencial hidroelétrico enquanto não houvesse a conclusão e aprovação da AAE[57].

Como visto, causa problemas práticos e insegurança jurídica a ausência de um estudo como a AAE, que leva em consideração a variável ambiental desde o início do processo de tomada de decisões e destina-se a analisar aspectos ambientais globais, bem como a interface das questões ambientais com aspectos econômicos e sociais.

5. Conclusão

Desde a sua previsão inicial em 1969 nos EUA, a AAE evoluiu bastante na teoria e prática e hoje é adotada em diversos países em todos os continentes do globo, cada qual com as suas características peculiares. A confiança na discricionaridade da Administração, em vez da vinculação a disposições legais obrigatórias, revelou-se problemática em alguns países, como no Canadá e na Austrália, onde poucas AAE foram realizadas. Vale destacar o problema, verificado no direito europeu, quanto à delimitação daquilo que deve ou não se submeter à AAE, o que acaba deixando a questão ser resolvida caso a caso pela Administração. Também se viu que é importante o aproveitamento dos estudos da AAE nos procedimentos autorizativos subsequentes (licenças ambientais), como é previsto no direito português.

Defendemos a instituição da AAE por lei, no Brasil, para alguns tipos de PPP que contemplem grandes opções estratégicas, como ocorre no setor das energias renováveis.

---

57 MINISTÉRIO PÚBLICO DO ESTADO DO RIO DE JANEIRO. Inquérito Civil 12/2002. Rio de Janeiro: 1ª Promotoria de Justiça de Tutela Coletiva do Núcleo Cordeiro.

A AAE é um instrumento que pode contribuir com a sustentabilidade da produção de energia renovável. Mas, considerando as experiências com a AAE no direito comparado, bem como a realidade brasileira, sugerimos que a inovação legal seja acompanhada de alguns pontos importantes: (i) a definição do que se entende por PPP, pois, ao contrário do direito europeu, não existem essas definições no direito brasileiro; (ii) que a AAE seja uma avaliação orientada pelo procedimento em vez de uma avaliação orientada pelo produto final; (iii) que haja obrigatoriedade da realização da AAE em alguns casos (p.e., leilões de energia) expressamente previstos de forma clara e precisa, evitando dúvidas sobre a sua abrangência; (iv) o aproveitamento dos estudos da AAE no licenciamento ambiental, como forma de racionalizar procedimentos.

6. Referências Bibliográficas

ARAGÃO, Alexandra. **Energia renovável sustentável: como superar o paradoxo energético**. In: TAVARES DA SILVA, Suzana (org.). Estudos de Direito da Energia. Coimbra: Instituto Jurídico/Faculdade de Direito da Universidade de Coimbra, 2014, p. 233 -258.

ARAGÃO, Alexandra. **O Princípio do Nível Elevado de Protecção e a Renovação Ecológica do Direito do Ambiente e dos Resíduos**. Coimbra: Almedina, 2006.

ASHE, John, MARSDEN, Simon. SEA in Australia. In: SADLER, Barry et al (ed.). **Handbook of Strategic Environmental Assessment**. Earthscan, 2011, pp. 21-35.

BIM, Eduardo Fortunato. **Licenciamento Ambiental.** 3ª ed. Rio de Janeiro: Lumen Juris, 2016.

CANOTILHO, J.J. Gomes. **O Princípio da sustentabilidade como Princípio estruturante do Direito Constitucional.** Revista de Estudos Politécnicos (Polytechnical Studies Review), vol VIII, nº 13, p. 7-18, 2010.

CANOTILHO, José Joaquim Gomes. **Direito Constitucional e Teoria da Constituição**. 7ª ed. Coimbra: Almedina, 2003.

CANOTILO, J.J. Gomes, MOREIRA, Vital. **Constituição da República Portuguesa Anotada**, vol. I. 4ª Ed. Coimbra: Coimbra Ed., 2014.

CASALTA NABAIS, José. **A crise do Estado fiscal. In: TAVARES DA SILVA, Suzana; RIBEIRO, Maria de Fátima. Trajectórias de sustentabilidade, tributação e investimento.** Coimbra: Instituto Jurídico (FDUC), p. 19-59, 2014.

CLARK, Ray, MAHONEY, Lisa, PIERCE, Kathy. SEA in the US. In: SADLER, Barry et al (ed.). Handbook of Strategic Environmental Assessment. Earthscan, 2011, pp. 74-88.

CORREIA, Fernando Alves. **A avaliação ambiental de planos e programas: um instituto de reforço da protecção do ambiente no direito do urbanismo.** Revista de Legislação e de Jurisprudência, nº 3946. Coimbra: Coimbra Editora, pp. 4-35, setembro-outubro 2007.

CORREIA, Fernando Alves. **Manual de Direito do Urbanismo**, vol. I. 4.ª ed.. Coimbra: Almedina, 2008, p. 418.

DAUDT D'OLIVEIRA, Rafael Lima Daudt. **O Princípio da Integração Ambiental e as Energias Renováveis.** Dissertação (Mestrado na Área de Especialização em Ciências Jurídico-Políticas/Menção em Direito do Ordenamento, Urbanismo e Ambiente). Faculdade de Direito da Universidade de Coimbra, 2016.

ELKINGTON, John. **Cannibals with Forks: Triple Bottom Line of 21st Century Business.** Oxford: Capstone Publ., 1997.

GOMES, Carla Amado. **Risco e Modificação do Acto Autorizativo Concretizador de Deveres de Protecção do Ambiente.** Coimbra: Coimbra Ed., 2007.

GOVERNO DO CANADÁ. **Guidelines for Implementing the Cabinet Directive on the Environmental Assessment of Policy, Plan and Program Proposals.** Ottawa: Privy Council Office and the Canadian Environmental Assessment Agency, 2010.

HAQ, Gary. **Los Fundamentos teóricos de la EAEA. In: CARATTI, Pietro; DALKMANN,** Holger; JILIBERTO Rodrigo (ed.). Evaluación Ambiental Estratégica Analítica: hacia uma toma de decisiones sostenible. Mundi-Prensa, 2006, pp. 19-27.

HAYASHI, Kiichiro et al. SEA in Asia Region. In: SADLER, Barry et al (ed.). **Handbook of Strategic Environmental Assessment**. Earthscan, 2011, pp. 89-107.

INTERNATIONAL ENERGY AGENCY-IEA. **Renewables**. Disponível em: http://www.iea.org/topics/renewables/. Acesso em 28/11/2015.

IRENA. REmap: **Roadmap for a Renewable Energy Future**. Abu Dhabi, 2016. Disponível em: www.irena.org/remap. Acesso em 21/04/2016.

JILIBERTO, Rodrigo. **Los conceptos de la Evaluación Ambiental Estratégica Analítica** (EAEA). In: CARATTI, Pietro; DALKMANN, Holger; JILIBERTO Rodrigo (ed.). Evaluación Ambiental Estratégica Analítica: hacia uma toma de decisiones sostenible. Mundi-Prensa, 2006, pp. 55-61.

JILIBERTO, Rodrigo. **Sentando las bases para una nueva aproximación a la EAE.** In: CARATTI, Pietro; DALKMANN, Holger; JILIBERTO Rodrigo (ed.). Evaluación Ambiental Estratégica Analítica: hacia uma toma de decisiones sostenible. Mundi-Prensa, 2006, pp. 29-37.

KRÄMER, Ludwig. **EC Environmental Law.** 6ª ed. London: Sweet & Maxwell, 2007.

LOBOS, Víctor, PARTIDARIO, Maria. Theory versus practice in Strategic Environmental Assessment (SEA). In: Environmental Impact Assessment review, vol. 48, 2014. Disponível em: http://www.researchgate.net/publication/262678203. Acesso em 23/06/2015.

MARQUES, Francisco Paes. **A Avaliação de Impacto Ambiental e os seus múltiplos.** In: GOMES, Carla Amado; ANTUNES, Tiago (coord.). Revisitando a avaliação de impacto ambiental. Disponível em: http://www.icjp.pt/sites/default/files/publicacoes/files/ebook_aia.pdf. Acesso em 20/12/2014.

MARSDEN, Simon. **Strategic Environmental Assessment in international and european law: a practitioner's guide.** Earthscan, 2008.

MATEO, Ramón Martin. **Manual de Derecho Ambiental**, 3ª Ed. Navarra: Editorial Arazandi, 2003.

MILARÉ, Édis. **Direito do Ambiente.** 11ª ed. São Paulo: Revista dos Tribunais, 2018.

MINISTÉRIO PÚBLICO DO ESTADO DO RIO DE JANEIRO. **Inquérito Civil 12/2002. Rio de Janeiro: 1ª Promotoria de Justiça de Tutela Coletiva do Núcleo Cordeiro.**

MMA-MINISTÉRIO DO MEIO AMBIENTE DO BRASIL. **Programa Nacional de Capacitação de gestores ambientais: licenciamento ambiental.** Brasília, 2009. Disponível em: http://www.mma.gov.br/estruturas/dai_pnc/_arquivos/pnc_caderno_licenciamento_ambiental_01_76.pdf. Acesso em 21/02/2016.

OREA, Domingo Gómez; VILLARINO, Mauricio Gómez; VILLARINO, Maite Gómez. **Los Orígenes de la Evaluacíon Ambiental Estratégica (EAE) y su relacíon com la Evaluación del Impacto Territorial** (EIT). In: DASÍ, Joaquín Farinós (ed. y coord.). De la Evaluación Ambiental Estratégica a la Evaluación de Impacto Territorial: Reflexiones acerca de la tarea de evaluación. Universitat de València, 2011, pp. 167-210.

PARTIDÁRIO, Maria. **Strategic environmental assessment — principles and potential.** In: PETTS, J. (ed.). Handbook of environmental impact assessment, vol. 1. Oxford: Blackwell, 1999, pp. 60–73.

REDE ELÉCTRICA NACIONAL, S.A.. **Plano de Desenvolvimento e Investimento da Rede de Transporte de Electricidade 2012-2017, 2011.** Disponível em:http://www.centrodeinformacao.ren.pt/PT/publicacoes/PlanoInvestimentoRNT/PDIRT%202012-2017%20(2022)/PDIRT%202012-2017%20(2022)%20-%20Julho%202011.pdf. Acesso em 22/06/2015.

SADLER, Barry, JURKEVICIUTE, Ausra. **SEA in the European Union. In: SADLER, Barry et al (ed.). Handbook of Strategic Environmental Assessment. Earthscan,** 2011, pp. 121-150.

SADLER, Barry. SEA in Canada. In: SADLER, Barry et al (ed.). **Handbook of Strategic Environmental Assessment.** Earthscan, 2011, pp. 36-58.

VIEIRA DE ANDRADE, José Carlos. **O Dever de Fundamentação Expressa de Actos Administrativos.** Coimbra: Almedina, 2007, p. 374.

A MOROSIDADE DO LICENCIAMENTO AMBIENTAL E O DESEQUILÍBRIO ECONÔMICO-FINANCEIRO DO CONTRATO DE CONCESSÃO DE TRANSMISSORAS DE ENERGIA ELÉTRICA

Renata Giro Najar Requena[1]

1. Introdução

As concessionárias transmissoras do setor elétrico enfrentam diariamente problemas relacionados aos atrasos dos órgãos ambientais, em especial, quando da implantação dos empreendimentos, sejam novos ou melhorias/reforços, o que impacta no cumprimento do contrato de concessão e em discussões com a agência reguladora, a Agência Nacional de Energia Elétrica (ANEEL).

O equilíbrio econômico-financeiro[2] é importante nos contratos de concessão, considerando os vultuosos investimentos para a construção, manutenção e operação dos empreendimentos.

Este artigo tem o propósito de demonstrar em que medida os atrasos causados por órgãos ambientais na implantação de tais empreendimentos podem ser considerados motivos para a revisão do contrato de concessão, ou seja, que vão além da álea do negócio.

---

1 Advogada. Pós-Graduação em Contratos Empresariais pela FGV. Pós-Graduação em Direito Empresarial pelo Insper. Especialização em Direito da Energia pelo Instituto Brasileiro de Estudos de Direito da Energia. Graduação em Direito pela Universidade Presbiteriana Mackenzie. Advogada Especialista da Siemens Ltda, Unidade de Negócios Power Generation.

2 JUSTEN FILHO, Marçal. Comentários à lei de licitações e contratos administrativos. 13 ed. São Paulo: Dialética, 2009. p. 748.

Sendo assim, inicialmente, será realizada breve exposição sobre a forma de exploração de serviços de energia elétrica, de acordo com o que preconiza a legislação pátria, com foco nas concessões de transmissão de energia elétrica.

Em seguida, serão abordados os reajustes e as revisões previstos nos contratos de concessão, bem como o reequilíbrio econômico-financeiro destes contratos quando há atrasos nos licenciamentos ambientais.

Durante a pesquisa e desenvolvimento deste trabalho serão analisados os entendimentos da ANEEL e das transmissoras sobre o tema, que são divergentes, e de que forma este conflito está sendo tratado, com embasamento na doutrina, decisões administrativas e judiciais.

Para tanto, optou-se pelo método dedutivo, partindo-se da análise de conceitos gerais, visando investigar o conceito particular que envolve o assunto em questão.

Por fim, após compilar argumentos de teses doutrinárias e jurisprudências, será apresentada a conclusão do estudo, demonstrando em que medida o atraso do licenciamento ambiental pode gerar o desequilíbrio econômico-financeiro dos contratos de concessão de transmissoras de energia elétrica e a sua consequente revisão.

2. Desenvolvimento

A exploração dos serviços e instalações de energia elétrica, conforme preconiza a Constituição Federal de 1988, é de competência da União, que pode realizá-la diretamente ou através de autorização, concessão ou permissão, observados os princípios da legalidade, impessoalidade, moralidade e eficiência, além de outras condições constitucionais, como a forma de contratar.

Ao adentrar na modalidade de exploração indireta dos serviços de transmissão de energia elétrica pela União (Poder Concedente), por meio de outorga de concessão[3], se faz necessário considerar que, em regra[4], esta deverá ser precedida de licitação, assim como está regulamentada a Constituição Federal, artigo 37, inciso XII, pela Lei n 8.666/1993 (Lei de Licitações).

---

3 MELO, José Eduardo Soares de. Contratos e Tributação. 1 ed. São Paulo: Malheiros, 2015, p. 17-21.

4 O artigo 24 da Lei n 8.666/1993 traz os casos que dispensam licitações, ou seja, as exceções à regra.

A transmissão de energia elétrica, um dos segmentos do mercado de energia[5], faz parte de um modelo econômico complexo[6], tanto no aspecto físico quanto no aspecto econômico. As licitações, neste caso, são realizadas por leilões promovidos pela ANEEL, mediante delegação do Ministério de Minas e Energia (MME)[7] que representa o Poder Concedente.

A participação nos leilões de transmissão requer o atendimento de diversos requisitos, técnicos, econômicos, jurídicos, estabelecidos no edital, os quais, uma vez atendidos e apresentada proposta com a menor Receita Anual Permitida (RAP), resultarão no vencimento do certame e, consequentemente, na assinatura do contrato de concessão, cujo objeto inclui a construção, montagem, operação e manutenção das instalações de transmissão.

A RAP, remuneração recebida pelas transmissoras pela prestação do serviço público, "é obtida como resultado do próprio leilão de transmissão e é paga às transmissoras a partir da entrada em operação comercial de suas instalações, com revisão a cada quatro ou cinco anos, nos termos dos contratos de concessão" [8].

Assim, conforme estabelecido no edital do leilão, os critérios de reajustes e revisões da RAP estarão previstos no contrato de concessão, instrumento pelo qual se formalizam as condições pactuadas entre a União, representada pela ANEEL, e a empresa transmissora de energia elétrica ("transmissora") [9].

Entretanto, os reajustes e revisões definidos no contrato de concessão por vezes não recompõem os investimentos da transmissora, sendo necessário recorrer às previsões legais de revisão contratual, o que não é simples e encontra entrave regulatório, conforme será demonstrado a seguir.

A revisão de contratos administrativos está estabelecida na Lei de Licitações, artigo 65, inciso II, alínea "d", visando restabelecer a relação entre as

---

5 O setor de energia elétrico, além da transmissão, é composto pela geração e distribuição, sendo tal divisão decorrente da desverticalização. CAMPOS, Clever Mazzoni. Curso básico de direito de energia elétrica. 1 ed. Rio de Janeiro: Synergia, 2010, p. 55.

6 DA SILVA, Leonardo Toledo. Direito e Infraestrutura. São Paulo: Saraiva, 2012, p. 22.

7 ANEEL. Disponível em http://www.aneel.gov.br/transmissao4. Acesso em 27 out. 2019.

8 ANEEL. Disponível em http://www.aneel.gov.br/metodologia-transmissao/-/asset_publisher/6pqBPPJq59Ts/content/receita-anual-permitida-rap/654800?inheritRedirect=false. Acesso em 27 out. 2019.

9 ANEEL. Disponível em http://www.aneel.gov.br/transmissao4. Acesso em 27 out. 2019.

partes, ou seja, a manutenção do equilíbrio econômico-financeiro do contrato, nas hipóteses de:

(...) sobrevirem fatos imprevisíveis, ou previsíveis, porém de consequências incalculáveis, retardadores ou impeditivos da execução do ajustado, ou, ainda, em caso de força maior, caso fortuito ou fato do príncipe, configurando álea econômica extraordinária e extracontratual.

Verifica-se, portanto, que a teoria da imprevisão[10] é admitida pelo direito brasileiro, como fundamento para a responsabilidade do Estado, em especial, quando é preciso reequilibrar as condições inicialmente contratadas[11].

Sobre o equilíbrio econômico-financeiro do contrato administrativo vale destacar que "é a relação de igualdade formada, de um lado, pelas obrigações assumidas pelo contratante no momento do ajuste e, de outro lado, pela compensação econômica que lhe corresponderá"[12].

O referido equilíbrio é essencial para que haja a legalidade da concessão de serviço público, pois a tarifa decorrente da prestação deste serviço deve remunerar a concessionária para que esta possa custear e ter justa remuneração pelo investimento, bem como para que seja possível atender às necessidades de expansão e melhoria dos serviços e atração de novos capitais[13].

Apesar de tal previsão, há a dificuldade em identificar o que é previsível ou não, visto a capacidade humana limitada de prever o futuro e a consequente incompletude dos contratos, além de matrizes de riscos pobres, que muitas vezes não são compatíveis com os desafios das situações concretas, e falhas da gestão contratual[14].

Ademais, há que se falar em fatos de terceiros, como a atuação de entes estatais, que se distinguem das partes contratantes, mas impactam no adimple-

---

[10] DIAS, Lucia Ancona Lopez de Magalhães. Onerosidade excessiva e revisão contratual no direito privado. In: Contratos Empresariais - Fundamentos e Princípios dos Contratos Empresariais. 2. ed. São Paulo: Saraiva, 2012, p. 385 e 386.

[11] LOPEZ, Teresa Ancona. Princípios Contratuais. In: Contratos Empresariais - Fundamentos e Princípios dos Contratos Empresariais. 2. ed. São Paulo: Saraiva, 2012, p. 20-50.

[12] MELLO, Celso Antônio Bandeira de. Curso de Direito Administrativo. 33 ed, São Paulo: Malheiros, 2016, p. 393.

[13] LOPEZ, Teresa Ancona. Princípios Contratuais. In: Contratos Empresariais - Fundamentos e Princípios dos Contratos Empresariais. 2. ed. São Paulo: Saraiva, 2012, p. 19.

[14] ZANCHIM, Kleber Luiz. Contratos públicos e direito privado: interpretação, princípios e inadimplemento. São Paulo: Almedina, 2016, p. 52.

mento das obrigações contratuais. Neste aspecto, enquadra-se a atuação dos órgãos ambientais, que é burocrática e conhecidamente demorada no Brasil, sendo que a demora na expedição de licenças ou outros tipos de autorizações impactam na realização das obras, sendo comum, ainda, exigências de condicionantes ambientais não definidas no edital do leilão e no contrato de concessão, que aumentam o custo da obra[15].

O atraso ambiental não é propriamente imprevisível, sendo neste sentido o entendimento da jurisprudência dos Tribunais brasileiros, que afirma a notoriedade das dificuldades para a obtenção das licenças ambientais necessárias para a execução de contratos.

Dessa forma, se faz necessário avaliar em que medida este atraso pode configurar excludente de responsabilidade e justificar o reequilíbrio econômico-financeiro de contratos de concessão, em especial daqueles celebrados com as concessionárias de serviços públicos de transmissão de energia elétrica[16].

A Lei nº 8.987/1995 (Lei de Concessões), que estabelece as normas para a outorga de concessões, regulamentando o artigo 175 da Constituição Federal, faz a abordagem das revisões das tarifas, conforme já mencionado acima, bem como do equilíbrio econômico-financeiro dos contratos com a administração pública, destacando-se:

> Art. 9º [...]
>
> § 2º Os contratos poderão prever mecanismos de revisão das tarifas, a fim de manter-se o equilíbrio econômico-financeiro.
>
> [...]
>
> Art. 10. Sempre que forem atendidas as condições do contrato, considera-se mantido seu equilíbrio econômico-financeiro.

Ultrapassando as normas legais que regulam o tema, ressaltam-se as condições contratuais pactuadas pelas partes quando da assinatura do contrato de concessão.

Entre as obrigações assumidas pela transmissora através do contrato de concessão está a observância da legislação e requisitos ambientais aplicáveis, bem como a adoção das medidas necessárias à obtenção do licenciamento ambiental, por sua conta e risco.

---

15 Ibdem, p. 53.

16 Ibdem, p. 53.

Há também, não obstante as previsões legais, a definição de manutenção do equilíbrio econômico-financeiro do contrato de concessão, citando-se, como exemplo, o 5º aditivo do contrato de concessão nº 0059/2001 da CTEEP – Companhia de Transmissão de Energia Elétrica Paulista:

> Cláusula 5ª
>
> [...]
>
> Décima Subcláusula - A TRANSMISSORA deverá construir, operar e manter as INSTALAÇÕES DE TRANSMISSÃO, observadas a legislação e os requisitos ambientais aplicáveis, adotando todas as providências necessárias junto aos Órgãos responsáveis pelos licenciamentos, por sua conta e risco.

Neste sentido, e baseado no instrumento de concessão, é o entendimento da ANEEL que, em diversos momentos, posiciona-se argumentando que a transmissora submete-se aos riscos do negócio, devendo contingenciar e definir preços, possíveis variações e impactos, realizando a gestão dos recursos financeiros e do licenciamento ambiental, que são riscos integrais desta.

A ANEEL afirma, ainda, que "não há previsão legal para afastar as responsabilidades da concessionária sobre o processo de licenciamento ambiental previsto no contrato de concessão" e, então[17]:

> [...] tem adotado um entendimento restritivo do contrato de concessão, suscitando o conteúdo clausular de que corre por conta e risco do empreendedor o licenciamento ambiental e que, por essa razão, não há que se falar em inimputabilidade ao concessionário do atraso no licenciamento ambiental, ainda que causado pela demora dos órgãos ambientais.

Entretanto, em regra, consta dos contratos de concessão, previsão de que descumprimentos de marcos intermediários do cronograma, motivados no processo de licenciamento ambiental por ocorrências não imputáveis às transmissoras, poderão ocasionar a revisão dos cronogramas de construção.

Desta forma, é possível que a ANEEL prorrogue o prazo de entrada em operação do empreendimento e não aplique as penalidades, descontos nor-

[17] ROLIM, Maria João; KHOURI, Alice de Siqueira. Excludente de responsabilidade por atraso no licenciamento ambiental dos empreendimentos do setor elétrico e o reequilíbrio econômico-financeiro da concessão in Temas relevantes no direito de energia elétrica - TOMO V/ Fábio Amorim da Rocha, coordenador. – Rio de Janeiro: Synergia, p. 571.

mativos, decorrentes de fatos de terceiros, no caso de fato imputável a órgão ambiental, mas não reconheça que tal atraso é causa de revisão financeira.

Considerando o próprio posicionamento da ANEEL, no sentido de reconhecer atrasos não imputáveis às transmissoras, possibilitando a revisão de cronograma e não aplicando desconto na RAP (PVA - Parcela Variável por atraso na entrada em operação), atualmente regulado pela Resolução Normativa ANEEL (REN) nº 729/2016, atualizada pela REN nº 782/2017, e a penalização prevista na REN nº 63/2004[18], as transmissoras defendem que deve ser reconhecida a revisão dos valores da RAP.

Ao analisar processos administrativos da ANEEL, cujo objeto é o pedido de recomposição do equilíbrio econômico-financeiro de contrato de concessão celebrado com transmissoras, é recorrente o posicionamento da agência reguladora negando o mérito, visto que o licenciamento ambiental corre por conta e risco da transmissora.

Ocorre que tal entendimento, de risco ilimitado assumido pelas transmissoras, vai contra a própria finalidade[19] da atividade que é delegada ao particular para alcançar o interesse público[20].

Por outro lado, destaca-se o Parecer da Advocacia Geral da União nº 003/2015/DECOR/CGU/AGU, pelo qual há o reconhecimento de reequilíbrio econômico-financeiro de contratos de concessão de transmissão quando o órgão ambiental não cumprir os prazos legais para a emissão das respectivas licenças ou ocorrerem fatos extraordinários, com base na teoria da imprevisão.

Trata-se de entendimento inovador e positivo às transmissoras, que, apesar de não ter efeito vinculante, subsidia a atuação da Procuradoria Geral da ANEEL (PGE/ANEEL).

No mesmo sentido, é possível encontrar posição doutrinária que defende que atrasos decorrentes de atos de órgãos ambientais não poderiam ser imputados ao concessionário[21].

---

[18] Ibdem, p. 565.

[19] CARVALHO FILHO, José dos Santos. Manual de direito administrativo – 25 ed. rev. ampl. e atual. até a Lei 12.587 de 3-1-2012. São Paulo: Atlas, 2012. p 373, e NERY JUNIOR, Nelson. Instituições de direito civil: contratos, volume III / Nelson Nery Junior, Rosa Maria de Andrade Nery – São Paulo: Editora Revista dos Tribunais, 2016 p. 178.

[20] ROLIM, op. cit., p. 571.

[21] Ibidem, p. 566.

Diante das considerações supra, e não vislumbrando solução administrativa, transmissoras[22] recorreram ao Poder Judiciário para discutir a questão em tela (Processo nº 0043557-32.2015.4.01.3400 - Tribunal Regional Federal da Primeira Região), considerando a contraditória postura da ANEEL, qual seja, (i) o reconhecimento de período de atraso como não imputável às concessionárias, mas ao órgão ambiental licenciador, revisando o cronograma da obra, e (ii) o indeferimento do pagamento da RAP proporcional a tal período.

O referido processo judicial, apesar de indeferido em primeiro grau, teve decisão liminar concedida pelo Tribunal, em sede de agravo de instrumento, a saber:

> Tal o contexto, julgo procedente o pedido, em parte, para o fim de que sejam pagos as Agravantes os valores de RAP relativos ao período de atraso de 410 (quatrocentos e dez) dias, o que deverá ser feito no prazo de 02 (dois) anos, proporcionando-se a quantia devida em 2 (duas) parcelas anuais, e estas, em subparcelas mensais, na forma do contrato, que deverão coincidir com o momento regular de pagamento do preço do contrato de concessão pela Contratante à Contratada, medida que deve ser efetivada à partir do mês subsequente ao da publicação deste Acórdão.

Destaca-se, ainda, importante colocação do Tribunal Regional Federal da Primeira Região, no Acórdão ora mencionado, no sentido de que não revisar o preço do contrato de concessão em razão de atraso da entrada em operação do empreendimento imputável ao órgão licenciador seria "infligir à pessoa jurídica contratada indevido prejuízo em sua atuação empresarial, em razão de eventos de responsabilidade exclusiva da própria administração pública[23]."

É possível afirmar que se trata de decisão inédita para o setor de energia elétrica e, em decorrência disso, a ANEEL apresentou movimentações, publicando pauta de proposta de conciliação para os casos de pleito de reequilíbrio

---

22 Linhas de Macapá Transmissora de Energia S.A. - LTMTE e Isolux Energia e Participações S.A. BRASIL. TRIBUNAL REGIONAL FEDERAL DA 1ª REGIÃO. Processo nº 0043557-32.2015.4.01.3400. Disponível em: <https://processual.trf1.jus.br/consultaProcessual/processo.php?proc=475803620154010000&secao=TRF1&nome=&mostrarBaixados>. Acesso em 27 out. 2019.

23 BRASIL. TRIBUNAL REGIONAL FEDERAL DA 1ª REGIÃO. Acórdão em Agravo de Instrumento. Processo nº 0047580-36.2015.4.01.0000. Disponível em: <https://processual.trf1.jus.br/consultaProcessual/processo.php?proc=475803620154010000&secao=TRF1&nome=&mostrarBaixados> Acesso em 27 out. 2019.

econômico-financeiro dos contratos de concessão, abrindo espaço para tentativa de acordo entre as partes, flexibilizando a sua postura inicial.

Vale pontuar, que o processo judicial supramencionado foi suspenso temporariamente, em maio de 2017, para tentativa de conciliação entre as partes, entretanto, não houve solução consensual, motivo pelo qual permanece o litígio. Caso a posição do Poder Judiciário se mantenha e o processo transite em julgado, este será um considerável precedente para as transmissoras[24].

O cenário de morosidade do licenciamento ambiental é um dos fatores de análise dos empreendedores para a realização dos investimentos, podendo afetar o resultado dos leilões, bem como da disponibilização de energia elétrica[25].

Há em debate projetos de lei que visam reduzir burocracias e dar eficiência ao licenciamento, mas que muitas vezes entram em conflito com a proteção do meio ambiente. A discussão está em andamento e é possível que mudanças normativas contribuam para a celeridade deste procedimento[26].

Outro ponto a ser ponderado é o prazo constante do contrato de concessão relacionado ao licenciamento ambiental que, geralmente, é inferior ao prazo previsto na legislação ambiental. Este fato afeta as transmissoras já no momento de celebração do contrato, pois, além do cenário atual de atrasos na emissão de autorizações ambientais, as empresas assumem prazos difíceis de serem alcançados.

Constata-se, portanto, que apesar de entendimento diverso por parte da ANEEL e das transmissoras, há tendência de que, com o tempo, as partes alcancem um equilíbrio sobre o assunto, o que será de suma importância às empresas investidoras, resultando em segurança jurídica. A situação atual impacta as transmissoras, não sendo proporcional e razoável.

---

24 BRASIL. TRIBUNAL REGIONAL FEDERAL DA 1ª REGIÃO. Acórdão em Embargos de Declaração. Processo nº 0047580-36.2015.4.01.0000. Disponível em: <https://arquivo.trf1.jus.br/PesquisaMenuArquivo.asp?p1=00475803620154010000&pA=&pN=475803620154010000> Acesso em 27 out. 2019.

25 VALOR. Disponível em: http://www.valor.com.br/brasil/5062300/atraso-na-licenca-ambiental-pode-afetar-resultado-de-leilao-da-anp. Acesso em 27 out. 2019. E SENADO. Disponível em: https://www12.senado.leg.br/emdiscussao/edicoes/privatizacao-de-presidios/licenciamento-ambiental. Acesso em 27 out. 2019.

26 CÂMARA DOS DEPUTADOS. Disponível em: https://www.camara.leg.br/proposicoesWeb/fichadetramitacao?idProposicao=257161. Acesso em: 27 out. 2019.

De qualquer maneira, havendo movimento no sentido de realização de revisão financeira dos contratos de concessão quando o atraso decorrer de órgãos ambientais, as transmissoras deverão realizar, com eficiência, a gestão do contrato de concessão, formalizando os prazos legais atrasados pelos órgãos ambientais através de uma linha do tempo que demonstre com clareza à ANEEL os fatos ocorridos. A gestão contratual viabiliza o embasamento do pleito de reequilíbrio econômico-financeiro do contrato, a identificação da natureza do atraso, o que refletirá na aplicação ou não dos descontos/penalidades dispostos nas resoluções da ANEEL.

Os contratos administrativos têm o dever de atender o interesse público, devendo-se considerar como parte disso o reequilíbrio de direitos e obrigações das partes, restabelecendo equivalência inicialmente pactuada.

3. Conclusão

A morosidade do licenciamento ambiental no Brasil, ou seja, a atuação do próprio Poder Público impacta o desenvolvimento social e econômico sustentável, refletindo diretamente nos empreendedores, incrementando substancialmente os custos do empreendimento.

O processo de licenciamento ambiental é complexo e há visível conflito entre a viabilização de empreendimentos versus a proteção do meio ambiente.

Apesar de tal mora ser conhecida, quando o órgão ambiental não cumpre os prazos legais para a emissão das licenças ambientais e/ou ocorrem outros fatos extraordinários (como alterações das condições previstas no edital e, consequentemente, no projeto básico elaborado pela própria transmissora), há que se falar em fator imprevisível, que justifica a revisão do contrato de concessão.

A revisão do contrato de concessão pauta-se na álea extraordinária, a qual deve ser demonstrada de modo que se verifique que determinado fato vai além da premissa contratual "por conta e risco do empreendedor"[27].

Apesar da posição supramencionada não ser o entendimento da ANEEL, levando em consideração as posições atuais da Advocacia Geral da União e

[27] Contrato de Concessão n. 059/2001 – CTEEP e ANEEL. Disponível em: http://www2.aneel.gov.br/aplicacoes/contrato/documentos_aplicacao/contrato_cteep_19_06_01.pdf. Acesso em: 27 out. 2019.

do Poder Judiciário, verifica-se tendência de no futuro a revisão em questão ser reconhecida pelo órgão regulador do setor elétrico. Entretanto, trata-se de tema ainda não pacífico, o que gera insegurança jurídica.

Para o futuro, há o desafio de atualização das normas ambientais, visando à simplificação do processo de licenciamento ambiental. Enquanto isso não ocorrer, é necessário que as normas do setor elétrico e os editais dos leilões reflitam a complexidade do licenciamento ambiental.

Ademais, se faz necessária a adequação dos prazos de licenciamento ambiental nos contratos de concessão, visto que os prazos previstos são inexequíveis.

Por fim, vale destacar que os contratos administrativos têm o dever de atender o interesse público, mas deve ser reconhecida a necessidade de reequilibrar direitos e obrigações das partes, restabelecendo equivalência inicial mente pactuada.

4. Referências Bibliográficas

ANEEL. Disponível em http://www.aneel.gov.br/transmissao4. Acesso em 27 out. 2019.

ANEEL. Disponível em http://www.aneel.gov.br/metodologia-transmissao/-/asset_publisher/6pqBPPJq59Ts/content/receita=-anual-permitida-rap654800/?inheritRedirect-false. Acesso em 27 out. 2019.

CÂMARA DOS DEPUTADOS. Disponível em: https://www.camara.leg.br/proposicoesWeb/fichadetramitacao?idProposicao=257161. Acesso em: 27 out. 2019.

CAMPOS, Clever Mazzoni. **Curso básico de direito de energia elétrica**. 1 ed. Rio de Janeiro: Synergia, 2010, 168 p.

CARVALHO FILHO, José dos Santos. **Manual de direito administrativo**. 25 ed. rev. ampl. e atual. até a Lei 12.587 de 3 1 2012. São Paulo. Atlas, 2012, 1.250 p.

Contrato de Concessão n. 059/2001 – CTEEP e ANEEL. Disponível em: http://www2.aneel.gov.br/aplicacoes/contrato/documentos_aplicacao/contrato cteep_19_06_01.pdf. Acesso em: 27 out. 2019.

DA SILVA, Leonardo Toledo. **Direito e Infraestrutura**. São Paulo: Saraiva, 2012, 370 p.

DIAS, Lucia Ancona Lopez de Magalhães. **Onerosidade excessiva e revisão contratual no direito privado**. In: Contratos Empresariais - Fundamentos e Princípios dos Contratos Empresariais. 2. ed. São Paulo: Saraiva, 2012, 524 p.

JUSTEN FILHO, Marçal. **Comentários à lei de licitações e contratos administrativos.** 13 ed. São Paulo: Dialética, 2009, 943 p.

LOPEZ, Teresa Ancona. **Princípios Contratuais. In: Contratos Empresariais - Fundamentos e Princípios dos Contratos Empresariais.** 2. ed. São Paulo: Saraiva, 2012, 524 p.

NERY JUNIOR, Nelson. **Instituições de direito civil: contratos, volume III / Nelson Nery Junior, Rosa Maria de Andrade Nery** – São Paulo: Editora Revista dos Tribunais, 2016, 621 p.

MELO, José Eduardo Soares de. **Contratos e Tributação.** 1 ed. São Paulo: Malheiros, 2015, 358 p.

MELLO, Celso Antônio Bandeira de. **Curso de Direito Administrativo.** 33 ed. São Paulo: Malheiros, 2016, 1151 p.

ROLIM, Maria João; KHOURI, Alice de Siqueira. **Excludente de responsabilidade por atraso no licenciamento ambiental dos empreendimentos do setor elétrico e o reequilíbrio econômico financeiro da concessão** *in* Temas relevantes no direito de energia elétrica - TOMO V/ Fábio Amorim da Rocha, coordenador. – Rio de Janeiro: Synergia, 938 p.

SENADO. Disponível em: https://www12.senado.leg.br/emdiscussao/edicoes/privatizacao-de-presidios/licenciamento-ambiental. Acesso em 27 out. 2019.

VALOR. Disponível em: http://www.valor.com.br/brasil/5062300/atraso-na-licenca--ambiental-pode-afetar-resultado-de-leilao-da-anp. Acesso em 27 out. 2019.

ZANCHIM, Kleber Luiz. **Contratos públicos e direito privado: interpretação, princípios e inadimplemento.** São Paulo: Almedina, 2016, 98 p.

LEGISLAÇÃO E JURISPRUDÊNCIA (ADMINISTRATIVA E JUDICIAL)

ANEEL. Nota Técnica nº 0101/2015-SCT/ANEEL – Processo: 48500.0004288/2014-91.

Disponível em: http://sicnet2.aneel.gov.br/sicnetweb/v.aspx. Acesso em 27 out. 2019.

ANEEL. Nota Técnica nº 0199/2016-SCT/ANEEL – Processo: 48500.0006908/2013-45. Disponível em: http://sicnet2.aneel.gov.br/sicnetweb/v.aspx. Acesso em 27 out. 2019.

ADVOCACIA GERAL DA UNIÃO. PARECER N. 00415/2016/PFANEEL/PGF/AGU.

Disponível em:<http://sapiens.agu.gov.br> Número Único de Protocolo (NUP) 48500001731201633 e chave de acesso 03452709. Acesso em 27 out. 2019.

BRASIL. Código Civil, Brasília, 2002. Disponível em:< http://www.planalto.gov.br/ccivil_03/leis/2002/L10406.htm>. Acesso em 27 out. 2019.

BRASIL. Constituição (1988) Constituição da República Federativa do Brasil. Brasília, 1988. Disponível em: < http://www.planalto.gov.br/ccivil_03/constituicao/constituicao.htm>. Acesso em 27 out. 2019.

BRASIL. Lei de Licitações (1993) Brasília. Disponível em:< http://www.planalto.gov.br/ccivil_03/leis/L8666cons.htm>. Acesso em 27 out. 2019.

BRASIL. Lei de Concessões e Permissões (1995) Brasília. Disponível em:< http://www.planalto.gov.br/ccivil_03/leis/L8987cons.htm>. Acesso em 27 out. 2019.

BRASIL. Superior Tribunal de Justiça. Agravo em Recurso Especial nº 273.152 - SP. Relator: Herman Benjamin. J. em: 12/04/2013. Disponível em: <https://ww2.stj.jus.br/processo/revista/documento/mediado/?componente=ITA&sequencial=1366897&num_registro=201202628555&data=20141126&formato=PDF> Acesso em 27 out. 2019.

BRASIL. TRIBUNAL REGIONAL FEDERAL DA 1ª REGIÃO. Processo nº 0043557-32.2015.4.01.3400. Disponível em: <https://processual.trf1.jus.br/consultaProcessual/processo.php?proc=475803620154010000&secao=TRF1&nome=&mostrarBaixados>. Acesso em 27 out. 2019.

BRASIL. TRIBUNAL REGIONAL FEDERAL DA 1ª REGIÃO. Acórdão em Agravo de Instrumento. Processo nº 0047580-36.2015.4.01.0000. Disponível em: <https://processual.trf1.jus.br/consultaProcessual/processo.php?proc=475803620154010000&secao=TRF1&nome=&mostrarBaixados> Acesso em 27 out. 2019.

BRASIL. TRIBUNAL REGIONAL FEDERAL DA 1ª REGIÃO. Acórdão em Embargos de Declaração. Processo nº 0047580-36.2015.4.01.0000. Disponível em: <https://arquivo.trf1.jus.br/PesquisaMenuArquivo.asp?p1=00475803620154010000&pA=&pN=475803620154010000> Acesso em 27 out. 2019.

BRASIL. TRIBUNAL REGIONAL FEDERAL DA 1ª REGIÃO. Decisão. Processo nº 0043557-32.2015.4.01.3400. Disponível em: <https://processual.trf1.jus.br/consultaProcessual/processo.php?proc=435573220154013400&secao=JFDF> Acesso em 27 out. 2019.

ANÁLISE JURÍDICA DOS REQUISITOS DO LICENCIAMENTO AMBIENTAL SIMPLIFICADO DE LINHAS DE TRANSMISSÃO DE ENERGIA ELÉTRICA NO ÂMBITO FEDERAL E DO CONCEITO DE AFETAÇÃO PREVISTO NOS ARTIGOS 5º E 19 DA PORTARIA MMA Nº 421/2011

Walney Christian de Medeiros Silva[1]

1. Introdução

Os programas de expansão da transmissão de energia elétrica no Brasil, de responsabilidade do Ministério de Minas e Energia – MME, são baseados em estudos técnicos realizados pela Empresa de Pesquisa Energética - EPE e pelo Operador Nacional do Sistema - OSN (ANEEL, 2019).

Esses estudos técnicos subdividem-se em (i) estudos para o desenvolvimento dos planos de expansão da transmissão de energia elétrica e de viabilidade econômica e socioambiental, de responsabilidade da EPE (EPE, 2019) e em (ii) propostas para ampliação e reforço necessários para garantir a segurança do Sistema Interligado Nacional – SIN, denominado de Plano de Ampliações e Reforços (ONS, 2019).

[1] Advogado. Mestre em Energia e Ambiente na Universidade Federal do maranhão. Pós-Graduado em Direito Civil e Direito Processual Civil pelo CEUMA. Pós-Graduado em Direito Público pela LFG. Pós-Graduando em Direito Corporativo pela Escola Paulista de Direito. Graduação em Direito pela CEUMA. Advogado da Equatorial Energia.

De uma forma geral, tudo isso objetiva atender as demandas de energia do país e garantir a confiabilidade desse atendimento[2]. Segundo dados da ANEEL (2019), desde 1999 até 2018, foram objeto de leilões cerca de 98 mil quilômetros de linhas de transmissão.

Feitas essas considerações, nota-se que o Governo Federal vem tentando criar mecanismos para tornar o licenciamento ambiental de linhas de transmissão mais célere e seguro para os empreendedores (PEDREIRA; RODRIGUES, 2014).

Como exemplo da iniciativa acima citada, podemos dar o da Portaria MMA nº. 421 de 26 de outubro de 2011, que dispõe sobre o licenciamento e a regularização ambiental federal de sistemas de transmissão de energia elétrica e dá outras providências.

Conforme será analisado a seguir, a Portaria em questão traz um procedimento simplificado de licenciamento de sistemas de transmissão, desde que preenchidos determinados requisitos. A análise desses requisitos é o ponto focal do presente trabalho.

2. Análise Jurídica dos requisitos para o Processo de Licenciamento Ambiental Simplificado de Linhas de Transmissão de Energia Elétrica previstos na Portaria MMA nº. 421/2011

A Portaria MMA nº. 421/2011 prevê dois tipos de licenciamento ambiental para sistemas de transmissão de energia elétrica, sendo um o (i) procedimento simplificado e o outro, o (ii) procedimento ordinário.

O objeto do presente trabalho é somente a análise dos requisitos para enquadramento dos sistemas de transmissão de energia elétrica no procedimento simplificado. Eventualmente, e por conta da redação dada ao parágrafo

---

2 Sendo área estratégica para o desenvolvimento do país, a expansão dos empreendimentos de transmissão é essencial para que os grandes centros de carga possam ser atendidos por meio do escoamento da geração de energia. Segundo reportagem do G1, em 2009, o Brasil necessitava de quase 90 mil quilômetros de linha de transmissão (G1. Transmissão de energia no Brasil depende de 89,2 mil km de linhas de transmissão. Disponível em: http://g1.globo.com/Noticias/Brasil/0,,MUL1374601-5598,00-TRANSMISSAO+DE+ENERGIA+NO+BRASIL+DEPENDE+DE+MIL+KM+DE+LINHAS.html).

único do artigo 19 da Portaria[3], será necessária a análise de outros dispositivos da Portaria e de outras normas.

Sendo assim, os requisitos para enquadramento dos sistemas de transmissão de energia elétrica estão previstos em hipóteses cumulativas[4], contidas no artigo 5º e em hipótese condicional[5], contida no parágrafo único do artigo 19, ambos da Portaria MMA nº. 421/2011.

Esclarecidos esses pontos, passa-se a análise dos requisitos previstos no artigo 5º da Portaria MMA nº. 421/2011.

O artigo 5º, da Portaria MMA nº. 421/2011[6] traz, em seu conteúdo, um total de 8 (oito) requisitos que, segundo o Caput, devem ser preenchidos de forma simultânea. Em resumo, o empreendimento de transmissão de energia elétrica será licenciado pelo procedimento simplificado quando não implicar em:

---

3 Portaria MMA nº. 421/2011. Art. 19. Parágrafo único. Independentemente da verificação das situações previstas no caput, se a área de implantação de subestações ou de faixas de servidão afetar unidades de conservação de proteção integral ou promover intervenção física em cavidades naturais subterrâneas pela implantação de torres ou subestações, também, será exigido EIA/RIMA.

4 O termo "cumulativa", aqui empregado, se refere à necessidade que a norma traz de que o empreendimento de transmissão de energia não se enquadre nas hipóteses previstas nos incisos I a VIII, cumulativamente.

5 O termo "condicional", aqui empregado, se refere à condição imposta no parágrafo único do artigo 19, que prevê que, mesmo na hipótese de o empreendimento de transmissão de energia preencher os requisitos cumulativos previstos no artigo 5º, da Portaria MMA nº. 421/2011, ele não deve "afetar" unidades de conservação de proteção integral e não promover intervenção física em cavidades naturais subterrâneas pela implantação de torres ou subestações.

6 Art. 5º O procedimento de licenciamento ambiental federal de sistemas de transmissão de energia elétrica enquadrados, independentemente da tensão, como de pequeno potencial de impacto ambiental será simplificado quando a área da subestação ou faixa de servidão administrativa da linha de transmissão não implicar simultaneamente em: I - remoção de população que implique na inviabilização da comunidade e/ou sua completa remoção; II - afetação de unidades de conservação de proteção integral;

III - localização em sítios de: reprodução e descanso identificados nas rotas de aves migratórias; endemismo restrito e espécies ameaçadas de extinção reconhecidas oficialmente; IV - intervenção em terra indígena; V - intervenção em território quilombola; VI - intervenção física em cavidades naturais subterrâneas pela implantação de torres ou subestações; VII - supressão de vegetação nativa arbórea acima de 30% da área total da faixa de servidão definida pela Declaração de Utilidade Pública ou de acordo com a NBR 5422 e suas atualizações, conforme o caso; e VIII - extensão superior a 750 km.

(i) remoção de população que implique na inviabilização da comunidade e/ou sua completa remoção;

(ii) afetação de unidades de conservação de proteção integral;

(iii) localização em sítios de: reprodução e descanso identificados nas rotas de aves migratórias; endemismo restrito e espécies ameaçadas de extinção reconhecidas oficialmente;

(iv) intervenção em terras indígenas;

(v) intervenção em territórios quilombola;

(vi) intervenção física em cavidades naturais subterrâneas pela implantação de torres ou subestações;

(vii) supressão de vegetação nativa arbórea acima de 30% da área total da faixa de servidão definida pela Declaração de Utilidade Pública ou de acordo com a NBR 5422 e suas atualizações, conforme o caso e;

(viii) extensão superior a 750km.

Para o bom e completo entendimento dos requisitos acima elencados, é importante que se conceituem juridicamente os termos destacados em negrito, a saber: (i) população; (ii) unidades de conservação de proteção integral; (iii) sítios de reprodução e descanso de aves migratórios, endemismo restrito e espécies ameaçadas de extinção; (iv) terras indígenas; (v) territórios quilombolas; (vi) intervenção física em cavidades naturais subterrâneas e (vii) supressão de vegetação nativa arbórea.

Inciso I do Art. 5º: População

Para Moraes (2017, p. 173), população é o "conjunto de habitantes de um território, de um país, de uma região de uma cidade". Diferencia-se desse conceito, o de povo, que é o "conjunto de pessoas que que fazem parte de um estado" (Id. Ibid).

A uma primeira vista, o inciso I do artigo 5º da Portaria MMA nº. 421/2011 prevê que, para que o licenciamento do empreendimento de transmissão de energia elétrica seja feito por meio do procedimento simplificado, este não deverá remover a população de um território, pais, região, cidade[7].

---

[7] Percebe-se que o termo população, empregado no inciso I do artigo 5º da Portaria MMA nº. 421/2011, possui caráter menos abrangente do que o conceito de população estabelecido no estudo do Direito Constitucional. Isso se dá por conta da existência do termo "inviabilização da comunidade", que remete a habitantes.

No entanto, na continuidade da leitura do dispositivo, depara-se com a expressão comunidade, que tem um conceito distinto de população e possui uma abrangência menor. A remoção da população mencionada no inciso, para inviabilizar o licenciamento por meio do procedimento simplificado, deverá ser completa ou parcial. A remoção parcial será elemento inviabilizador do licenciamento simplificado quando inviabilizar a comunidade.

Conforme se percebe, existe uma imprecisão na técnica de redação normativa. Na verdade, o termo "população" nos remete ao povo que vive em um território, em um país ou em uma cidade. Já o termo "habitantes", remete a uma quantidade menor de pessoas que podem residir em uma região geograficamente menor. A melhor alternativa seria a substituição do termo "população" por "habitantes", que melhor se relaciona com comunidade.

Outro ponto de atenção é a inexistência de um conceito objetivo de "inviabilização da comunidade", o que pode causar divergência de interpretação ao órgão licenciador. Certo é que, para que se caracterize como inviabilizada a comunidade, a cisão ou remoção de parte da população deve ser feita de forma que aquele conjunto de habitantes deixe de ser um só.

Dessa forma, entende-se como preenchido o requisito quando o empreendimento de transmissão não cause a remoção de **habitantes** que implique na inviabilização da comunidade e/ou sua completa remoção.

Inciso II: Unidades de Conservação de Proteção Integral

Existem áreas territoriais que são legalmente protegidas, com o fim de preservar o patrimônio ambiental ali existente. Essas áreas são denominadas de espaços ambientais (FIORILLO, 2013, p.259).

Espaço ambiental é gênero de duas espécies, as (i) unidades de conservação e o (ii) zoneamento ambiental. Especificamente falando de unidades de conservação, a Lei nº. 9.985/2000 que regulamentou, dentre outros dispositivos, o inciso III, do §1º do artigo 225 da Constituição Federal[8], definiu as unidades de conservação como sendo os espaços territoriais e seus recursos

[8] Constituição Federal de 1988. Art. 225. Todos têm direito ao meio ambiente ecologicamente equilibrado, bem de uso comum do povo e essencial à sadia qualidade de vida, impondo-se ao Poder Público e à coletividade o dever de defendê-lo e preservá-lo para as presentes e futuras gerações. [...] III - definir, em todas as unidades da Federação, espaços territoriais e seus componentes a serem especialmente protegidos, sendo a alteração e a supressão permitidas somente através de lei, vedada qualquer utilização que comprometa a integridade dos atributos que justifiquem sua proteção;

ambientais aos quais se aplicam garantias adequadas de proteção[9] e proteção integral como a manutenção dos ecossistemas livres de alteração causadas por interferência humana, podendo os atributos naturais serem somente usados indiretamente[10].

Dessa forma, entendem-se por unidades de conservação de proteção integral aquelas áreas territoriais e seus recursos naturais que são legalmente instituídos e protegidas pelo poder público (FIORILLO, 2013, p. 262), com a manutenção dos seus ecossistemas livres de alterações decorrentes de intervenção do homem, permitindo-se, também nos casos legalmente previstos, o uso indireto dos seus atributos naturais.

As unidades de proteção integral, ainda de acordo com a Lei nº. 9.985/2000, subdividem-se em 5 (cinco) categorias, a saber:

(ix) Estação ecológica;
(x) Reserva biológica;
(xi) Parque nacional;
(xii) Monumento natural e;
(xiii) Refúgio de vida silvestre.

Por fim, cabe ressaltar que existe um Sistema Nacional de Unidades de Conservação, o SNUC[11], que é gerido pelos governos federal, estadual e municipal e, igualmente, é composto por unidades de conservação dessas esferas.

Dessa forma, conclui-se que os empreendimentos de transmissão de energia elétrica, para serem licenciados pelo procedimento simplificado, não poderão afetar as unidades de conservação de proteção integral geridas pelo SNUC.

---

9 Lei nº. 9.985 de 18 de julho de 2000. Art. 2º Para os fins dessa lei, endente-se por: I - unidade de conservação: espaço territorial e seus recursos ambientais, incluindo as águas jurisdicionais, com características naturais relevantes, legalmente instituído pelo Poder Público, com objetivos de conservação e limites definidos, sob regime especial de administração, ao qual se aplicam garantias adequadas de proteção;

10 Lei nº. 9.985 de 18 de julho de 2000. Art. 2º. Para os fins dessa lei, entende-se por: VI - proteção integral: manutenção dos ecossistemas livres de alterações causadas por interferência humana, admitido apenas o uso indireto dos seus atributos naturais;

11 Criado pela Lei nº. 9.985/2000.

Sobre o conceito de afetação, previsto no inciso II do artigo 5º[12], da Portaria MMA nº. 421/2011, remetemos o leitor ao capítulo seguinte, momento em que, oportunamente, se discutirá o seu alcance.

Inciso III: sítios de reprodução e descanso de aves migratórias, endemismo restrito e espécies ameaçadas de extinção

Segundo o ICMbio (2016, p. 13), o ciclo migratório de aves é motivado, dentre outros fatores, pela busca de ambientes propícios para reprodução e pela fartura de alimentação. Assim, os sítios de reprodução são as localidades onde as aves, durante a atividade migratória, se fixam para reproduzir. Os sítios de descanso são as áreas localizadas entre o habitat natural das aves de migração e o local onde elas encontram abundantes recursos alimentares.[13] (ICMbio, 2016, p. 13).

A Portaria MMA nº. 421/2011 não faz qualquer menção ao Relatório Anual de Rotas e Áreas de Concentração de Aves Migratórias no Brasil, feito pelo ICMbio, que é o repositório oficial para consulta de áreas de rota, pouso, descanso, alimentação e reprodução de aves migratórias no Brasil e que serve como base para enquadramento do licenciamento de baixo impacto de empreendimentos de geração de energia elétrica a partir de fontes eólicas[14].

Entende-se, portanto, que o Relatório se trata de repositório oficial de dados sobre as aves migratórias no Brasil e, dessa forma, pode e deve ser utilizado pelo interessado no processo de licenciamento de empreendimentos de transmissão de energia elétrica. Percebe-se, outrossim, que os requisitos constantes no Inciso III da Portaria MMA nº. 421/2011 são mais restritos do que os previstos no inciso V do artigo 3º, §3º, da Resolução CONAMA nº. 462/2014[15].

---

[12] E também no parágrafo único do artigo 19.

[13] Por muitas vezes, a distância entre o habitat natural e a área de reprodução é muito grande e, por isso, as aves necessitam, entre esse percurso, de uma área de descanso. É exatamente essa localidade que são denominadas de sítio de descanso (ICMbio, 2016).

[14] O Relatório Anual de Rotas e Áreas de Concentração de Aves Migratórias no Brasil é emitido pelo Instituto Chico Mendes de Conservação da Biodiversidade – ICMbio, atendendo o artigo 3º, §3º, da Resolução CONAMA nº. 462, de 24 de julho de 2014.

[15] Resolução CONAMA nº. 462/2014. Art. 3º Caberá ao órgão licenciador o enquadramento quanto ao impacto ambiental dos empreendimentos de geração de energia eólica, considerando o porte, a localização e o baixo potencial poluidor da atividade. [...] § 3º Não será considerado de baixo impacto, exigindo a apresentação de Estudo de Impacto Ambiental e Relatório de Impacto Ambiental (EIA/RIMA), além de audiências públicas, nos termos da legislação vigente, os empreendimentos eólicos que estejam localizados: [...] V – em áreas

Isto é, para o licenciamento de empreendimentos de transmissão de energia elétrica pelo procedimento simplificado basta que a linha de transmissão não esteja localizada em sítios de reprodução e descanso das rotas das aves migratórias, enquanto que, para que o empreendimento de geração de energia elétrica a partir de fontes eólicas seja enquadrado como sendo de baixo impacto, este não deve estar localizado em áreas regulares de rota, pouso, descanso, alimentação e reprodução de aves migratórias.

Estudos demonstram que a diversificação das espécies se dá, dentre outros fenômenos, pela alteração do ambiente em que elas se encontram. Por vezes, uma mesma espécie é separada por alteração física no meio em que se encontram e, para se adaptarem ao novo ambiente, estas desenvolvem particularidades e acabam por se diferenciar daquela originalmente pertencente (DASILVA, 2011, p. 13).

A mudança do meio é justamente denominada de área de endemismo, que pode ser definida como sendo "uma área onde houve restrição espacial de uma parte de biota causada por um processo comum de isolamento" (DASILVA, 2011, p. 13).

Endemismo restrito, portanto, é a ocorrência do fenômeno acima mencionado em uma peque área geográfica (MARGIT, 2019).

Os critérios que levam a definir se uma espécie está em processo de extinção são baseados em estudos da União Internacional para Conservação da Natureza e dos Recursos Naturais – IUCN. Segundo essa instituição, as espécies podem ser classificadas em oito categorias: (i) extinta; (ii) extinta na natureza; (iii) criticamente em perigo; (iv) em perigo; (v) vulnerável; (vi) quase ameaçada; (vii) pouco preocupante e; (viii) deficiente de dados (SATO, 2009).

No Brasil, o MMA publicou duas Portarias listando as espécies ameaçadas, a Portaria MMA nº. 444/2014 e 445/2014. Ademais, o ICMBio publicou o Livro Vermelho, contendo 8 (oito) Volumes, visando combater as ameaças e retirar o risco da extinção das espécies (ICMBio, 2019).

---

regulares de rota, pousio, descanso, alimentação e reprodução de aves migratórias constantes de Relatório Anual de Rotas e Áreas de Concentração de Aves Migratórias no Brasil a ser emitido pelo Instituto Chico Mendes de Conservação da Biodiversidade – ICMBio, em até 90 dias;.

Inciso IV: Terras Indígenas

Segundo levantamento feito pela FUNAI (2019), existem atualmente 462 terras indígenas regularizadas, o que representa cerca de 12% do território brasileiro. Segundo a Constituição Federal[16], terra indígena (TI) é uma parcela do território nacional, de propriedade da União Federal, (i) habitada e utilizada, em caráter permanente, por um ou mais de um povo indígena, (ii) utilizada para as atividades produtivas de um ou mais povos indígenas, (iii) imprescindível à preservação dos recursos ambientais necessários ao bem estar de um ou mais povos indígenas e (iv) necessária a reprodução física e cultural de um ou mais povos indígenas.

Cumpre, por fim, esclarecer que o processo de demarcação das terras indígenas é disciplinado pelo Decreto nº. 1.775/1996[17].

Questão que se mostra controversa e, por enquanto, sem solução jurídica no ordenamento pátrio é o de licenciamento ambiental de territórios que ainda não foram demarcados ou encontram-se em processo de demarcação. Essa questão causa uma enorme insegurança jurídica para os empreendimentos e poderia ser objeto de um estudo em apartado, o que de logo se recomenda para um eventual e futuro tema a ser discutido.

Inciso V: Terras Quilombolas

Segundo o Instituto Nacional de Colonização e Reforma Agrária – INCRA (2017, p. 6), Território Quilombola é uma porção específica de terras ocupada por remanescentes de comunidades quilombolas e utilizada para a garantia de sua reprodução física, social econômica e cultura.

A responsabilidade pela titulação dos territórios quilombolas é dividida entre diversos entes públicos. O artigo 68 dos Atos das Disposições Constitu-

---

[16] Constituição Federal de 1988. Art. 231. Art. 231. São reconhecidos aos índios sua organização social, costumes, línguas, crenças e tradições, e os direitos originários sobre as terras que tradicionalmente ocupam, competindo à União demarcá-las, proteger e fazer respeitar todos os seus bens. § 1º São terras tradicionalmente ocupadas pelos índios as por eles habitadas em caráter permanente, as utilizadas para suas atividades produtivas, as imprescindíveis à preservação dos recursos ambientais necessários a seu bem-estar e as necessárias a sua reprodução física e cultural, segundo seus usos, costumes e tradições.

[17] Decreto Federal nº. 1.775 de 8 de janeiro de 1996. Dispõe sobre o procedimento de demarcação das terras indígenas e dá outros provimentos.

cionais Transitórias - ADCT[18] estabelece que cabe ao Estado Brasileiro a tarefa de reconhecer e emitir os respectivos títulos territoriais aos remanescentes das comunidades quilombolas.

Ao INCRA cabe a titulação de áreas localizadas em terras públicas federais ou áreas particulares, conforme estabelecido no Decreto 4.887/2003[19]. Cabe à Secretaria do Patrimônio da União - SPU a expedição de título de áreas quilombolas localizadas em sua área de gestão. Aos Estados e Municípios cabe a titulação de áreas quilombolas localizadas em terras de seu domínio, por meio das competentes leis específicas.

Vale, por fim, fazer o mesmo comentário referente às comunidades indígenas. Existe uma enorme insegurança jurídica e indefinição legal quanto às áreas quilombolas que se não foram reconhecidas e/ou encontram em processo de reconhecimento. O tema é pertinente para um eventual e futuro estudo, com a finalidade de se encontrar uma solução técnico-jurídico para a questão.

Inciso VI: Intervenção Física em Cavidades Naturais Subterrâneas

A Constituição Federal, no seu artigo 20, inciso XX[20], estabelece que as cavidades naturais subterrâneas são bens da união[21]. O Decreto 9.956/90 define cavidade natural como sendo

> (...) todo e qualquer espaço subterrâneo penetrável pelo homem com ou sem abertura identificada, popularmente conhecido como caverna, incluindo seu ambiente, conteúdo mineral e hídrico, a fauna e a flora ali encontrados e o corpo rochoso onde os mesmos se inserem, desde que a sua formação haja ocorrido por processos naturais, independentemente

---

[18] Constituição Federal de 1988. Atos das Disposições Constitucionais Transitórias. Art. 68. Aos remanescentes das comunidades dos quilombos que estejam ocupando suas terras é reconhecida a propriedade definitiva, devendo o Estado emitir-lhes os títulos respectivos.

[19] Decreto nº. 4.887 de 20 de novembro de 2003. Regulamenta o procedimento para identificação, reconhecimento, delimitação, demarcação e titulação das terras ocupadas por remanescentes das comunidades dos quilombos de que trata o art. 68 do Ato das Disposições Constitucionais Transitórias.

[20] Constituição Federal de 1988. Art. 20. São bens da união: [...] X - as cavidades naturais subterrâneas e os sítios arqueológicos e pré-históricos;.

[21] Sobre o tema, Ribas e Carvalho (2009) desenvolveram estudo sobre a natureza jurídica da cavidade natural subterrânea e sua classificação jurídica. Vide Ribas, Lídia Maria L. R.;de Carvalho, Luciane Coimba, Cavidade natural subterrânea: natureza jurídica. INTERAÇÕES - Revista Internacional de Desenvolvimento Local, Campo Grande, v.10, n.1, p.83-93, jan./jun. 2009.

de suas dimensões ou do tipo de rocha encaixante. Nesta designação estão incluídos todos os termos regionais, tais como gruta, lapa, toca, abismo, furna e buraco.

O conceito acima definido desnecessita de maiores explicações. Sendo assim, o inciso VI do artigo 5 da Portaria MMA nº. 421/2011 estabelece que se o empreendimento de transmissão de energia intervir fisicamente nessas áreas, seja uma interferência da área da subestação, seja da área da faixa de servidão administrativa, o procedimento de licenciamento ambiental não será feito pelo procedimento simplificado.

Inciso VII: Supressão de Vegetação Nativa Arbórea

Vegetação é um termo que se refere a "todas as plantes que se desenvolvem numa determinada área ou região que a caracterizam", "é uma combinação de diferentes comunidades vegetais ali encontradas" (ART, 2010, p. 354).

Já a palavra nativa refere-se à "vegetação nascida ou oriunda de um determinado local" (ROSS, 2008, p. 138). Para Fiorillo (2013, p. 271), o conceito jurídico de vegetação nativa "deverá necessariamente ser aferido caso a caso em face das regras do direito processual ambiental".

Inciso VIII: Extensão Superior a 750Km

O inciso em questão não precisa de demais esclarecimentos. Se o empreendimento de transmissão de energia elétrica possuir uma extensão superior a 750 quilômetros, a sua licença ambiental não tramitará pelo procedimento simplificado, previsto no artigo 5º da Portaria MMA nº. 421/2011.

Convém ressaltar, por fim, que o parágrafo único do artigo 5º, da Portaria MMA nº. 421/2011[22], prevê que, quando as linhas de transmissão de energia elétrica forem implantadas ao longo das faixas de domínio de rodovias, ferrovias, linhas de transmissão e outros empreendimentos lineares pré-existentes, ainda que situadas em terras indígenas, em territórios quilombolas ou em unidades de conservação de proteção integral, serão consideradas de pequeno impacto ambiental e, portanto, terão seu licenciamento ambiental feito pelo procedimento simplificado.

---

[22] Portaria MMA nº. 421/2011. Art. 5º. [...] Parágrafo único. Serão consideradas de pequeno potencial de impacto ambiental, as linhas de transmissão implantadas ao longo da faixa de domínio de rodovias, ferrovias, linhas de transmissão e outros empreendimentos lineares pré-existentes, ainda que situadas em terras indígenas, em territórios quilombolas ou em unidades de conservação de uso sustentável.

3. Análise Jurídica do Conceito de afetação previsto na Portaria MMA nº. 421/2011

O termo "afetação" é utilizado pela Portaria MMA nº. 421/2011 em dois momentos. Primeiramente, no inciso II do artigo 5º. Em seguida, no parágrafo único do artigo 19. Vejamos o que dizem os citados dispositivos:

> Art. 5º O procedimento de licenciamento ambiental federal de sistemas de transmissão de energia elétrica enquadrados, independentemente da tensão, como de pequeno potencial de impacto ambiental será simplificado quando a área da subestação ou faixa de servidão administrativa da linha de transmissão não implicar simultaneamente em:
>
> [...]
>
> II - afetação de unidades de conservação de proteção integral;
>
> Art. 19. Os empreendimentos considerados de significativo impacto ambiental, independente da tensão e extensão, exigirão a apresentação e aprovação de estudo de impacto ambiental e respectivo relatório de impacto ambiental - EIA/RIMA quando a área da subestação ou faixa de servidão administrativa da linha de transmissão implicar em:
>
> [...]
>
> Parágrafo único. Independentemente da verificação das situações previstas no caput, se a área de implantação de subestações ou de faixas de servidão afetar unidades de conservação de proteção integral ou promover intervenção física em cavidades naturais subterrâneas pela implantação de torres ou subestações, também, será exigido EIA/RIMA.

Percebe-se, a uma primeira análise, uma redundância. O parágrafo único do artigo 19 da Portaria MMA nº. 421/2011 repete o que já é dito nos incisos II e VI do artigo 5º. O artigo 5º já traz em seu conteúdo a regra que não serão considerados de pequeno impacto ambiental os empreendimentos que afetarem unidades de conservação de proteção integral (inciso II) e que intervenham fisicamente em cavidades naturais subterrâneas (inciso VI). Nesse sentido, percebe-se a desnecessidade de repetição dessa regra.

Feita essa observação, se mostra importante analisar o conceito e a abrangência do termo "afetação", mencionado na Portaria MMA nº. 421/2011, nos artigos 5º e 19, com base na análise sistêmica das normas ambientais e, também, da Constituição Federal.

Não há, na Portaria nº. 421/2011, uma definição do termo "afetação". Analisando outras normas relacionadas à proteção do meio ambiente, observa-se que o termo "afetação" é mencionado no inciso III do artigo 5º da Resolução CONAMA 001/87[23]. Citado dispositivo diz que o estudo de impacto ambiental deverá definir os limites da área geográfica a ser direta ou indiretamente afetada pelos impactos e denomina essa área como sendo a área de influência.

Já a Resolução CONAMA nº. 237/97[24] traz em seu conteúdo, na parte de definição do impacto ambiental, o termo "área de influência direta do projeto", ao dizer que se considera "impacto ambiental regional" todo e qualquer impacto no meio ambiente que afete diretamente o território de dois ou mais estados.

Percebe-se, assim, na análise das normas acima, que o conceito de "afetação" está diretamente ligado ao conceito de "área de influência" e de "impacto ambiental". Tudo que potencialmente afeta o ambiente pode ocasionar um impacto nele (MACHADO, 2013, p. 216).

A Constituição Federal diz, em seu artigo 225, §1º, IV, que:

> Art. 225. Todos têm direito ao meio ambiente ecologicamente equilibrado, bem de uso comum do povo e essencial à sadia qualidade de vida, impondo-se ao Poder Público e à coletividade o dever de defendê-lo e preservá-lo para as presentes e futuras gerações.
>
> § 1º Para assegurar a efetividade desse direito, incumbe ao Poder Público:
>
> [...]
>
> IV - exigir, na forma da lei, para instalação de obra ou atividade potencialmente causadora de significativa degradação do meio ambiente, estudo prévio de impacto ambiental, a que se dará publicidade;

Nota-se que a Constituição Federal prevê que, para a instalação de obra ou atividade potencialmente causadora de significativa degradação ao meio ambiente, a lei exigirá o estudo prévio de impacto ambiental. A lei a que se

---

23 Resolução CONAMA nº. 1/87. Artigo 5º - O estudo de impacto ambiental, além de atender à legislação, em especial os princípios e objetivos expressos na Lei de Política Nacional do Meio Ambiente, obedecerá às seguintes diretrizes gerais: [...] III - Definir os limites da área geográfica a ser direta ou indiretamente afetada pelos impactos, denominada área de influência do projeto, considerando, em todos os casos, a bacia hidrográfica na qual se localiza;".

24 Resolução CONAMA nº. 237/97. Art. 1º - Para efeito desta Resolução são adotadas as seguintes definições: [...] IV – Impacto Ambiental Regional: é todo e qualquer impacto ambiental que afete diretamente (área de influência direta do projeto), no todo ou em parte, o território de dois ou mais Estados.

refere o texto constitucional é a de nº. 6.938/91[25] que, por sua vez, designa ser competência do CONAMA, quando julgar necessário, exigir a realização de estudos das alternativas e das possíveis consequências ambientais de projetos públicos e privados (FIORILLO, 2013, p. 249).

Dessa forma, temos que: (i) a Constituição Federal prevê que será exigida, na forma da lei, a realização de estudo prévio de impacto ambiental, em atividades ou obras que são potencialmente causadoras de significativo impacto ambiental; (ii) a lei 6.938/91 prevê que caberá ao CONAMA exigir a realização de estudos das alternativas e das possíveis consequências ambientais de projetos públicos e privados; (iii) a Resolução CONAMA nº. 1/87 diz que o estudo de impacto ambiental deverá definir os limites da área geográfica a ser direta ou indiretamente afetada pelos impactos e denomina essa área como sendo a área de influência e, por fim; (iv) a Resolução CONAMA nº. 237/97 diz que é considerado impacto ambiental regional todo e qualquer impacto no meio ambiente que afete diretamente o território de dois ou mais estados.

Percebe-se, da análise do arcabouço legal acima mencionado, que o termo "afetação" está englobado no contexto do termo área de influência. Pode-se chegar à conclusão, ainda, de que a área de influência é a delimitação territorial onde ocorrem os efeitos diretos e indiretos do projeto ou obra. Afetação, via de consequência, seria exatamente o efeito – direto e indireto – do projeto ou obra naquela delimitação territorial.

Por fim, resta esclarecer se o termo "afetação", de que tratam os artigos 5º e 19 da Portaria MMA nº. 421/2011, refere-se à afetação direta e indireta ou, em outras palavras, se a regra prevista contempla os efeitos diretos e indiretos da implantação do empreendimento de transmissão de energia elétrica.

Para PEDREIRAS e RODRIGUES (2014, p. 14), os efeitos a serem considerados seriam os diretos e os indiretos. No entanto, verifica-se que a própria Resolução CONAMA nº. 1/87 esclarece que o estudo de impacto ambiental deverá definir os limites da área geográfica a ser direta ou indiretamente afetada pelos impactos, de que se conclui que o estudo somente deverá ser feito quando o empreendimento afetar direta e indiretamente o meio ambiente. Entender que o termo "afetação", contido na Portaria MMA nº. 421/2011, engloba

25 Lei nº. 6.938, de 31 de agosto de 1981. Dispõe sobre a Política Nacional de Meio Ambiente, seus fins e mecanismos de formulação e aplicação, e dá outras providências.

os efeitos diretos e indiretos do empreendimento, seria o mesmo que se considerar fazer um estudo de impacto ambiental quando o empreendimento afeta somente indiretamente o meio ambiente, o que contraria todo o contexto de simplificação do licenciamento dos empreendimentos de transmissão de energia elétrica, a Resolução CONAMA nº. 1/87 e a própria Constituição Federal, que diz que será exigido o estudo de impacto ambiental quando a obra ou atividade for potencialmente causadora de significativa degradação ao meio ambiente.

Ora, se a Constituição Federal exige o estudo de impacto ambiental para atividade ou obra potencialmente causadora de significativa degradação ambiental, não se pode presumir que toda afetação indireta do empreendimento de transmissão de energia elétrica tenha potenciais efeitos para causar considerável degradação ambiental.

Assim, mesmo que o empreendimento de transmissão afete indiretamente o meio ambiente, o licenciamento ambiental ainda assim deve se dar pelo procedimento simplificado. Essa é a conclusão lógica segundo a análise do acervo legal acima destacado.

4. Conclusão

Dentro do contexto de expansão dos empreendimentos de transmissão de energia elétrica no território brasileiro e da iniciativa do Governo em editar uma norma no sentido de simplificar os empreendimentos dessa espécie, surgiu a Portaria MMA nº. 421/2011.

Criar um instrumento com o objetivo de tornar o processo de licenciamento ambiental de linhas de transmissão de energia elétrica mais célere e seguro, com certeza, traz mais segurança jurídica para os interessados e torna os leilões de transmissão da ANEEL mais atrativos para os investidores.

Tornar os projetos mais atrativos para os investidores faz com que a concorrência por determinado lote de transmissão seja maior e, consequentemente, com que as propostas sejam mais vantajosas financeiramente para o Governo Federal.

Ocorre que, conforme se observou, nem sempre a norma acima citada trouxe a clareza e a objetividade necessárias para que os objetivos e as consequências acima relatadas fossem alcançadas.

Percebeu-se, após uma análise sistemática dos instrumentos jurídicos pertinentes à matéria, que o conceito de "afetação", contido na Portaria nº. 421/2011, deve ser entendido como sendo o de afetação direta, conclusão obtida não só pela análise normativa, mas levando-se em consideração, também, o contexto ao qual a norma foi inserida no mundo jurídico.

5. Referências Bibliográficas

ART, Henry W. **Dicionário de ecologia e ciências ambientais**. São Paulo: Melhoramentos, 1998.

BRASIL. Agência Nacional de Energia Elétrica – ANEEL. **Entenda a Expansão da Transmissão. 2019**, Disponível em: https://www.aneel.gov.br/expansao-da-transmissao/-/asset_publisher/2ggRKcvhuMaw/content/entenda=-a-expansao-da-transmissao656808/?inheritRedirect-false. Acesso em: 24 de out.de 2019.

BRASIL. **Conselho Nacional de Meio Ambiente - CONAMA. Resolução nº. 001 de 23 de janeiro de 1986**. Diário Oficial da União. Poder Executivo, de 17 de janeiro de 1986. Disponível em: http://www2.mma.gov.br/port/conama/res/res97/res23797.html. Acesso em: 29 de out. de 2019.

BRASIL. **Conselho Nacional de Meio Ambiente - CONAMA. Resolução nº. 237, de 19 de dezembro de 1997**. Diário Oficial da União. Poder Executivo, de 22 de dezembro de 1997. Disponível em: < http://www2.mma.gov.br/port/conama/res/res97/res23797.html. Acesso em 29 de outubro de 2019.

BRASIL. Constituição (1988). A**tos das Disposições Constitucionais Transitórias: promulgada em 5 de outubro de 1988**. Disponível em http://www.planalto.gov.br/ccivil_03/constituicao/constituicao.htm. Acesso em: 25 de out. 2019.

BRASIL. Constituição (1988). **Constituição da República Federativa do Brasil: promulgada em 5 de outubro de 1988**. Disponível em: http://www.planalto.gov.br/ccivil_03/constituicao/constituicao.htm. Acesso em: 25 de out. 2019.

BRASIL. **Decreto nº. 4.887, de 20 de novembro 2003. Regulamenta o procedimento para identificação, reconhecimento, delimitação, demarcação e titulação das terras ocupadas por remanescentes das comunidades dos quilombos de que trata o art. 68 do Ato das Disposições Constitucionais Transitórias**. Diário Oficial da União, Brasília, 21 nov. 2003. Disponível em: http://www.planalto.gov.br/ccivil_03/decreto/2003/D4887.htm. Acesso em: 25 de out. de 2019.

BRASIL. **Empresa de Pesquisa Energética - EPE. Planejamento da Expansão. 2019.** Disponível em: http://epe.gov.br/pt/areas-de-atuacao/energia-eletrica/expansao-da-transmissao/planejamento-da-expansao. Acesso em: 24 de out. de 2019.

BRASIL. **Fundação Nacional do Índio – FUNAI. Terras indígenas: o que é?.** Disponível em: http://www.funai.gov.br/index.php/2014-02-07-13-24-32?limitstart=0#. Acesso em: 28 de out. de 2019.

BRASIL. Instituto Chico Mendes de Conservação da Biodiversidade – ICMBio. **Lista de Especies Ameaçadas** - Saiba Mais. Disponível em: <http://www.icmbio.gov.br/portal/especies-ameacadas-destaque>. Acesso em: 28 de out. de 2019.

_____. Instituto Nacional de Colonização e Reforma Agrária – INCRA. **Regularização de território quilombola: Perguntas e respostas. Coordenação Geral de Regularização de Territórios Quilombolas.** Atual. até 14/04/2017. Disponível em: <http://www.incra.gov.br/sites/default/files/incra-perguntasrespostas-a4.pdf>. Acesso em: 28 de out. de 2019.

_____. Ministério de Meio Ambiente. **Portaria nº. 421, de 26 de outubro de 2011.** Diário Oficial da União. Poder Executivo, Brasília, DF, 26 out 2011. Disponível em: <http://oads.org.br/leis/3542.pdf>. Acesso em: 23 de out. de 2019.

____. Operador Nacional do Sistema – ONS. **A Expansão da Transmissão. 2019.** Disponível em: <http://www.ons.org.br/paginas/energia-no-futuro/transmissao/expansao>. Acesso em: 24 de out. de 2019.

DA SILVA, Márcio Bernardino. **Áreas de endemismo: as espécies vivem em qualquer lugar, onde podem ou onde historicamente evoluíram?.** Revista da Biologia, Vol. Esp. Biogeografia, 2011. Disponível em: < https://www.ib.usp.br/revista/node/77>. Acesso em: 28 de out. de 2019.

FIORILLO, Celso Antonio Pacheco. **Curso de Direito Ambiental Brasileiro**. 14ª Ed. rev. ampl. e atual.. São Paulo: Saraiva, 2013.

MACHADO, Paulo Afonso Leme. **Direito ambiental brasileiro.** 11. ed. rev. atual. São Paulo: Malheiros, 2003.

MARGIT, Andrea. **Descoberta nova ave na Mata Atlântica**. Disponível em: <http://www.eco21.com.br/textos/textos.asp?ID=515>. Acesso em: 28 de out. de 2019.

MORAES, Alexandre de. **Direito Constitucional**. 33ª Ed. rev. e atual. até a EC nº_95, de 15 de dezembro de 2016. São Paulo: Atlas, 2017.

PEDREIRA, Adriana Coli; RODRIGUES, Luiza Antonaccio Lessa. **Análise do Licenciamento e Regularização Ambiental Federal de Sistemas de Transmissão de Energia Elétrica**. In: DA ROCHA, Fábio Amorim (Coordenador). Temas Relevantes no Direito de Energia Elétrica – Tomo III. Rio de Janeiro: Synergia, 2014.

RIBAS, Lídia Maria L. R.; DE CARVALHO, Luciane Coimba, **Cavidade natural subterrânea: natureza jurídica. INTERAÇÕES** – Revista Internacional de Desenvolvimento Local, Campo Grande, v.10, n.1, p.83-93, jan./jun. 2009. Disponível em: < http://www.interacoes.ucdb.br/article/view/405>. Acesso em: 28 de out. de 2019.

ROSS, Jurandyr L. Sanches. **Geografia do Brasil.** 5ª Ed., São Paulo, EDUSP, 2008.

SATO, Paula. **Qual é o critério que define quando um animal está em extinção?** Disponível em <https://novaescola.org.br/conteudo/1134/qual-e-o-criterio-que-define-quando-um-animal-esta-em-extincao>. Acesso em: 28 de out. de 2019.